学术专著系列用书

陕西省残疾人职业教育实践研究

刘引涛　贺林飞　**主编**
副主编　杨金产　杨延波　胡　楠

西北工业大学出版社
西　安

图书在版编目（CIP）数据

陕西省残疾人职业教育实践研究 / 刘引涛，贺林飞主编. — 西安：西北工业大学出版社，2022.9
ISBN 978-7-5612-8314-1

Ⅰ.①陕⋯ Ⅱ.①刘⋯ ②贺⋯ Ⅲ.①残疾人–职业教育–研究–陕西 Ⅳ.①G769.2

中国版本图书馆CIP数据核字（2022）第146941号

SHANXI SHENG CANJIREN ZHIYE JIAOYU SHIJIAN YANJIU

陕西省残疾人职业教育实践研究

刘引涛　贺林飞　主编

责任编辑：付高明	策划编辑：付高明
责任校对：肖　莎	装帧设计：李　飞

出版发行：西北工业大学出版社
通信地址：西安市友谊西路127号　　邮编：710072
电　　话：（029）88491757，88493844
网　　址：www.nwpup.com
印　刷　者：西安五星印刷有限公司
开　　本：787 mm×1 092 mm　　1/16
印　　张：12
字　　数：270千字
版　　次：2022年9月第1版　　2022年9月第1次印刷
定　　价：70.00元

如有印装问题请与出版社联系调换

序

  党的十八大以来，以习近平同志为核心的党中央非常关心残疾人、高度重视发展残疾人事业，习近平总书记指出，"全面建成小康社会，残疾人一个也不能少"。国家加快推进残疾人教育事业发展，助力残疾人奔小康，作出了一系列重要部署。2018年4月，教育部、国家发展改革委、财政部、中国残联等四部门联合印发《关于加快发展残疾人职业教育的若干意见》（教职成〔2018〕5号，简称《意见》），这个《意见》是改革开放以来推动残疾人职业教育发展的首个专门文件，具有很强的针对性、指导性。《意见》充分体现了促进残疾人全面发展的根本要求，对于提高残疾人就业创业能力，完善我国残疾人教育体系，加快残疾人小康进程，加快现代化教育体系建设，促进我国残疾人事业发展具有重要意义。

  在此政策背景下，2020年7月，我作为课题组主要负责人之一承担了陕西省残联重点委托项目"陕西省残疾人职业教育发展研究"总课题研究任务。总课题下分设8个子课题，陕西工业职业技术学院科研处刘引涛处长牵头承担了子课题"陕西省残疾人职业教育实践研究"项目任务。课题组通过深入调研，系统分析梳理陕西省残疾人职业教育发展现状及其存在问题，在重点结合陕西省城市经济学校、陕西省自强中等专业学校等办学经验和做法，形成初步课题研究成果的基础上，编写了《陕西省残疾人职业教育实践研究》一书，这是一本了解我省残疾人职业教育人才培养内涵发展的力作，也是对总课题研究内容的进一步细化和延伸。总体上看，我认为该书主要的亮点和贡献在于通过研究陕西省残疾人教育的现状，剖析残疾人职业教育的发展路径，重点是将两所学校在专业建设、课程建设、实训基地、师资队伍、校企合作、培训体系、创业就业等7个方面进行了分析总结，也对省内部分地市区县残疾人职业教育情况进行了统计分析，值得其他院校及地市区县残疾人教育机构参考学习和借鉴，填补了我省在残疾人职业教育实践领域的研究空白。

  2021年1月，在政协陕西省十二届委员会第四次会议上，作为省政协委员，我曾专门提交了关于"进一步加强陕西省残疾人职业教育"的提案，省教育厅、省残联就我省推动落实国家有关政策文件、加快陕西省残疾人职业教育发展提出了解决思路和措施。

早年，引涛同志和林飞同志都曾在省教育厅职成处帮助工作，他们善于学习、勤于思考、积极上进，一晃十几年过去，他们现已成为年青的科研业务骨干和教育管理工作骨干，每每看到他们的进步都感到由衷的欣慰。

学术研究贵在不断创新，课题项目重在完善深化。借引涛、林飞同志新书出版之际，我祝贺他们的成长进步。是为序！

中华职业教育社专家委员会委员、陕西省政协委员、

西安外事学院七方教育研究院副院长，研究员　李明富

2022年8月15日

前　言

伴随我国职业教育的快速发展和教育体系的全面成熟，残疾人教育的发展与普及已经成为衡量一个国家普及教育是否充分的重要指标。习近平总书记指出，"全面建成小康社会，残疾人一个也不能少"。为残疾人事业做更多事情，也是全面建成小康社会的一个重要方面。加快发展残疾人职业教育：有利于更好满足残疾人受教育的权利，提升残疾人受教育的水平，促进教育公平，推进教育现代化；有利于帮助残疾人提高就业创业能力，促进残疾人就业和全面发展，使其更好地融入社会，平等享有人生出彩的机会；有利于积极践行人类命运共同体理念，努力服务残疾人，帮助残疾人融入社会、全面发展。

近年来，我国残疾人职业教育得到较快发展，规模明显扩大，保障条件逐步完善。职业教育是帮助广大残疾青年做好职业准备、实现就业创业的重要途径。残疾人职业教育要遵循自身的内在规律和特殊需求，立足残疾人的生存发展，坚持立德树人根本任务，着眼于残疾人的成长成才，促进残疾人的全面发展和全面融入。教康结合是残疾人职业教育发展的题中之义，是残疾人教育发展的核心内涵与基础要素。我们要充分认识发展残疾人职业教育的重大意义，高度重视并采取切实措施加快发展残疾人职业教育。

本著作是课题组成员承担"陕西省残疾人职业教育发展研究"课题中子课题的阶段性成果（项目合同编号：STZ-7）。在著作从分析陕西省残疾人职业教育发展的调研情况入手，进行探索分析，形成典型案例，为陕西省残疾人职业教育快速发展提供实践指导。全书共分10章，总体由刘引涛、贺林飞统稿，其中第1章由刘引涛编写；第2章2.1～2.3节由杨延波编写，2.4.1～2.4.2小节由祁淑红编写，2.4.3由边小卫编写，2.4.4小节由罗蓉编写，2.4.5～2.4.7小节由杨金产编写；第3章3.1～3.3小节节由张育洋编写，3.4.1小节由刘萌编写，3.4.2小节由杨金产编写，3.4.3小节由罗蓉、田蕾、贾嘉编写；第4章4.1～4.3节由张育洋编写，4.4节由杨金产、魏鑫编写；第5章5.1～5.3节由胡楠编写，5.4节由杨金产编写；第6章6.1～6.3节由胡楠编写，6.4.1小节由任俊编写，6.4.2小节由雷玉编写；第7章7.1～7.2节由王国柱编写，7.3节由边小卫编写；第8章8.1～8.2节由王国柱编写，8.3节由杨金产编写；第9～10章由贺林飞编写；附录1～附录3由杨延波编写；附录4

由杨延波、胡楠编写。

本著作在编写过程中得到了陕西省城市经济学校、陕西省自强中专学校的大力支持，得到了陕西工业职业技术学院、西部现代职业教育研究院（陕西高校哲学社会科学重点研究基地）的大力支持，也得到了李明富研究员、刘正安教授、惠均芳研究员的大力支持，在此向这些单位和老师表示衷心的感谢！

由于笔者水平有限，著作中的学术观点和调研数据仅作为学术参考，敬请广大读者批评并提出宝贵意见。

著 者

2022年5月

目 录

第1章 陕西省残疾人职业教育概述 ·································· 1
  1.1 陕西省残疾人职业教育的基本概况 ·································· 2
  1.2 陕西省残疾人职业教育的政策措施 ·································· 4
  1.3 陕西省残疾人教育的职业培训情况 ·································· 5
  1.4 陕西省残疾人职业教育发展的基本思路 ······························ 6

第2章 陕西省残疾人职业教育专业设置情况 ······················· 7
  2.1 专业设置的基本情况 ··· 9
  2.2 专业建设的基本内容 ·· 10
  2.3 专业设置的对策建议 ·· 10
  2.4 专业建设案例 ·· 13
    2.4.1 "残健融合"人才培养模式改革实践（以陕西省自强中等专业学校为例）··· 13
    2.4.2 "残健融合"学业水平测试模式改革实践（以陕西省自强中等专业学校为例）··· 17
    2.4.3 "医教结合"人才培养模式改革实践（以陕西省城市经济学校为例）··· 22
    2.4.4 中医康复技术专业建设改革实践（以陕西省自强中等专业学校为例）··· 25
    2.4.5 服装设计与工艺专业人才培养模式改革实践（以陕西省城市经济学校为例）··· 27
    2.4.6 工艺美术专业人才培养模式改革实践（以陕西省城市经济学校为例）··· 31
    2.4.7 中医养生保健专业人才培养模式改革实践（以陕西省城市经济学校为例）··· 36

第3章 陕西省残疾人职业教育课程建设情况 ······················· 42
  3.1 课程建设基本情况 ·· 42
  3.2 课程标准制定内容 ·· 42
  3.3 课程建设的对策建议 ·· 43
  3.4 课程建设案例 ·· 44
    3.4.1 专业课程标准建设（以陕西省城市经济学校为例）··················· 44
    3.4.2 《图形图像处理Photoshop》精品课程建设（以陕西省城市经济学校为例）··· 49

3.4.3　课程思政建设实施案例 ·· 55

第4章　陕西省残疾人职业教育实训基地建设情况 ························· 62
　4.1　实训基地基本情况 ·· 62
　4.2　实践教学建设内容 ·· 63
　4.3　实训基地建设的对策建议 ··· 64
　4.4　实训基地建设情况 ·· 66
　　4.4.1　烙画实训室建设 ·· 66
　　4.4.2　摄影实训室建设 ·· 67
　　4.4.3　服装工艺实训室建设 ·· 68
　　4.4.4　中医康复保健实训室建设 ·· 70

第5章　陕西省残疾人职业教育师资队伍情况 ······························· 75
　5.1　师资队伍建设情况 ·· 75
　5.2　师资队伍建设内容 ·· 76
　5.3　师资队伍建设的对策建议 ··· 77
　5.4　师资队伍建设案例 ·· 78
　　5.4.1　学校专业带头人评选条件 ·· 78
　　5.4.2　骨干教师选拔与培养 ·· 80
　　5.4.3　特教园丁奖评选条件 ·· 82
　　5.4.4　中等职业学校省级教学能手评选条件 ································· 83
　　5.4.5　教师队伍建设情况（以陕西省城市经济学校为例） ··············· 86

第6章　陕西省残疾人职业教育校企合作情况 ······························· 88
　6.1　校企合作模式 ·· 88
　6.2　校企合作的内容 ··· 88
　　6.2.1　现代学徒制模式 ·· 88
　　6.2.2　订单班模式 ·· 89
　6.3　校企合作发展的对策建议 ··· 89
　6.4　校企合作案例 ·· 90
　　6.4.1　现代学徒制（以陕西省自强中等专业学校为例） ·················· 90
　　6.4.2　企业订单班（以陕西省城市经济学校为例） ························ 91

第7章　陕西残疾人职业教育培训体系情况 ·································· 94
　7.1　职业培训概况 ·· 94

7.2 职业培训的对策建议 ·· 95
  7.3 职业培训案例（以陕西省城市经济学校为例） ············· 96

第8章　陕西省残疾人职业教育创业就业情况 ························· 102
  8.1 创业就业概况 ·· 102
  8.2 创业就业的对策建议 ·· 103
  8.3 创业就业案例 ·· 104

第9章　陕西省部分地市区县残疾人职业教育概况 ··················· 110
  9.1 咸阳市武功县残疾人职业教育 ····································· 110
  9.2 咸阳市彬州市残疾人教育学校 ····································· 111
  9.3 宝鸡市残疾人职业培训中心 ·· 112
  9.4 宝鸡市残疾人教育学校 ··· 114
  9.5 宝鸡市眉县残疾人职业技术培训学校 ·························· 115
  9.6 宝鸡市眉县残疾人教育学校 ·· 117
  9.7 宝鸡市岐山县残疾人教育学校 ····································· 117
  9.8 榆林市榆阳区残疾人职业教育 ····································· 119
  9.9 神木市残疾人教育学校 ··· 120
  9.10 榆林市府谷县残疾人教育学校 ··································· 121
  9.11 榆林市定边县残疾人教育学校 ··································· 121
  9.12 榆林市绥德县残疾人教育学校 ··································· 121
  9.13 渭南市残疾人教育学校 ··· 122
  9.14 渭南市临渭区残疾人教育 ·· 123
  9.15 渭南市澄城县阳光学校 ··· 123
  9.16 商洛市洛南县苍松职业培训学校 ······························· 124
  9.17 商洛市洛南县华阳鑫宇职业技术培训学校 ················· 125
  9.18 商洛市洛南县残疾人教育学校 ··································· 126

第10章　陕西省部分地市县区残疾人现状统计 ······················ 127
  10.1 陕西省残疾人职业学校基本情况统计表 ····················· 127
  10.2 咸阳市残疾人现状信息表 ·· 131
  10.3 宝鸡市残疾人现状信息表 ·· 132
  10.4 榆林市定边县残疾人现状信息表 ······························· 133
  10.5 榆林市府谷县残疾人现状信息表 ······························· 134
  10.6 榆林市府谷县残疾人现状信息表 ······························· 135

10.7 榆林市绥德县残疾人现状信息表	136
10.8 榆林市榆阳区残疾人现状信息表	137
10.9 渭南市残疾人现状信息表	138
10.10 延安市残疾人现状信息表	139

附 录

附录1 专业人才培养方案模板	140
附录2 课程标准模板	156
附录3 校企合作协议模板	167
附录4 课题组论文成果	170

第1章　陕西省残疾人职业教育概述

残疾人教育是我国教育事业的重要组成部分，在帮助残疾人实现小康的进程中发挥着重要的基础性作用。改革开放以来，随着我国经济的不断发展和社会的不断进步，党中央、国务院高度重视残疾人教育、重视残疾人作为弱势群体的教育公平的力度前所未有。残疾人教育越来越得到各级党委政府的高度重视和全社会的广泛关心，进入快速发展时期，呈现出前所未有的新局面。残疾人职业教育是中国职业教育的重要组成部分，培养职业技能、提供谋生手段，有利于减轻残疾人家庭的负担、促进社会发展。

党的十八大提出"支持特殊教育"。党的十八届三中全会要求推进特殊教育改革发展，加强完善特殊教育的政策措施。2014年1月，全国特殊教育工作电视电话会议在京召开，中共中央政治局常委、国务院总理李克强作出重要批示，批示指出："办好特殊教育，对于保障残疾人平等参与社会的权利、增加残疾人家庭福祉和促进社会公平正义具有十分重要的意义，也是教育现代化的重要内容。各级政府要高度重视，带着深厚的感情，履职尽责，特教特办，认真实施好特殊教育提升计划，让残疾孩子与其他所有人一样，同在蓝天下，共同接受良好的教育。"2010年颁布的《国家中长期教育改革与发展规划纲要（2010—2020年）》，首次把特殊教育与学前教育、义务教育、高中阶段教育、职业教育、高等教育、继续教育、民族教育并列为八大教育改革发展任务之一。党的十九大报告提出"发展残疾人事业，加强残疾康复服务"。党的十九届五中全会提出，提升残疾康复服务质量；党的十九届六中全会通过的《中共中央关于党的百年奋斗重大成就和历史经验的决议》强调，加快发展残疾人事业。中国残联认真学习贯彻习近平总书记关于残疾人事业的重要指示、批示精神和党中央、国务院决策部署，积极改善残疾人康复服务，努力提高残疾康复服务质量。2018年，教育部、国家发展改革委、财政部、中国残联联合印发了《关于加快发展残疾人职业教育的若干意见》，提出要以中等职业教育为重点不断扩大残疾人接受职业教育的机会。重点要求三点：一是要求职业院校通过随班就读、专门编班等形式，逐步扩大招收残疾学生的规模，不得以任何理由拒绝接收符合规定录取标准的残疾学生入学，让完成义务教育且有意愿的残疾人都能接受适合的中等职业教育；二是要求现有的残疾人职业院校有针对性地开设适合残疾人学习的专业，积极探索设置面向智力残疾学生、多重残疾学生的专业或方向，扩大残疾人就读专业的选择机会，为残疾人提供适合的职业教育，同步促进残疾人的康复与职业技能提升；三是对获得由教育部主办或联办的全国职业院校技能大赛三等奖以上奖项或由省级教育行政部门主办或联办的省级职业院校技能大赛一等奖的残疾人以及具有高级工或技师资格（或相当职业资格）、获得县级劳动模范先进个人称号的在职在岗残疾人，经报名地省级教育行政部门核实资格、高等职业院校考核公示，并在教育部阳光高考平台公示后，可由高等职业院校免试录取，接受高等职业教育。

2022年，国务院印发《"十四五"残疾人保障和发展规划》《国家残疾预防行动计划（2021—2025年）》，部署"十四五"残疾人康复和残疾预防工作。中国残联、教育部、民政部、人力资源社会保障部、国家卫生健康委、国家医疗保障局等六部门制定印发《"十四五"残疾人康复服务实施方案》，国家卫生健康委等八部门印发《关于加快推进康复医疗工作发展的意见》，对提高康复医疗服务能力作出部署安排。国家持续推动落实《残疾预防和残疾人康复条例》和《国务院关于建立残疾儿童康复救助制度的意见》，推动全国13个有条件的省（市、区）出台残疾人辅助器具补贴政策。2022年3月，中国残联、教育部等五部门共同印发《"十四五"残疾人职业技能提升计划》，明确了"十四五"时期残疾人职业技能培训工作的总体要求、主要目标、工作内容和政策措施，并在文件中明确支持有条件的特殊教育学校单独或与职业院校合作开展残疾人职业教育；支持社会力量开展残疾人职业教育和培训。

根据第六次全国人口普查及第二次全国残疾人抽样调查，陕西省有各类残疾人249万人，占总人口的6.69%，残疾人数量居西北五省区第一位，在西部12个省（区、市）居第四位，高于全国水平0.35个百分点，涉及750万家庭人口。"十三五"以来，陕西省残疾人民生保障不断强化，残疾人基本公共服务供给方式与运行机制不断突破创新。累计建成残疾人扶贫示范基地220个，提供残疾人免费职业技能或实用技术培训16.5万人次；连续实施两期特殊教育提升计划；完善残疾学生教育扶助政策，实现从学前到高中阶段15年免费教育，持续资助7 000名贫困残疾儿童和残疾学生接受教育，将残疾人权益保障与社会发展相结合，通过纳入全省经济社会中长期发展规划和部门职责，提供日益均等化的基本公共服务，保障残疾人享有各种权利。

1.1　陕西省残疾人职业教育的基本概况

根据《2020年陕西省残疾人事业统计公报》（陕残联发〔2021〕8号）数据分析，陕西残疾人教育事业实现了从学前教育、义务教育、高中阶段教育、职业教育、高等教育、继续教育等教育的全流程体系建设。截至2021年，陕西省残疾儿童少年义务教育入学率达到95%；完善了残疾学生就学资助政策，实现残疾学生从学前教育到高中阶段教育的15年免费教育；持续做好资助残疾儿童少年入学项目，对贫困残疾大学生和贫困残疾人家庭大学生给予一次性资助，并为参加高考的残疾学生申请合理便利提供帮助。全线开通"12385"残疾人服务热线，制定残疾人法律救助工作管理细则、残疾人法律救助案件办案经费补贴标准，全省各区市全部建立残疾人法律救助工作站，县级建立残疾人法律救助工作站覆盖率达97%以上，资助残疾人法律求助案件300余件。与此同时，开展普法宣传，注重"法援惠民生关爱残疾人"品牌建设，探索对残疾人提供精准化"家庭医生"式法律服务。

从2011年至2020年，陕西省共有40多所残疾人学校和培训机构。其中，残疾人中等职业学校（班）5个，高等特殊教育学院1个。西安美术学院特教艺术学院的成立填补了陕西省残疾人高等教育的空白，是中国高等艺术专业学院首家招收特教学生的高等院校，也是全国八大专业美术院校中唯一的一所设有残疾人高等艺术教育本科专业的院校。到2020年，陕西省形成了残疾人普通职业教育与技能培训"一体两翼"的办学格局。

经过10余年的发展，陕西的残疾人职业教育培养了毕业生5 904人，毕业生中获得职业资格证书4 305人，获得职业资格证书人数占总毕业人数的73%；累计有2 662名残疾人被普通高等院校录取，99人进入特殊教育学院学习（见图1-1）。

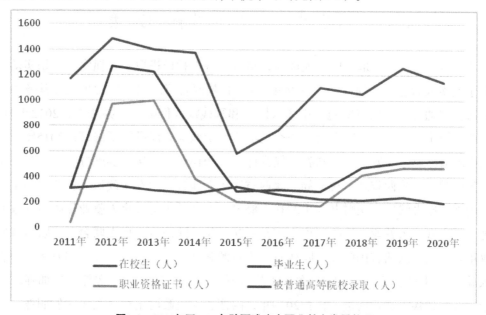

图1-1　2011年至2020年陕西残疾人职业教育发展状况

1.办学条件明显改善

截至2020年，陕西省各类残疾人职业学校通过改扩建、搬迁新校区等方式新建教学楼、实训楼等教学场所69 691平方米，同时充分考虑残疾学生特点，设置无障碍坡道、特殊入户门、无障碍电梯、盲道及LED显示系统等，充分保障各类残疾人在学校的正常学习及生活。

2.招生及学生培养质量稳步提升

"十三五"期间，陕西省各类残疾人职业学校招收适龄残、健学生共计2 342人，毕业学生2 342人，平均就业率90%，就业对口率达95%，学生在全国残联系统技能竞赛、第六届陕西省残疾人职业技能竞赛、中等职业学校学生技能大赛等各项竞赛中屡获佳绩。

3.师资队伍建设逐渐加强

为全面提高教师队伍整体素质和专业化水平，以师资队伍素质的提升来推动学校教育实现高质量发展，"十三五"期间，陕西省在各类残疾人职业学校积极选派教师参加各类培训，并鼓励教师将培训内容转化为实际教学。"十三五"期间，陕西省共有65名特教教师获得全国职业教育优秀成果奖三等奖、陕西省第二届中等职业教育教学成果特等奖等各项荣誉，师资队伍建设成效明显，形成了一支以教学能力强、效率高、教法新颖、课堂教学基本功扎实为特色的特教教师队伍。

陕西省的残疾人职业教育正处于不断发展的阶段，整体发展水平还有待进一步提高，特教体系还需要继续健全，在残疾人职业教育的院校布局、布点、规模、制度机制、教育质量等方面还需要进一步提升。

1.2 陕西省残疾人职业教育的政策措施

陕西特殊教育事业取得的重大成就，得益于各地积极进取、真抓实干，切实落实国家关于残疾人教育的各项要求。1994年6月27日陕西省第八届人民代表大会常务委员会第七次会议通过《陕西省实施〈中华人民共和国残疾人保障法〉办法》，2012年3月29日陕西省第十一届人民代表大会常务委员会第二十八次会议进行了修订；2015年，陕西省人民政府办公厅印发了《特殊教育提升计划（2014—2016年）实施方案》；2016年，陕西省财政厅、陕西省地方税务局、陕西省残疾人联合会印发《残疾人就业保障金征收使用管理实施办法》（陕财办综〔2016〕85号），文件规范残疾人就业保障金征收使用管理，促进残疾人就业，保障残疾人权益；2017年，陕西省残疾人联合会、陕西省发展和改革委员会、陕西省民政厅、陕西省人力资源和社会保障厅等八部门印发《陕西省残疾人就业促进"十三五"实施方案》（陕残联〔2017〕29号），文件指出加强陕西省"十三五"残疾人就业促进工作；2019年，陕西省人民政府出台《关于印发职业教育改革实施方案的通知》，明确了在畅通职业教育体系中发展残疾人中等教育和高职教育，同时提出支持招收残疾学生的职业学校进行条件改造；2021年，陕西省人民政府办公厅印发《陕西省"十四五"残疾人保障和发展规划》，提出提高特殊教育质量，明确了加快发展以职业教育为主的高中阶段特殊教育，鼓励中等职业学校接收具备接受普通教育能力的残疾儿童少年，支持特殊教育学校开设高中部（职教部），明确了加强陕西省城市经济学校、陕西省自强中等专业学校建设，稳步推进残疾人高等教育工作，支持西安美术学院等有条件的高校面向残疾人开展单考单招，支持普通高等学校招收符合录取标准的残疾考生，为残疾人接受高等教育提供支持服务。2022年5月，由陕西省残疾人联合会牵头，联合省委宣传部等五部门印发《陕西省"十四五"提升残疾人文化服务能力实施方案》，进一步优化残疾人文化服务、逐步建立残疾人公共文化服务网络，满足残疾人参与基本公共文化服务及普遍参与经常性文化活动需求。推出一批残疾人自强模范和助残先进的典型报道。文件中特别提出，持续扶持以特殊教育学校为主的残疾人特殊艺术人才培养基地建设，加强残疾人特殊艺术人才和师资培养。

1.3 陕西省残疾人教育的职业培训情况

陕西省残疾人就业规模总体保持稳定。2015年，陕西省残联联合发改委等九部门出台了《关于发展残疾人辅助性就业的实施意见》，搭建了智力、精神和重度肢体残疾人的就业平台。城镇就业人数97 393人，城镇新就业残疾人6 044人，其中，集中就业残疾人1 058人，按比例安排残疾人就业1 612人，公益性岗位就业863人，个体就业及其他形式灵活就业2 128人，辅助性就业383人。628 327名农村残疾人在业，其中477 385名残疾人从事农业生产劳动。残疾人职业培训基地达到509个，其中残联兴办392个，依托社会机构兴办117个，其中12 856人次城镇残疾人接受了职业培训。盲人按摩事业稳定发展，按摩机构迅速增长。2015年，培训盲人保健按摩人员561名、盲人医疗按摩人员21名；保健按摩机构达到381个，医疗按摩机构达到66个；在专业技术职务资格评审中，分别有27人和11人通过盲人医疗按摩人员中级和初级职称评审。

2019年，为加强残疾人教育和就业工作，实施"一人一案"解决适龄残疾儿童少年入学问题。资助残疾学生和贫困残疾人家庭学生2 747名。开展校企订单式合作，促进陕西省城市经济学校产学融合。全省组织残疾人就业专场招聘会162场次，举办职业技能和实用技术培训覆盖3.02万人，多形式安置残疾人就业8 396人。组织参加第六届全国残疾人职业技能竞赛，6名选手获得全国前八名。

2021年10月，农村贫困残疾人如期脱贫。陕西省通过落实"七个一批"扶持措施，推进苏陕扶贫协作，重点实施扶贫基地、阳光增收、电商扶贫、集中托养行动、无障碍改造、精准康复等特色助残项目，累计建成扶贫示范基地220个，5 000余户贫困残疾人家庭获得扶贫资产收益，1 500余名贫困残疾人在电商产业链就业。农村基层党组织每年按照不低于帮扶总数20%的标准，与贫困残疾人家庭结对开展助残脱贫工作。建档立卡，残疾人不愁吃不愁穿问题全面解决，基本医疗、住房安全、义务教育有保障，饮水安全得到基本实现，全省41.56万建档立卡贫困残疾人全部实现脱贫。建立了全省残疾人辅助器具综合信息网络平台，持续推进103个县级残疾人康复中心规范化运行，累计培训各类康复专业人才1.06万余人次。累计为有需求残疾人提供基本康复服务171.6万人次，辅具适配48万人次，为精神残疾人提供服药补贴21.45万人次。残疾人康复服务覆盖率达到86.6%，辅具适配率达到85.2%，并在11个深度贫困县开展了辅具带动残疾人综合服务试点。全省各级政府累计征收残疾人就业保障金48亿多元，新增按比例安排残疾人就业3 000多人，扶持残疾人辅助性就业机构、创业孵化示范基地等170多家，扶持残疾人自主创业、灵活就业1万余人，对7 500名在公益性岗位就业的残疾人进行补贴，多渠道促进高校残疾毕业生就业创业3 000多人。

1.4　陕西省残疾人职业教育发展的基本思路

1.高度重视残疾人职业教育发展

"十四五"期间,陕西省将特殊教育纳入基本公共教育服务体系,优化残疾人职业教育布局,大力发展残疾人中等职业教育,让完成义务教育且有意愿的残疾人都能接受适合的中等职业教育。支持现有的残疾人职业院校有针对性地开设适合残疾人学习的专业,积极探索设置面向智力残疾学生、多重残疾学生的专业或方向,为残疾人提供适合的职业教育,同步促进残疾人的康复与职业技能提升。支持普通高等学校、成人教育机构、职业培训机构职业学校,开办面向残疾人的职业培训班,完善残疾人职业终身教育体系,到"十四五"末推动陕西残疾人职业教育事业再上新台阶。

2.积极推动建立陕西特殊教育职业学院

根据教育部"十四五"期间高等院校设置规划工作的意见,陕西省残疾人职业教育将亟待时机成熟时推动设立陕西特殊教育职业学院,进一步完善全省特殊教育体系,拓宽残疾人学习通道。

3.扩大提升残疾人中等职业教育办学规模和能力

"十四五"期间,陕西省扩大以职业教育为主的高中阶段特殊教育规模,推进特殊教育学校实行十五年一贯制办学,支持20万人口以上的县(市、区)办好一所达到标准的公办特殊教育学校。同时,根据我省残疾人接受高中阶段的中等职业学历教育的需要,以高起点、高标准、特色鲜明、功能齐全为基本原则,进一步完善学校基础设施建设,紧密结合特殊教育和职业教育,规范课程设置和课程名称,完善学校管理水平,为我省残疾人职业教育发挥积极效应。

4.加强残疾人职业教育师资队伍建设

"十四五"期间,陕西省将建设省级特殊教育指导中心,加强特殊教育教师队伍建设,提高特殊教育教师津贴标准和高级职称评聘比例,在陕西省中小学教师培训项目中设置特殊教育教师培训项目,省级每年培训100名特教教师,指导各市市级培训200名特教教师,指导特教学校开展校本研修。全省1 500名特教教师每五年完成不少于360学时的全员培训。同时,加强残疾人职业教育师资培训基地建设,鼓励开设残疾人相关专业的高等院校在条件成熟时建设残疾人职业教育师资培训基地,努力建设一支"师德高尚、素质优良、技艺精湛、结构合理、专兼结合"的高素质专业化的特教教师队伍。

第2章 陕西省残疾人职业教育专业设置情况

陕西省下辖10个地级市和1个示范区。调研组成员先后对西安、咸阳、宝鸡、延安、榆林、渭南、商洛、铜川、安康等9个地市、县区的残疾人职业教育现状进行广泛深入调研。全省采样调研40多所残疾人学校和特殊教育培训机构。其中，西安市5所，占比12.5%；咸阳市3所，占比7.5%；宝鸡市7所，占比17.5%；渭南市7所，占比17.5%；榆林市5所，占比12.5%；商洛市3所，占比7.5%（见表2-1和图2-1）。

表2-1 课题调研组调研地区和学校分布一览表

序号	地市名称	调研学校数	占调研学校总数比
1	宝鸡	7	17.5%
2	渭南	7	17.5%
3	西安	5	12.5%
4	延安	5	12.5%
5	榆林	5	12.5%
6	安康	4	10.0%
7	咸阳	3	7.5%
8	商洛	3	7.5%
9	铜川	1	2.5%
	总计	40	100%

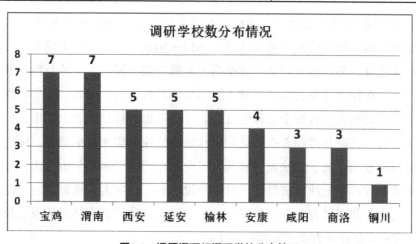

图2-1 课题调研组调研学校分布情况

调研组成员在9个地市，34个区县，40所学校开展调研工作。通过对40所残疾人职业教育学校和培训机构办学情况的调研数据进行汇总，从调研地区分布来看，关中地区

23所学校,占比57.5%;陕北地区10所学校,占比25%;陕南地区7所学校,占比17.5%(见图2-2)。从办学层次来看,高等学校1所、中等学校5所、初等学校34所。从办学类型来看,本科学校1所、有职教班学校4所、残疾人学校1所、特教学校34所。采用数据分析法对调研数据分析后发现,陕西省残疾人职业教育以初等职业教育为主,中等职业、高等职业教育有待持续加强。尤其是中、高衔接的高等职业教育阶段更要加强(见表2-2)。

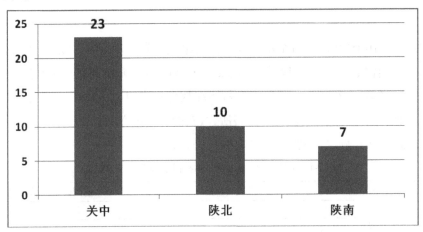

图2-2 调研学校按地区分布情况

表2-2 陕西省残疾人职业教育办学层次和办学类型

办学层次	高等学校	中等学校		初等学校
数量	1	5		34
办学类型	本科	有职教班	残疾人学校	特教学校
数量	1	4	1	34

2017年,国务院修订通过了《残疾人教育条例》(以下简称《条例》),教育部等七部门印发《第二期特殊教育提升计划(2017—2020年)》(以下简称《二期提升计划》)等政策文件,为残疾人职业教育指明了发展方向,提出了奋斗目标。其中,《条例》明确提出:在保障义务教育的基础上,向学前教育、职业教育、高等教育、终身教育延伸,实现对残疾人受教育全过程的支持。《二期提升计划》重点指出:要稳步发展残疾人高等教育,支持各种职业教育培训机构加强残疾人职业技能培训。随后,教育部等四部门联合印发的《关于加快发展残疾人职业教育的若干意见》也指出:加快发展残疾人高等职业教育。以上政策文件的出台充分说明开展残疾人职业教育领域的高等职业教育事业,已成为我国教育事业改革发展过程中建立高质量教育体系的重要组成部分。同时,也为残疾人职业教育改革发展提供了政策依据。

尽管陕西省残疾人初等、中等职业教育已经具有一定的数量与规模,形成了较为成熟和健全的专业设置体系,但随着经济社会的发展和科学技术的革新,职业教育层次不断提升、规模不断扩大,对残疾人职业教育发展的挑战不断增强。残疾人职业教育要与时俱进、紧跟时代步伐、扩大残疾人职业教育规模、提高办学层次,加快推进残疾人职业教育进入职业高等教育领域的步伐。

从陕西省残疾人职业教育学校调研的统计数据和分析结果来看,扩大办学规模和提升办学层次的问题急需解决。结合陕西省残疾人职业教育发展实际需求,应及时出台支持、鼓励并扩大高等职业教育规模的政策。重点解决残疾人职业教育领域高等职业教育阶段的现实问题:一是鼓励校外培训机构开设高等职业教育专业试点,吸纳社会力量投资办学,缓解办学经费不足问题;二是支持办学综合实力强、社会声誉好的中等学校开办高等职业教育试点,提升办学层次,可先行先试形成经验后大力推广。通过社会和政府共同努力,形成一批高等职业教育教学试点,探索残疾人职业教育领域高等职业教育办学经验和实施路径。

2.1 专业设置的基本情况

通过对40所调研学校和培训机构专业设置的调研数据进行整理,运用采样分析法、数据分析法对17所采样学校的专业设置数据分析后发现,17所学校专业设置数共计20个。其中,设置烹饪专业的学校有8所,占比13.33%;电子商务专业的学校有6所,占比10.00%;美容、美发、保健按摩、服装设计与工艺专业的学校各有5所,分别占比8.33%;平面设计、家政、计算机应用、工艺美术专业的学校各有4所,分别占比6.67%;理疗、面点制作、汽车美容、数据标注、服装制作、烘焙、老年人服务与管理、电子技术应用、电子电器应用与维护、中医康复保健专业的学校各有1所,分别占比1.67%;特别是工艺美术专业在初等、中等和高等学校都有设置(见图2-3)。

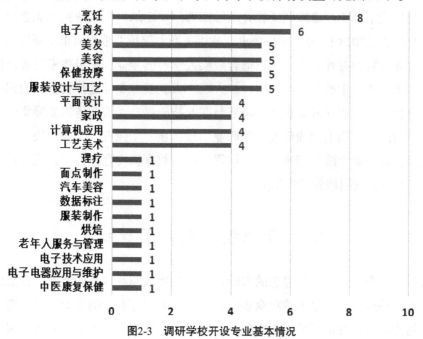

图2-3 调研学校开设专业基本情况

陕西省残疾人职业教育目前面向初等、中等学校开设相关专业，主要以生活适应类、劳动技能类、手工制作类等适应性课程为主。残疾人职业教育学校的专业设置和课程开设是实现残疾人职业教育人才培养目标的重要路径和方式，专业设置和课程开设既要符合职业教育的培养目标，又要兼顾残疾学生身心发展的特殊性。需要科学规划、合理设置，应以保障残疾人职业教育专业课程可以在不同类型的残疾人中顺利有效地开展实施为根本。专业设置应为学生搭建能力培养平台为出发点，做到适合当地经济发展水平和技术革新步伐。课程内容应能很好地调动学生学习积极性为切入点，做到理论与实践相结合。实现专业设置与产业需求对接、课程内容与岗位要求对接为培养目标，使专业设置和课程内容能为残疾人未来走上工作岗位奠定坚实基础，教学模式应更加有效地促进残疾人培养目标的实现。

陕西省残疾人职业教育的专业设置以代偿原理和残疾学生生理特点为依据：有视力障碍的学生，因看不见而手感和手部动作较占优势，则专业设置以触摸为主，如中医康复保健等专业；有听力障碍的学生，因听不见而视力和肢体无工作障碍，则专业设置以肢体动作为主，如美容美发、工艺美术、服装设计与制作、计算机应用、计算机平面设计等专业；有肢体障碍的学生，因活动受限，则专业设置以办公室文案工作为主，如计算机平面设计、计算机应用、电子商务等专业；有智力障碍的学生，由于思维和想象力跟不上，记忆速度慢，语言迟缓，则专业设置以理论性不强、操作性和实践性较强的中餐烹饪与营养膳食专业为主。

2.2 专业建设的基本内容

在专业建设上，要严格按照《教育部等四部门关于加快发展残疾人职业教育的若干意见》（教职成〔2018〕5号）文件要求，残疾人职业院校要根据需求不断完善残疾人职业教育的专业设置，有针对性地开设适合残疾人学习的专业，积极探索设置面向智力残疾学生、多重残疾学生的专业或方向，扩大残疾人就读专业的选择机会，为残疾人提供适合的职业教育，同步促进残疾人的康复与职业技能提升。陕西省也需要集中力量至少办好一所面向陕西省招生的残疾人中等职业学校，在"十四五"期间加快发展残疾人高等职业教育。鼓励职业院校与现有独立设置的特殊教育机构合作办学，联合招生，学分互认，课程互选，共同培养残疾学生。

2.3 专业设置的对策建议

随着职业教育理论与办学思想的与时俱进，残疾人职业教育的专业设置思维方式的局限与不足日益凸显。一是把数量众多的残疾学生限制在有限的专业领域，造成专业面狭窄；二是普通高校在接受残疾学生随班就读时采取限制专业招生的政策，限制了学生对专业的自主选择；三是不以学习兴趣和专业爱好为出发点设置专业，将对后期学习产生不良影响。因此在针对残疾人开设专业时需积极探索专业设置和课程开设的特殊性和针对性，实现多样化和多元化发展，既要考虑残疾人现实生活的实际需求所能发挥的作用，又要兼顾对残疾人未来人生的影响，更要考虑社会和市场的发展需求。

各级各类残疾人教育学校和培训机构在专业设置和建设中，需严格执行《教育部关于职业院校专业人才培养方案制订与实施工作的指导意见》（教职成〔2019〕13号），对接《职业教育专业目录（2021年）》等文件有关要求，规范专业名称及专业（技能）方向，执行教育部颁布的专业教学标准。专业建设（含专业方向调整）的实施计划、方案应由专业教学管理部门负责拟订，内容包括：专业教学文件建设、人才培养方案制定、专业教师队伍建设、实践教学条件（含校外实习基地）建设、专业信息化教学、教材及课程资源建设、教学模式改革等。针对陕西省残疾人教育学校专业设置的现状，提出以下对策和建议。

1. 积极促进残疾人高等职业教育专业设置

残疾人教育事业的发展是衡量一个国家现代化水平与文明程度的重要指标。残疾人高等职业教育作为"普九"后残疾人教育的重要形式与主要方向，现已成为残疾人职业教育领域的热点。2017年国务院修订通过《残疾人教育条例》（以下简称《条例》），教育部等七部门印发《第二期残疾人教育提升计划（2017—2020年）》（以下简称《二期提升计划》）均为我国未来残疾人高等职业教育的发展指明了方向与目标。新的《条例》健全了残疾人教育体系，并提出在保障义务教育的基础上，向学前教育、职业教育、高等教育、终身教育延伸，实现对残疾人受教育全过程的支持。《二期提升计划》中指出要"加快发展以职业教育为主的残疾人高中阶段教育，稳步发展残疾人高等教育""支持各种职业教育培训机构加强残疾人职业技能培训"。2018年7月，教育部等四部门联合印发《关于加快发展残疾人职业教育的若干意见》中明确指出：加快发展残疾人高等职业教育。《中华人民共和国残疾人保障法》中也明确规定：逐步发展高级中等以上教育。这充分说明发展残疾人高等职业教育已成为我国教育发展与改革中不可或缺的重要组成部分，也必将对我国残疾人教育领域的改革与发展产生重大而深远的影响。从调研的残疾人教育学校数据来看，中高衔接的高等职业教育阶段明显不足，需进一步扩大残疾人职业教育规模，提升残疾人职业教育办学层次，积极推进残疾人职业教育开办高等职业教育工作进程。

2. 合理科学地规划专业设置和课程内容

残疾人高等职业教育的专业设置和课程内容不仅是残疾人高等职业教育的基本构成与重要内容，更是实现残疾人人才培养目标的重要途径。其课程开设既要符合高等职业教育的培养目标，又要兼顾残疾人身心发展的特殊性。残疾人职业教育专业设置和课程内容需要科学规划、合理设置，应以保障残疾人职业教育专业课程可以在不同类型的残疾人中顺利有效地开展实施为根本。适合的教学模式可以更加有效地促进残疾人培养目标的实现，专业设置应为学生搭建能力培养的平台，做到理论与实践相结合，能很好地调动学生的学习积极性，能实现专业设置与产业需求对接的培养目标，更能为残疾人未来的职业生涯奠定坚实基础。

3.持续强化专业设置的个性化与多元化

随着先进制造业、现代服务业的快速发展，人力资源市场岗位的多元性、多样性愈加凸显。同样的，残疾学生职业教育的需求也更加多元化。如何扩大残疾学生就业专业的选择面，如何提供与市场需求相适应的职业教育是亟须解决的重要问题。以陕西省城市经济学校为例，学校根据这些特点，选择了深受市场欢迎的陶艺和烙画作为工艺美术专业的主修课程；聋人因为语言沟通问题，喜欢聚群工作，出于未来就业的考虑，学校为他们安排了劳动相对密集，不需太多沟通的服装设计与工艺专业；计算机平面设计在转型前就是学校的传统强项，师资力量相对雄厚，考虑到这个专业不光就业面广，且不需太多行动，因此学校便将其作为了肢体残疾学生的主修课程。此外，学校还面向盲生开办了中医康复保健专业、面向轻度智力残疾学生开办了中餐烹饪专业等。学校还与陕西省广播电视大学联办了大专数字媒体设计与制作专业，为残疾学生进一步接受高等教育铺平了道路。

4.稳步推进师资队伍建设的专业化

师资力量是学校办学的关键因素之一，一流的教学质量来源于一流的师资队伍，普通高等教育如此，残疾人职业教育更是如此。一支数量充足、素质精良、结构合理、教学水平高、科研能力强的教师队伍是残疾人教育事业发展的保障。需要明确的是残疾人职业教育是残疾人教育，从事残疾人职业教育的教师不仅应具备宽广深厚的专业知识，还须具备残疾人教育的知识和技能。残疾人职业教育应该是"专业教育+残疾人教育"，随着办学规模扩大，新进教师增多，新进教师虽都有较高的学历，但由于残疾人职业教育的特殊性，这些教师必须补上残疾人教育这一课。他们只有掌握残疾人教育的理论，熟练运用手语、盲文等沟通手段，才能胜任残疾学生专业教育的工作。以陕西省城市经济学校为例，学校针对专业的设置，组织教师参加相关的培训，并深入校外实训基地和相关企业进行学习。学校进行了人才需求情况调研，明确相关职业岗位的工作任务和所需的知识与技能，公开招募了一批研究生学历以上的专业对口教师。此外，学校还直接从企业引进、聘用高级技术人员，针对未来就业中可能出现的各种问题，有选择、有针对性地对学生进行授课，让他们能够尽早了解企业的工作氛围，不出学校就能明确未来的努力方向。

5.加强对中、高职教育一体化的顶层设计

国家重视残疾人职业教育陆续出台了《国务院办公厅关于印发促进残疾人就业三年行动方案（2022—2024年）的通知》《"十四五"残疾人职业技能提升计划》《"十四五"特殊教育发展提升行动计划》等文件，进一步明确各级残联在残疾人教育工作中的职责。国家也正在稳步推进残疾人高等教育，进一步加强高等院校残疾人毕业生的就业帮扶。国家出台明确残疾大学生和普通大学生的拨款比例的相关政策，以政策激励各类高校吸收残疾人入学，便于残疾学生进行多样化和个性化的专业选择。省级教育主管部门也可在政策允许范围内，率先发展，先行先试，创新实践，探索并制定符合陕西省省情的残疾人高等教育的规章制度和实施细则，鼓励有条件的高校吸收优秀残疾学生随班就读。各级政府应针对残疾人职业教育发展的特殊需要，加大对残疾人职业教育机构的经费投入，确保对残疾人教育投入的增长速度逐年递增。

6.共建高等职业教育院校及专业

当前，陕西省的残疾人职业教育主要以中等职业教育为主，高等职业教育环节发展还需要持续推进。根据陕西省残疾人教育事业的发展需求，省级部门应作统一规划。建议由省教育厅、省残联共建若干所面向全省招生的残疾人高等职业院校或专业，作为全省残疾人高等职业教育的试点。支持办学综合实力较强，有条件的中等残疾人教育学校开展五年一贯制高等职业教育或升格为残疾人高等职业教育院校。

7.加强师资队伍建设推动中高职衔接

培养高素质技术技能型和应用型人才，要求教师既有较宽广的理论知识功底，又掌握本专业领域较丰富的实践知识和技能，还要具备残疾人教育理论的基本原理，掌握与残疾学生沟通的能力。陕西省残疾人教育教师的职前培养还难以达到这样的要求。省级部门可以制定相关的政策，通过"4+1+1"的形式，即本科后学一年残疾人教育再到企业实践一年，培养残疾人高等职业教育师资队伍；还要鼓励在职教师通过各种形式到企业、机关、学校等进修学习，提高学历层次和技能水平，逐步达到"双师"标准。

8.成立专门研究机构开展残疾人职教研究工作

要不断重视和加强残疾人高等职业教育、教学、科研、思政、专业、课程、教材、教风、学风、管理制度等方面的建设和成果积累，积极开展残疾人高等职业教育的研究和中外对比研究，开展学术交流和教育合作，发挥智库咨询服务功能，逐步完善适合陕西省省情的残疾人高等职业教育体系。

2.4 专业建设案例

2.4.1 "残健融合"人才培养模式改革实践（以陕西省自强中等专业学校为例）

基于全纳教育理念，陕西省自强中等专业学校中医康复保健专业实施"残健融合"教育，把全纳教育理念落到了实处，是中医康复保健专业历史发展的必然选择，是中医康复保健专业人才培养模式的特殊需求。通过调整"残健融合"的人才培养目标；实施"残健融合"混合编班、打造特教名师团队；应用功能补偿理论促进视力障碍学生记忆力强和触觉敏感的功能特长发展，实现校企合作促进残健学生高质量就业；以赛促教促进残健学生技能水平提升；争取到政府卫生部门对该专业毕业生医疗资格考试的许可、"自强按摩"品牌注册；等等，具体实施了"残健融合"教育。

1. 开展"残健融合"教育的必要性

（1）"残健融合"教育是实施全纳教育的有效途径。1994年，联合国教科文组织在西班牙萨拉曼卡召开"世界全民教育大会"，发表了《世界全民教育宣言》，首次提出了全纳教育。全纳教育是一种以人权为本的教育理念，其教育目的是让所有的儿童都有权利接受一种没有任何由于不同的社会地位、经济、宗教、种族、语言、性别、移民、残疾等原因所遭受的排斥和歧视的教育。目前，陕西省自强中等专业学校具有残疾学生人数多、残疾学生类别多、残疾学生和健全学生共同学习生活、适宜残疾学生专业多的显著特点，是中国残疾人职业教育学校的典型代表。陕西省自强中等专业学校已经发展成为一个集盲、聋哑、肢残、健全、孤儿以及各类贫困家庭子女于一体的全纳性中等职业教育学校，以对残疾学生开展"残健融合"职业教育为主，吸纳更多有职业教育需求的学生，走出了适合中国国情的全纳学校建设新模式。"残健融合"教育模式成为陕西省自强中等专业学校实施全纳教育的有效途径。

（2）"残健融合"教育是中医康复保健专业历史发展必然选择。20世纪80年代初至1997年，国家实行中职学校毕业学生享受国家干部待遇的政策，中医康复保健专业被批准面向视力障碍学生单独招生，同时有少量肢体障碍学生入学。这一时期，肢体障碍学生能够很好地帮扶视力障碍学生，是"残健融合"人才培养模式的雏形阶段。1997年至2007年，国家取消大中专毕业生包分配制度，在计划经济转向市场经济的政策引导下，学校面向社会开放办学，相当多的健全学生选择该专业就读，视力障碍学生占比不足30%。这一时期，健全学生参与帮扶视力障碍学生，是"残健融合"人才培养模式的初期阶段。2008年至今，在国家中职学生免学费政策、国家助学金政策和连续8年陕西省级福彩公益金支持残疾学生上中职政策的支持下，学校视力障碍学生人数不断递增，占比上升到68%左右。这一时期，健全学生和视力障碍学生共同学习成长，是"残健融合"人才培养模式的发展期阶段。

不同于国内"以健全学生为主，残疾学生随班"的全纳教育普遍做法，该专业"以残疾学生为主，辅以健全学生"实施全纳教育，形成了"残健融合"的以"传承特色、规划目标、名师打造、功能补偿、校企合作、以赛促教、多元评价"为特色内涵的人才培养模式，体现了无歧视、教育公平、教育资源共享的教育要求，这样的模式在国内首屈一指。"残健融合"教育是该校中医康复保健专业历史发展必然选择。

（3）"残健融合"教育是中医康复保健专业人才培养模式的特殊需求。区别于普通中职人才培养模式，该校兼顾残健学生不同特点和需求，从中医康复保健专业人才培养目标、课程设置、编班、教材、教法、学法等方面形成了"残健融合"的有效运行模式，得到了学生、家长、政府的一致认可。该专业因招生好、教学质量好、就业好和就业待遇好，吸引了更多优秀学生来校求学，形成了良性循环，在国内具有人数最多、规模最大、影响力大的特点。"残健融合"的人才培养模式具有鲜活的生命力，是该专业人才培养的特殊需求。

2. 开展"残健融合"教育的主要做法

（1）调整"残健融合"的人才培养目标。按照现代职业教育改革要求，结合市场和企业需求，结合残健学生现状，学校修订完善了专业人才培养方案。针对视力障碍学生，通过理论和实践教学，使学生掌握中医康复保健基本知识与基本技能，以医疗按摩、预防保健技能为主，培养合格的初、中级盲人医疗按摩专业技术人才；针对部分健全学生，通过系统的学习和培训，以保健按摩、康复技能为主，培养具有一定康复医学基础知识，具有初步康复治疗技术能力和综合职业能力的一线康复治疗士。

按照兼顾残健学生共同发展的理念科学设置课程体系。结合中残联盲医考考试大纲要求，选用全国盲人医疗按摩中等专业统编教材（第四版），分大字版和盲文版，并有配套的语音读屏资料和TXT格式资源资料，适合残健学生同步使用。增设了"盲文基础"课，集中组织全盲生学习盲文，教会全盲生摸读扎的"读写"本领；"练功"课从体育课中分离，开展服务专业课技能能力的俯卧撑、蹲马步、立站桩、上练臂力、下练腿功的特色体能训练；面向新生盲生增设"定向行走"课，把校园地图绘制成为盲生大脑地图，促进全盲学生掌握定向行走的生活技能。

（2）实施"残健融合"混合编班模式。摒弃隔离残疾学生群体进行独立教学的不科学做法，实施"残健融合"混合编班模式。残健学生同在一个班级，在教学活动、班集体活动、校园文化活动中，视力障碍学生享有和健全学生同等的受教育权利，履行同等的责任。教师和学生消除歧视，对同班学生一视同仁，公平管理。同时，以生为本，师生关注并帮扶视力障碍学生。

（3）打造特教名师团队。教师是教育之本，有名师才有名校。陕西省自强中等专业学校重视该专业名师团队建设，打造过硬的教师队伍。建立教师档案，摸清教师基本信息、个人特长和取得荣誉，个别访谈交流，确定个人发展方向和发展目标，关注并促进每个教师的成长和发展。学校提供平台，投入资金，派出教师学习国内先进新技术，进入企业实践获得宝贵的临床经验。定目标，压担子，在教师承担课程教学的实践过程中精细化打磨，通过公开课、听评课、信息化技能大赛等方式，提升教师教学能力水平和教育风格。给视力障碍教师配备辅教人员，提升课堂教学实效。在课堂教学管理和承担班主任工作中，锻炼教师融入特教，融入残疾学生中，掌握残疾学生特点和问题，研究并践行适宜的教学和管理方法，从实践中总结特教经验，使其成长为残疾学生的领路人和贴心人。通过老中青传帮带活动，传承特色技艺和从教经验，促使青年教师成为骨干力量。在教研活动中，通过参加中残联统编教材编写、参与全国盲人医疗按摩人员考试考官工作、校外学术交流、校内论文交流会等方式，提升教师教研能力和水平，使教师人人尽展其才。

（4）应用功能补偿理论，促进视力障碍学生记忆力强和触觉敏感的功能特长发展。

该专业应用功能补偿理论，重视发展视力障碍学生记忆力强和触觉敏感的功能特长，有针对性地组织教学。面向全盲学生普及盲文，引入通用盲文知识，发展盲人阅读的读写能力。理论课程突出知识和技能要点的总结提炼，编排诗歌、短句等形式，让学生能够朗朗上口，增强记忆。实践课程突出按摩技能的体验式教学模式和案例式教学特色，让学生在实践触摸中准确学习和练习技能。组织学生"一对一"互助小组，发挥小组的互助帮带作用，提升整体学生技能能力。开设计算机应用课程，教授盲人读屏软件，帮助学生掌握计算机操作方法和技能。建设盲文阅览室，购置盲文文献书籍、大字版的文学作品和大字版专业书籍，引入盲文点读机、放大器和助视器，扩大学生阅读面，拓展其知识和视野。开展盲人定向行走训练，把现实的校园地图，训练绘制成为盲人大脑地图，提高其适应环境的生存能力。开展盲人日常行为训练，锻炼盲人掌握整理内务的生活自理能力和良好的生活作息习惯。学校户外楼内整体铺设盲道和坡道，教学楼、学生公寓和食堂全部配备无障碍带盲文数字的电梯，方便盲人行走，优化视力障碍学生的生活环境！

（5）开展实质性、建设性的校企合作工作，促进残健学生高质量就业。学校该专业因为市场需求大且就业供不应求，出现企业热的情况。为了提高校企合作实效，第一，学校调研企业真实情况，了解企业资质规模、经营现状、核心技师技能水平和薪酬福利待遇；第二，建立合作企业数据库和退出机制，促进与优质企业的长期稳定性合作，规避风险和安全隐患；第三，好中选优，优中选特，与促进学校专业建设匹配度高的企业开展深入校企合作，真正把企业的优质资源引入到专业建设中，使培养的人才更加适合企业和岗位需求。

● 建设校内外专业实训基地。经过层层筛选和对多年合作实效的评估，从40多家企业中，按照企业申请，学校审核，签订协议，挂牌建设的程序，遴选出优质企业，合作建设校外专业实训基地。2017年，建设了两个专业实训基地。2018年，建设了5个专业实训基地。学校附属按摩医院（校内专业实训基地）取得了卫生部门颁发的《医疗许可证》资质。

● 引入企业新技能，开设特色课程。学校紧跟国内健康行业发展趋势，引入国内先进按摩技术，结合市场需求，开设了特色按摩技能课。引入了企业高水平专家和高级技师进校对学生进行特色技能的传授，如小儿推拿、小儿五行视力保健按摩、精油开背、淋巴排毒等专业特色课程，丰富了我校专业课程建设内容，对即将踏入顶岗实习的学生来说不仅开阔了的视野，而且掌握了更多的先进技能，拓宽了学生技能知识的广度和深度。

● 规范专业顶岗实习工作。按照教育部等五部门出台的《职业学校学生实习管理规定》要求，为了规范学校顶岗实习工作，陕西省自强中等专业学校派出三组人员，分别赴广东、上海、武汉，对12家实习单位进行了走访考察，总结了顶岗实习工作的优点和不足，开展了成因分析，提出了可行性对策，并逐一落实。一是进一步明确学校实习工作目标和标准；二是建立学校主导、按需分配的实习工作新模式；三是建立实习单位评估标准，完善准入和退出机制，建设实习单位数据库；四是建立实习学生导向、准入和退出机制；五是强化对实习学生的教育和管理；六是处理好学校和用人单位的关系、学校和学生的关系、用人单位和学生的关系，明确各方责任。学校、实习单位、学生签订了三方实习协议，明确了各方责任、权利和义务，保障了实习学生的权益，进一步明确了顶岗实习学生的劳动报酬和安全管理责任，明确了实习指导教师职责，并为实习学生购买实习责任保险。

（6）以赛促教，促进残健学生技能水平提升。重视技能实操训练，参照全国盲人医疗按摩人员考试内容要求，在教学中引入考试规范和考试专用的测试仪器进行实践训练，开设人机对话的按摩单项手法技能竞赛、人体腧穴定位技能竞赛，让学生得到规范的技能锻炼，为其毕业后参加全国考试打下坚实基础。开展触摸人体解剖学标志技能竞赛、人体骨架模型组装技能比赛、俯卧撑、扳手腕等练功技能比赛和盲文摸扎读写技能比赛等，学生技能竞赛参与率，以学促教、以赛促教成效显著。

（7）争取政府卫生部门对该专业毕业生医疗资格考试的许可。视力障碍学生毕业后可以参加全国盲人医疗按摩人员资格考试，取得从医资格，可以与健全人公平竞争医院岗位。然而，因该专业市场需求大，就业供不应求，选读该专业的也有健全学生和轻度肢体障碍学生，但是，国家对医疗专业从严管理，他们取得了中专毕业证却没有资格参加有关资格证考试。陕西省自强中等专业学校向主管上级省教育厅反映问题，省教育厅职成处高度重视，主动协调省卫计委（当时名称）和省中医药管理局。2017年5月，陕西省卫计委和陕西省中医药管理局安排专家到陕西省自强中等专业学校进行专项评估。鉴于学校办学规范，师资力量强，教学管理有序规范，专家一致对学校该专业建设情况给予高度评价。之后，省卫计委和省中医药管理局向省教育厅出具了评估审核结果，并在教育部和国家中医药管理局备案，自2017年起入学中医康复保健专业毕业的健全学生和轻度肢体障碍学生也可以参加卫生部门组织的医技类康复治疗师资格考试。

（8）"自强按摩"品牌注册。该专业有70年办学历史的积淀，始终以其特有的专业手法优势在全国按摩领域享有较高的声誉，因此，教师对注册"自强按摩"品牌的呼声很高。为了树立学校品牌，发挥品牌效应，凝聚力量和智慧，面向社会推出学校特色专业，陕西省自强中等专业学校一方面积极争取品牌注册工作，另一方面面向师生征集品牌LOGO，2017年学校成功注册"自强按摩"品牌。

2.4.2 "残健融合"学业水平测试模式改革实践（以陕西省自强中等专业学校为例）

1.国内职业教育改革对评价的新要求

（1）教育评价改革的新要求。2020年10月中共中央国务院印发了《深化新时代教育评价改革总体方案》，提出教育评价事关教育发展方向，有什么样的评价指挥棒，就有什么样的办学导向。重点评价职业学校德技并修、产教融合、校企合作、育训结合、学生获取职业资格或职业技能等级证书、毕业生就业质量、"双师型"教师队伍建设等情况，扩大行业企业参与评价，引导培养高素质劳动者和技术技能人才。深化职普融通，探索具有中国特色的高层次学徒制，完善与职业教育发展相适应的学位授予标准和评价机制。加大职业培训、服务区域和行业的评价权重，将承担职业培训情况作为核定职业学校教师绩效工资总量的重要依据，推动健全终身职业技能培训制度。

（2）课程标准改革的新要求。2020年教育部颁布了13门中职公共基础课程的课程标准，对公共基础课程的课程性质与任务、学科核心素养与课程目标、课程结构、课程内容、学业质量、课程实施进行了规范。在学业质量内容中，对学业质量水平提出了专门要求，学业质量标准均划分为两级水平，水平1是学生学习该课程后应达到的合格要求，水平2是学生学习该课程后应达到的高职院校分类考试要求；在课程实施内容中，对学业水平评价、评价方式、考试命题建议提出了专门的要求。这是各地和各校开展中职公共基础课学业水平测试的重要依据。

2.国内中职学业水平测试现状

目前，我国中职学业水平测试正处于起步阶段，全国各省市对该工作做出明确规划和方案的并不多，调查发现，仅有上海市、江苏省和福建省面向普通中职开展水平测试。上海市2015年出台并实施"文化知识+职业技能"的评价模式；江苏省2016年出台并实施"公共基础课程测试+专业基础课程测试+专业技能测试"的考试模式；福建省2017年出台并实施"公共基础课程测试+专业基础课程测试+专业技能测试"的考试模式。目前，在残疾人职业教育职领域内尚未查阅到开展学业水平测试的政策、制度和案例。

3.中医康复保健专业现行学业水平测试现状和主要问题

（1）现行学业水平测试现状。以陕西省自强中等专业学校为案例开展研究，该校是国内实施"残健融合"全纳教育的典范，学校努力创设公平的教育环境，消除歧视，增进融合，促进教育资源共享，教育成果共享，营造公平、民主、互助、进步的育人氛围，兼顾视力障碍学生和健全学生的差异性和共性的特点和需求，形成了中医康复保健专业"残健融合"的以"传承特色、规划目标、名师打造、功能补偿、校企合作、以赛促教、多元评价、特色管理"为特色内涵的人才培养模式，很好地实施了"全纳""融合"的教育理念，为促进残疾学生全面融入社会做出了积极探索和实践，在国内特教领域享有较高声誉。

陕西省自强中等专业学校中医康复保健专业人才培养兼顾视力障碍学生和健全学生。通过理论和实践教学，使学生掌握中医康复保健基本知识与基本技能，以医疗、预防保健、康复技能为主，培养合格的初、中级盲人医疗按摩专业技术人才或具有初步康复治疗技术科学研究能力和综合职业能力的一线康复治疗士。

该专业学业水平测试纳入了13门公共基础课中的4门思想政治课，采用闭卷书面试卷考试方式；纳入了6门专业基础课，采用闭卷书面试卷考试+实践考试方式；纳入了5门专业技能课，采用现场实践操作考试方式。理论课考试，针对低视力障碍学生采用大字版盲文试卷考试；针对全盲学生考试，设专门的读题考场，专业课教师读题，学生使用盲文答题，适当延长考试时间。技能课考试，通过人机实践操作和教师作为病人亲身体验实践考试的方式开展。

（2）存在的主要问题。

1）特教中职学业水平测试存在特殊性。目前国内上海、江苏、福建三个省市实施了中职学校学业水平测试，陕西省的中职学校学生学业水平测试方案正在建设，现阶段陕西省未有统一的中职学业水平测试标准和实施方案。如果陕西今后建设了省级中职学校学业水平测试，应考虑特教中职学校因培养对象的特殊性和残疾学生无法与普通中职学生同步参与省级统一测试的实际困难，结合特教中职学校办学特色和人才培养的特殊性，建设校本的适宜衡量残疾学生的学业水平测试标准和方案。

2）现行的学业水平测试未能体现中职基础性作用。按照职教改革关于发挥中职基础性作用的新要求，该校现行学业水平测试对公共基础课选择仅限于4门思想政治课，公共基础课程的学业水平测试比重过小，未纳入语文、英语、历史、信息技术等课程，不利于残健学生的终生学习发展。

3）现行的思想政治课程学业水平测试内容未及时更新。2020版思想政治课的课程标准中，已经修改经济政治与社会课程和职业生涯规划课程为中国特色社会主义课程和心理健康与职业规划课程，明确了4门思想政治课程的新课程标准，因国家规划的这4门思想政治课程新教材还未正式出版，所以新课标对应的新课程未做修改，继而这些课程的学业水平测试内容未及时更新。

4）校企合作企业参与专业技能课程学业水平测试不够。校企合作人才培养模式下，培养与企业岗位标准和要求相匹配的的技能型人才，需要引入企业参与专业技能课程的学业水平测评。目前，校企合作企业对学业水平测试并不关心，很难拿出可行的企业测试标准和测试办法。

5）未纳入职业资格技能证书、技能比赛和"1+X"证书。在传统的中职毕业生取得"双证"的背景下，采用传统的考试方法，将毕业证与职业资格技能证书区别看待的政策有待改进，建议在学业水平测试中纳入职业资格技能证书、技能比赛和"1+X"证书等能够说明学生技能水平的证书。

4.特教中职残健学生学习和考试情况的研究建议

通过问卷调查的方式，对该校该专业93名残健学生开展了公共基础课、专业基础课、专业技能课学习情况的调查分析，开展了信息化技术和盲文应用能力的调查分析，开展了复习考试情况的调查分析；对一线任课教师开展了访谈，听取了意见和建议；在调查基础上提出了构建新的学业水平测试模式的改进建议。

（1）研发具有特教特色的学业水平测试模式。该校残健学生的现状说明，残健学生如果同其他普通中职学校学生一起参加省级学业水平测试是不现实的，需要针对这个群体，采用与残健学生基本现状相匹配的学业水平测试模式；组建特教中职中医康复保健专业学业水平测试校级研发团队，吸纳有关特教专家、职教专家、企业行业人员和信息化技术人员，研发具有特教特色、在同类学校中医康复保健专业可以复制推广、符合残健学生实际的学业水平测试。

（2）建设课程标准，明确学业质量达标标准。针对国家新课标要求和企业行业岗位技能新要求，结合残健学生实际情况，建设校本的中医康复保健专业课程标准，依据校本课程标准实施教学，依据校本课程标准建设学业水平测试考试大纲。

（3）引入过程性、增值性评价方式。改变省级统考"一张卷子定成绩"的做法，改进测试方式方法，引入过程性评价、增值性评价等方法；与研发适宜不同学习程度残健学生的课程学业质量达标标准相一致，同步开发分层学业水平测试内容。通过测试，更加灵活、客观地反映残健学生学习实效和学业达标情况。

5.残健学生适宜的相关职业资格证书考试研究建议

目前，国内有适宜视力障碍学生的保健按摩技能大赛，有适宜在校健全学生的1+X家庭保健按摩证书和1+X老年照护证书考试，有适宜残健学生的保健按摩师职业技能资格证书，有适宜毕业视力障碍学生的全国盲人医疗按摩人员考试，有适宜毕业健全学生的康复医学治疗技术（技士资格）考试。建议将以上适宜在校残健学生有关职业资格证书考试和大赛成果融入新构建的学业水平测试中。

6.与"职教高考"相衔接的残健学生升学路径研究建议

目前，国家职教改革提出建立"职教高考"制度，山东、广东和湖北分别有初步尝试，其中山东从2022年（2019年入学的高中段学生）起，开始实施"职教高考"制度，采取"文化素质+职业技能"考试招生办法，职业技能考试成绩在录取中所占权重原则上不低于50%。国家已经实施高职分类考试招生制度，通过单独考试招生、综合评价招生和技能拔尖人才免试招生方式开展，报考高职院的考生均须参加文化素质测试和职业适应性（技能）测试，其中文化素质测试实行示范高职院校单独考试招生文化素质测试联考。文化素质测试主要是语文、数学、英语三科。国内特殊教育领域本科院校，例如适宜视力障碍学生升学的长春大学特教学院、北京联合大学、滨州医学院，招生考试科目为语文、数学、英语、物理、化学、解剖学等。特殊教育高职院校，例如适宜视力障碍学生升学的山东残疾人职业教育学院招生考试科目为语文、中医基础理论和专业技能测试，浙江特殊教育职业教育学院招生考试科目为语文和操作技能测试。建议在构建新的学业水平测试模式中，应当充分纳入促进学生升学的因素，发挥中职基础性作用，夯实特教中职残健学生公共基础课程知识素养。

7.中医康复保健专业"残健融合"学业水平测评模式构建策略

（1）落实立德树人的根本任务，体现评价的时代特色。学校肩负着立德树人的根本任务，学业水平测试是人才培养的重要环节。要贯彻落实国家职业教育改革、推动职业教育高质量发展、校企合作、思想政治教育、新课标、"三教"改革、教育评价、教育督导等改革的最新精神,建设并实施高质量的特教中职中医康复保健专业"残健融合"学业水平测试工作,结合残健学生实际情况,构建特教中职中医康复保健专业"残健融合"学业水平测评模式。

(2)公共基础知识测试方式。采用校级统一考试,由校级学业水平测试领导小组在第三学期结束后组织考试。公共基础知识测试科目为思想政治、语文、数学、英语、历史、计算机应用基础等6门,或者与省级学业水平测试公共基础科目同步。对思想政治、语文、数学、英语、历史等5门课程采用"书面笔试考试+过程性评价考试"方式测试,第三学期结束后组织的书面笔试考试成绩占60%,各学期期末考试成绩占25%,各学期内平时成绩15%,总分100分;学生用盲文或汉文答卷。贯彻落实教育部颁布的中职公共基础课新课标要求,结合特教中职教和学的实际情况,开发考试大纲,同步开发考试题库。

(3)专业基础知识测试方式。采用校级统一考试,由校级学业水平测试领导小组在第四学期结束后组织考试。专业基础知识测试科目设定为正常人体学和中医基础学两门或者与省级学业水平测试专业基础科目同步。对正常人体学课程采用"理论笔试考试+实践考试"方式测试,理论笔试考试占70%,实践考试占30%,总分100分。理论笔试考试主要考查学生对解剖学知识的认知程度和运用知识分析问题、解决问题的能力,同时了解器官功能,人体生理机制,能达到职业岗位能力的基本要求,采用笔试完成,学生用盲文或汉文答卷。实践考试结合专业特点,研发"触摸人体体表标志"软件,借助盲人读屏软件随机抽题,按照语音提示,在考试时间内,在人体模特考官身上完成"触摸辨认器官""寻找人体体表标志"等实践考试,由考官给出实践成绩。教育部对中职中医康复保健专业未建设专业教学标准,结合高职相近专业教学标准,以及特教中职专业教和学的实际情况,开发考试大纲和考试题库,引入盲人医疗按摩人员资格考试内容。

(4)专业技能测试。采用校级统一考试,由校级学业水平测试领导小组在第五学期结束后组织考试,考官吸纳合作企业专业技术技能人员参与。按照医疗按摩技能方向和保健按摩技能方向,采用现场实际操作或应用信息化综合实训平台考核方式,总分为100分。结合特教中职专业教和学的实际情况,校企合作开发考试大纲和考试题库,引入盲人医疗按摩人员资格考试内容。

(5)考试科目的成绩评定方法。采用"合格性考试+等级性考试"的成绩评定方法。合格性考试,包括公共基础知识(含思想政治、语文、数学、英语、历史、计算机应用基础)、专业基础知识、专业技能考试等3个部分。合格性考试划定5个等级,按当期考生(扣除缺考或未得分的)总数的相应比例划分,位次由高到低分取A、B、C、D、E5个等级:A等级人数约占10%,B等级约占35%,C等级约占30%,D、E等级约占25%,其中E等级不超过5%。公共基础知识、专业基础知识、专业技能考试成绩均达D级以上的,为学业水平考试成绩合格。合格性考试成果为学生毕业提供依据。等级性考试,包括公共基础知识中的思想政治、语文、数学、英语、历史和专业基础知识。等级性考试成果为促进学生升学提供依据。

（6）社会性专业技能相关考试成果的转换认定，实现增值性评价。对学生在校期间取得社会性专业技能相关考试成果进行转换认定，是实现增值性评价的有效途径。学生参加教育部、人力资源和社会保障部或全国行业协会组织的职业或执业资格鉴定，并取得合格证书，例如1+X家庭保健按摩证书、1+X老年照护证书和保健按摩师职业技能资格证书等，学生在技能大赛中获奖，学生获全国职业院校技能大赛一、二、三等奖和全省职业院校技能大赛一等奖的，可以纳入技能测试等级。

（7）开发支撑测评工作的信息化系统。开发语音读题软件，将学业水平测试笔试考试的文本文字转换成语音，方便视力障碍学生读题；开发正常人体学"解剖标志定位"和经络腧穴学"腧穴定位"智能随机抽题软件，可以用在学业水平测试专业技能考试中；继续应用"争渡""阳光""保益"等品牌的盲人读屏软件，辅助视力障碍学生识别计算机、网络和手机信息；引入中残联开发的全国盲人医疗按摩人员资格考试信息化实训设备，例如"按摩穴位智能化腧穴仪"系统和"按摩手法三维力学测定仪"系统，应用于学业水平测试专业技能考试中。

（8）评价测试结果运用。评价测试结果作为特教中职中医康复保健专业学历教育学生毕业条件，作为高职院校招生录取依据，作为对特教中职学校教学质量评价参考。

（9）实施学业水平测试的保障建议。建设特教中职学校校级学业水平测试领导小组专门机构，吸纳领域内标杆企业技术技能人员参与，负责提出校级学业水平测试实施方案并有序组织；建设校级学业水平测试考官团队，吸纳领域内标杆企业技术技能人员参与，开发校级学业水平测试考试大纲和标准化试题库，接受专业综合笔试和实践技能考试命题技术培训，负责实施校级学业水平测试各项考务工作，负责校级学业水平测试年度质量分析并面向社会公布，等等；建设校级学业水平测试考务管理制度、考务工作责任制和测评年度质量分析报告等制度，实现规范化考务工作，严肃考风考纪，加强考试的效度和信度；建设校级学业水平测试信息管理平台，实现测评成果信息化数据采集和应用；完善学生毕业结业制度，对达到学业水平测试合格毕业标准的学生给予毕业，对未达到毕业标准的学生给予延期再学习或结业，确保毕业生质量；加大教育督导力度，实施教育教学全过程督导，倒逼全员、全过程、全方位高质量育人；实施学业水平测试工作的专项督导，刀刃向内，敢于自我革命，倒逼测评工作高质量实施；督导教育经费的落实和保障，确保经费投入，保障教育教学各项工作和测评工作有序运行。

2.4.3 "医教结合"人才培养模式改革实践（以陕西省城市经济学校为例）

2010年《国家中长期教育改革与发展规划纲要2010—2020年》明确提出：特殊教育要"提高残疾学生的综合素质，注重潜能开发和缺陷补偿"。2014年1月，教育部、中残联等七部委联合下发的《特殊教育提升计划（2014—2016）》更是强调要"支持特殊教育学校配备必要的教育教学、康复训练等仪器设备，开展'医教结合'实验，探索教育与康复相结合的特殊教育模式"。残疾人中等职业学校完全可以通过"医教结合"的教育模式，弱化甚至消除残疾人的缺陷，最大程度地发挥他们的潜能，全面提高其综合素质，使他们能和正常人一样，拥有美好幸福的人生。

1. "医教结合"的含义

残疾人中等职业教育的"医教结合"主要是指将现代康复医学与残疾人职业教育有机的结合起来，从听力言语、认知、情绪行为、学习能力和运动等领域对残疾人进行康复训练与教育，比如听力言语残疾学生的语言康复训练，视力残疾学生的定向行走训练，肢体残疾学生的身体功能训练及智力残疾学生的脑力训练，等等。在职业教育过程中渗透康复训练，在康复训练中融合职业教育，优势互补，开发潜能，消除和减轻他们的功能障碍，弥补和重建他们的功能缺失，促进其全面发展，实现残疾人职业教育效益的最大化。

2. "医教结合"的意义

残疾人职业教育的根本目的是让每一个残疾学生的身心都能得到全面的发展，使之融入主流社会，适应社会生活。由于残疾学生的残疾类别、残疾程度各不相同，对职业能力的影响也各不相同，残疾人中等职业教育工作者只有全面了解这些疾病及其对学习、就业能力的影响，才能使残疾人中等职业教育教学工作更具有针对性。在残疾人中等职业学校积极构建"医教结合"的教育模式，不仅使学校转变教育教学观念，完善职业教育的职能，使每一个残疾学生在掌握一定职业技能的基础上，还能在学校得到良好的身体和心理康复治疗和训练，更好地发展，生活得更加幸福、更有尊严；也能使学校打破原有的残疾人职业教育模式，从理念、技术、方法、途径等各个方面深化教改，在了解残疾学生需求的基础上，有针对性地开发服务内容、创新服务方式、完善管理制度，研究建设符合残疾人职业教育发展潮流的人才培养模式，提升残疾人中等职业教育的发展水平。

3. "医教结合"教育模式的构建

（1）培养专业化的师资队伍。高素质、高质量的师资队伍是残疾人职业教育事业持续健康发展的不竭动力来源，同时也是"医教结合"人才培养模式顺利实施的保障，因此残疾人中等职业学校可以采用"送出去"和"引进来"相结合的办法，一方面对在职的教师，根据学生类型和所任课程选择相应的康复方向，开展多渠道专业化的培训和进修，提高教师"医教结合"的理论水平和工作能力；另一方面就是引进掌握一定康复技术与方法的专业人才，如与医疗机构合作，常年聘请专、兼职的康复医生，或从高校相关专业引进人才，等等，建立一支专、兼职结合的康复师资队伍。并要求每位老师都要充分认识到"医教结合"对残疾学生全面发展的重要性，都应了解和具备一定的"医教结合"理论与技能，能够运用到学生的康复指导中去，形成合力，使"医教结合"的教育模式在残疾人中等职业学校得到全面深入的发展。

（2）建设专业化的康复实训室。残疾人中等职业学校要想顺利实施"医教结合"，还应根据生源类别和培养的方向，建设包括物理治疗、作业治疗、言语治疗、心理治疗、康复工程、艺体治疗、中医治疗、康复护理、职业咨询、社会服务等内容的综合康复实训室，充分利用现代化的康复技术和设备，通过功能评估、训练、重建、补偿、调整和适应等手段，从运动、感知、日常生活、活动能力、语言交流能力、认知能力、心理功能、社会功能等多方面，积极开展康复训练，帮助残疾人恢复或补偿功能，提高其生存质量，增强社会参与能力，最大限度地促进学生的发展。

（3）构建"医教结合"的课堂。残疾人中等职业学校"医教结合"人才培养模式的实施最终要落实到教师的教学中，尤其是体育及"两操一课"的教学，一定要改变传统的教学模式，在对学生进行深入了解、评估的基础上，从理念、技术、方法、途径等各个方面，深入挖掘教学内容，制定康复健身训练计划，采取合适的方法，在课堂中科学地进行"医教结合"。比如面向盲人开展定向行走、功法练习等有益于生活自理和就业的运动；面向肢体残疾学生开展坐式排球、投掷、益智类游戏等有益于肢体功能及体能康复的运动，使学生在课堂教学中达到健身、康复的目的。

（4）以自强健身活动为载体，促进"医教结合"。残疾人自强健身工作对推动和活跃残疾人体育工作，促进广大残疾人平等融入社会，共享健康美好生活，共享小康社会建设成果，改善残疾人身体状况，提高残疾人幸福指数具有重要的意义。党和国家历来高度重视残疾人自强健身和体育工作，出台了《关于促进残疾人事业发展的意见》《全民健身计划（2011—2015年）》和国家"十二五"规划纲要等政策文件中均明确提出要发展残疾人自强健身和体育工作。残疾人中等职业学校一定要积极开展自强健身活动，倡导并鼓励学生走出教室和宿舍，到运动场上来，每天锻炼一小时，并把"医教结合"融入到自强健身活动中去，在健身指导员的指导组织下，通过趣味运动、乒乓球、羽毛球、盲人门球、跳棋、象棋等一系列丰富多样的健身项目和益智类游戏达到康复训练的目的。

（5）实践与研究相结合。残疾人中等职业学校在开展"医教结合"工作过程中，一定要把工作实践和研究探索结合起来，以科学的理念为前提，科学的途径为关键，科学的方法为基础，科学的设备为保障，坚持医中有教，教里融医，医为教用，教需医辅的"医教结合"原则，边实践，边探索，加强学习，不断发现问题、解决问题，改进工作方法，掌握"医教结合"的内容、方法、手段等，把握"医教结合"的特点和规律，更好地为残疾学生提供服务。目前虽然残疾人中等职业学校开展"医教结合"肯定会面临着各种各样的困难，但是我们应当看到，促进残疾人康复发展是建设和谐社会的必然要求，进行"医教结合"的改革也已经成为残疾人职业教育发展的一个趋势，所以残疾人职业教育工作者要克服困难，牢固树立起"医教结合"的理念，积极开展"医教结合"的实践，创新"医教结合"的教育，使残疾学生得到健康的发展。

2.4.4 中医康复技术专业建设改革实践（以陕西省自强中等专业学校为例）

1. 专业建设实践研究

专业建设是教学内涵建设的核心，实际教学改革的切入点，是人才培养质量的保证，是学校办学特色的集中体现。学校按照"职业方向清晰，层次定位准确，培养模式科学，专业特色鲜明，人才质量优良"的要求，以扎实的专业基础引导实训，以行业优势引领专业发展，校企深度合作，工学结合，探索适合视力障碍学生职业技能学习的人才培养模式。

（1）制定科学合理、适合视障生发展的人才培养模式。中医康复保健专业主要是针对视力障碍学生和轻度肢体障碍学生开设。专业本着"以能力为本位，以就业为导向"的办学理念，实现残障学生凭借技能就业、创业，实现自立自强。本专业以技术应用能力和基本素质培养为主线，形成了以扎实的专业基础技能贯穿校内实训，以专业、行业优势引领专业发展，建立校企深度合作，工学结合的人才培养模式。作为学校骨干专业，试点开展现代学徒制的人才培养模式，争取达到行业领先。立足校企资源共享、互利共赢，推动教、学、做的统一，实现学生全面发展。

（2）"自强按摩"品牌注册。陕西省自强中等专业学校从1951年建校至今，由最初的盲人按摩专业发展到现在的中医康复保健专业，该专业始终以其特有的专业手法优势在全国各地按摩领域享有良高的声誉。专业优势主要体现出课程设置合理、手法规范、基本功扎实等特点，全国盲人按摩统编教材第三版《按摩学基础》就是由该专业的几位老师合著而成并已投入使用。学校以"稳、准、活、专、舒、美"六大专业手法为特色注册了"自强按摩"品牌。

（3）取得了陕西省卫计委评估认可。2017年5月，该专业顺利通过了陕西省卫计委和陕西省中医药管理局的评估、审核，并在教育部和国家中医药管理局备案。自2017级以后入学中医康复技术专业并毕业的健全学生可以参加卫生部门组织的医技类康复治疗士资格考试。这对于学校来说，提升了该专业毕业证的含金量，保障了学生的职业发展权益，拓展了该专业招生范围，为学校职教事业发展助力！

（4）积极开展"现代学徒制"人才培养模式。2019年8月开始，该专业与合作企业湖北武汉康之道健康管理有限公司进行了校企合作，试点"现代学徒制"人才培养模式。校企共建了该专业"现代学徒制"人才培养方案，该方案既落实了《教育部关于职业院校专业人才培养方案制订与实施工作的指导意见》（教职成〔2019〕13号文件）要求，又明确了现代学徒制岗位培养的目标和标准，明确了工学交替、交互训教的教学组织方法，确定了企业师傅和学校老师共同承担的教学任务，引入合作企业的企业文化、职业道德、制度规范等通识课程。目前，学校签订了企业与学校、企业与学生、企业与家长的多方合作协议书；共建校企联合招生招工一体化方案，明确学徒的企业员工和职业学校学生双重身份，保障学徒的合法权益；共建标准体系，促进课程内容与职业标准对接，教学过程与生产过程对接；共建学徒培养的管理制度和相关标准及双导师团队。学校在该专业探索建设校企"双主体"育人的中国特色现代学徒制，促进产教融合的校企"双元"育人模式。

（5）建设按摩特色传承课程和精品课程。为传承陕西省自强中等专业学校"自强按摩"品牌的按摩特色，陕西省自强中等专业学校为具有近30多年教龄和临床经验专业教师（含盲人教师2名）的特色技能录制视频，作为学校宝贵的特色教学资源长期留存并传承下去，为学校可持续发展提供良好的教学资源库基础。

2.教学实践研究

在"以就业为导向、以能力为本位，促进学生全面发展"的教育理念指导下，在实施教书育人的过程中，传承"残健融合"专业人才培养经验，坚守特色育人模式，调整人才培养方案和课程设置，规划兼顾残疾学生和健全学生的专业人才技能培养目标。

（1）"残健融合"的办学模式特色突出。"立德树人"育人成效显著。作为一所集视障、语障、轻度肢残为一体的综合性残疾人职业教育学校，办学规模、残疾学生人数在同类学校当中名列前茅。尤其是中医康复技术专业有近70年办学历史，学校对选择该专业的视力障碍学生和健全学生实施"全纳教育"理念，将残健学生混合编班，同班、同学、同吃住，共同参与丰富多彩的校园文化活动，体现教育公平，消除歧视，发展特长。使残疾学生能够很好地融入到校园集体生活和学习中，提升自信，健全人格；健全学生学习残疾学生自强不息的奋斗精神，生活中主动帮扶残疾学生，培养了仁爱之心和奉献精神！

（2）注重青年教师的培养。在教师当中开展了"以老带新"传承该校按摩特色的带教活动，以一对一的带教形式来重点培养年轻教师。安排年轻教师跟从老教师学习，在一年的带教过程中，"师徒"之间要有交流谈心，老教师指出不足，年轻教师要虚心接受，取长补短，把该校"自强按摩"特色传承下去。

（3）助盲生学历提升。中医康复保健专业主要以招收视障学生为主，为了使学生中专毕业后可以进一步深造，提升学历。学校积极多方联系，推进中高职教育衔接。合理确定各阶段课程内容的难度、深度、广度和能力要求，设置科学合理的专业课程。与宝鸡职业技术学院积极合作开展盲生大专班教学，为学生进一步提升学历提供机遇。

（4）以技能竞赛和成果展示为手段，突出技能培养。结合全国盲人医疗按摩人员考试模式的改变，及时引入全国盲医考考试系统——盲人按摩手法测试系统，人机对话开展按摩单项手法技能竞赛、人体腧穴定位技能竞赛。精心组织开展校内各专业技能职业竞赛周活动及成果展示，积极鼓励、推荐学生参加省级以上的技能竞赛，以赛促教，促进了学生学技能、练技能的积极性。学校先后承办了第四届、第六届宝鸡市残疾人职业技能竞赛，为省赛选手进行赛前培训，进一步提升了学校知名度，扩大了学校影响，有力助推了教育教学工作的创新发展。

（5）加大校企合作力度，拓展建立校外实习实训基地。该专业以行业和企业为依托，共建校内外实训基地。学校完善和充实该专业18个实验实训室设施，强化学校附属按摩医院校内实训基地建设和功能发挥。加强校外实训基地建设，吸纳更多的、适合视力障碍学生顶岗实习的企业为校外教学实习基地。面对中医康复技术专业学生供不应求的人才市场需求，调动企业参与学校人才培养的积极性，企业技师入校教学，学校和企业共同培养技能型人才；积极发展校外专业实习基地，在实地考察的基础上，注意地域、专业特色、经济效益、学生适应性等方面的综合考量，扎实稳妥地拓展校外实习基地。目前，该专业在西安、榆林、武汉、江门等地均设有校外教学实习基地。

2.4.5 服装设计与工艺专业人才培养模式改革实践（以陕西省城市经济学校为例）

1.专业介绍

服装设计与工艺专业是面向具有初中以上文化程度或具有同等学力的听力言语障碍人群开设，培养从事服装设计、制版、裁剪、缝制、后整理操作和服装定制等一线工作的高素质技能人才。该专业学制三年，毕业后获得中专学历。毕业生就业主要面向纺织服装生产企业、服装设计制作等相关公司；也可自主创业，开设服装高级定制、服装缝纫加工、家纺产品制作等个人工作室。

校内外实训基地设备齐全，基础设施完善，共设有服装工艺实训室、针织工艺实训室、服装制版实训室、服装立体裁剪实训室等5个专业实训室，能够为学生提供优良的实训条件。

陕西省城市经济学校与省内外多家纺织服装企业开展校企合作，设立校外实训基地并签订校企合作协议，保证充足、稳定的跟岗实习岗位，学生就业率达99%。

2.培养目标

坚持立德树人根本任务，面向服装设计、生产制造业培养从事服装成衣设计、样衣制作等一线工作，德智体美劳全面发展的高素质劳动者和技能型人才。培养的毕业生应具有以下职业素养、专业知识和技能。

（1）职业素养：

1）具有良好的职业道德，能自觉遵守行业法规、规范和企业规章制度。

2）具有维护公共利益，勇于承担责任的品质。

3）具有良好的职业道德与艺术品格。

4）具有较好的艺术素养和审美能力。

5）具有良好的人际交往、团队协作能力。

6）具有环境保护、安全生产的意识。

7）具有运用计算机进行技术交流和信息处理的能力。

8）具有借助工具查阅中、英文技术资料的基础能力。

（2）专业知识和技能：

1）了解服装产业现状和发展方向，知晓成衣生产基本环节和工艺流程。掌握一般服装品种的国家质量标准基本内容。

2）具有鉴别材料特性的能力；具有根据款式设计风格、款式细部结构特点合理选配服装面辅料的能力。

3）掌握服装设计的基础理论知识、人体形态特征、形式美法则等造型美学基础知识，懂得服装设计的基本原理和方法。具有运用服装服饰基础知识，进行服装及服饰的初步设计、制版、制作的能力。

4）了解人体测量基本方法，理解服装结构设计原理，具有识读服装结构图、服装款式图、服装设计构思图和服装样品的能力，具有应用服装结构造型原理进行一般变化造型服装的纸样制作的能力。

5）熟悉服装常用设备的基本性能，掌握服装缝制工艺的基本要求和操作方法，具有根据生产要求合理选用和正确使用工具的能力，具有基本维护和保养常用服装缝纫设备的能力。

6）具有对服装进行整体配色的能力，掌握服装电脑辅助设计软件的特点和使用方法，具有手工绘制一般变化造型服装款式图的能力，具有运用电脑和电脑辅助设计软件绘制服装款式图的能力。

7）了解服装流行要素的成因规律和服装市场调研、营销的基本方法，具有收集服装流行要素、归纳流行趋势、提炼流行元素的能力。

8）具有根据生产任务和产品特点，进行工序划分和编制生产工艺单的能力，具有根据任务要求制作服装零部件和一般简单服装典型品种的能力（初级），具有初步进行服装立体造型的能力。

3.开设主干课程

开设的主干课程有：服装设计基础、服装手缝基础、服装结构制图、服装缝制工艺、服装生产、服装立体裁剪、服装Coreldraw款式图、服装CAD、服装立体造型设计、服装款式电脑拓展设计、服装工业样板制作与推挡、高级服装定制技术。

4.专兼职教师任职条件

（1）专任教师任职条件。服装设计与工程、服装艺术设计等服装类专业，具有全日制本科以上学历；两年以上服装行业培训经历或企业服务经历；熟练掌握服装知识和实践操作技能，能够承担服装专业一体化教学工作；具备中等职业学校及以上教师资格证书；具有本专业三级及以上职业资格证书或相应技术职称；听力言语残疾班授课教师应具备一定的手语沟通交流能力。

（2）兼职教师任职条件。服装设计与工程等相关服装类专业，全日制大专以上学历；两年以上服装行业培训经历或企业服务经历；熟练掌握服装知识和实践操作技能，能够承担服装专业一体化教学工作；具有本专业三级及以上职业资格证书或相应技术职称；听力言语残疾班授课教师应具备一定的手语沟通交流能力。

5.实践教学场所建设

实践教学场所有：

服装工艺实训室、服装制版与立体裁剪实训室；服装CAD实训室；适应于服装设计与工艺专业有关的服装缝制、制版、立体裁剪、服装CAD等的现场教学和实训。

（1）服装工艺实训室主要有蒸汽吊瓶熨斗、吸风熨烫台、普通熨烫台、电脑单针平缝机、工业单针平缝机、五线包缝机、三线包缝机、绣花机、平头锁眼机、圆头锁眼机、钉扣机、套结机、台式绷缝机、切割机、服装展示模特等实训设备，可以同时满足20名学生实训。

（2）服装制版与立体裁剪实训室主要有工作台、立裁人台等实训设备，可以同时满足20名学生实训。

（3）服装CAD实训室主要有多媒体计算机（装有服装CAD教学软件）、数字化扫描仪、绘图仪等实训设备，可以同时满足20名学生实训。

6.教学资源

公共基础课程选用国家规划教材书目，结合残障学生性质，选用适合的基础课教材。专业（技能）课程优先选用中职学校课程改革校本专业教材，建立校园数字教学资源库，开放交互式网络资源共享课堂，鼓励企业案例资源共建，及时更新行业动态和最新技术支持，形成校企资源交互共享；组织专业教师和企业人员共同开发课程讲义，同时编写配套教学设计、任务单、评价单、实训手册等教学资源，确保本方案的顺利实施。

7.教学方法

服装设计与工艺专业依据理实一体教学、校内仿真实训、校外顶岗实习不同模块课程的特点，采用了不同的教学组织形式。

（1）理实一体课程教学：以专任教师为主、兼职教师为辅，采用理论教学与实践教学相结合的方式组织教学。教学地点一般在课堂或服装专业实训室。

（2）校内仿真实训：由专任教师、兼职教师、实训指导教师共同完成，通过项目模拟的方式组织实训教学。教学地点一般在校内服装专业实训室。

（3）校外顶岗实习：以校外指导教师、服装企业技术管理人员为主、校内指导教师为辅，通过在生产一线顶岗实践工作，完成服装企业实际项目的组织教学。教学地点一般在合作企业。

8.学习评价

根据教育评价在教学活动中的不同作用，可以将教育评价分为形成性评价、诊断性评价和总结性评价。服装设计与工艺是一个强调实际操作能力的专业，专业课在评价过程中应注重对学生理论知识的运用能力和实际动手能力方面的评价。

（1）形成性评价。在学习领域课程实施过程中，观察学生的工作方法和操作步骤，结合课程标准的学习目标要求，检查学生完成学习性工作任务进程的合规性和熟练程度。

（2）诊断性评价。在学习领域课程实施过程初期，了解学生对服装专业的职业认知情况，检查学生在收集信息、计划、决策、实施、检查和评价各阶段的工作与学习表现，针对学生在工作中出现的问题，分别进行点评，并提出相应的指导建议。

（3）总结性评价。在学习领域中情景工作任务或案例分析结束后，根据专业标准、课程标准要求，结合特教学生自身特点与本专业职业成长规律，对学生完成整体学习性工作任务的综合表现（显性和隐性）进行评定；通过学生专业工作要求的实现程度，观察学生对个性化的解决方案和企业与社会要求的协调能力；通过分析学生的学习总结，检查学生在完成工作与学习任务后，对整体职业活动的认知程度。

根据职业工作任务完成情况及表现，形成性评价分值分为："熟练""基本熟练""合格""完成""未完成"5个档次；诊断性评价分值分为"一般偏差""十分偏差""严重偏差"3个档次；总结性评价分值分为：课堂教学部分考核方式以平时技能掌握情况以及课堂表现为主，占本门课的70%，课内结合该课程期末的最终工作成果，占本门课的30%。根据不同学习领域中，涉及能力的显性与隐性之分，可以对分值比例进行调整。

考评要点：理论知识的实际运用能力、专业技能的实际动手能力。

考评方式：分为校内专任教师评价与校外实训指导教师评价。

9.教学组织与管理运行机制

（1）教学管理制度。为了使教学工作顺利进行，结合学校有关规定，教研室制定了相关管理制度。

1）教学工作常规检查，每学期开学第二周按照教务科的要求检查本学期上课教师的教案、授课计划等。不定期抽查，即教学督导每学期不定期抽查教案、作业，期末对考试、考查情况进行检查。

2）建立听课制度。各教研室主任每学期听课不得少于5次，主要以其分管教研室课程的授课教师为主。对初级职称的教研室教师每学期至少听12节课，中级职称的至少听8节课，高级职称的至少听4节课。

3）制定教学联席会制度。由教务科组建学生教学信息组，负责教师教学信息的收集、整理。每学期召开两次教学联席会，学生向教务科反馈有关信息，并做记录。

4）制定教师考核制度。教师考核于每学期期末进行，考核对象为在职在编、聘任到教师岗位上从事教学工作的专任教师；考核内容包括思想政治表现考核、教学工作考核和其他工作考核等，考核结果分为优秀、合格、基本合格和不合格4个等级。

5）严肃考试管理制度。规范命题制卷，严肃考试纪律，严格考场管理。规范阅卷环节，坚持考前教育与考场严格管理相结合，建立巡考检查责任制，充分发挥试卷成绩分析在反馈教学效果方面的重要作用，针对性地改进教学，以不断提高教学质量。

（2）顶岗实习管理制度。服装设计与工艺专业制订学生顶岗实习管理制度，主要包括校内实训管理制度、实验室使用规定、校外实训管理制度。

（3）教学质量保障体系。服装设计与工艺专业教学质量监控以"专业标准""课程标准"等教学方面的质量标准为依据，教学主管人员定期和不定期组织教师座谈会、学生座谈会，及时了解教学、管理中存在的问题，听取教师和学生意见建议，并形成书面记录，对有关意见和建议要及时进行反馈或处理。

10.校企合作运行机制

服装设计与工艺专业凭借专业特色和社会服务能力较强的特点，与合作企业建立了深入的"双赢"关系，以保障校企合作机制的良好运行。

（1）组建由专业部和行业企业负责人及有关专家参加的专业建设指导委员会，负责制订（修订）专业教学人才培养方案和教学内容，充分发挥校企两个优势，共同实施人才培养计划。

（2）校企双方相互兼职，即企业负责人及有关领导兼任专业教师，专业教师兼任企业有关部门副职。

（3）聘请企业有关专家和富有丰富实践经验的员工为专业特聘教师或实习指导教师。

（4）在国家政策允许的范围内向企业有关兼职人员、特聘教授、实习指导老师支付每课时不少于35元的报酬。

（5）符合教师任职条件且企业与本人有意愿的，签订长期聘用合同，以促进"双师结构"教师队伍建设，改善教师的知识、技能结构。

2.4.6 工艺美术专业人才培养模式改革实践（以陕西省城市经济学校为例）

1.专业介绍

工艺美术专业是面向听障人士开设的专业。专业主要面向陶瓷企业、贵金属首饰企业、工艺品生产企业，培养能从事陶瓷生产、珠宝加工、工艺品设计和制作、商品画制作等美术相关领域工作，在实践应用方面具有一定专长的复合型技术技能人才。

本专业校内外实训基地设备齐全，基础设施完善。学校建设有画室、陶艺实训室、烙画实训室、国画实训室、珠宝首饰设计与制作实训室等实训场地8个，场地面积约500平方米，实训工位195个，为本专业理论一体化教学与培训提供切实保障。工艺美术专业与多家企业开展校企合作并建立了5个校外实训基地，学生就业率90%以上。多年来，学生工艺美术作品屡次在国家级、省级各种展览中获奖。

根据人才培养目标，设置的专业课程有：素描、色彩、装饰基础、陶艺基础、烙画、美术鉴赏、陶瓷成型、坯体装饰、国画工笔、国画写意、陶瓷制品设计与制作、珠宝首饰设计基础、珠宝首饰加工。本专业现有专任教师5人，外聘教师4人，其中90%以上教师拥有硕士学位，50%以上教师取得"双师型"。

2.培养目标

本专业致力于培养德、智、体、美、劳全面发展,具有诚信、敬业的良好职业素质,掌握本专业所必需的素描、色彩、装饰图案、国画等基础绘画技能;掌握陶瓷工艺制作流程,能独立设计与制作各类陶瓷工艺品以及对其进行装饰;掌握贵金属工艺制品设计及制作的基本技能,具有初步的贵金属工艺制品的创作和实际岗位工作能力;掌握首饰制品设计与制作的基本技能,具有初步的首饰制品创作和实际岗位工作能力;具备继续学习所必需的坚实的文化基础和职业技能能力,能适应社会的需要,胜任陶瓷生产、工艺美术品设计与制作、贵金属工艺制品与首饰制品设计及制作、美术手绘等各项与美术相关工作,在实践应用方面具有一定专长的高素质复合型技术技能人才。

(1)知识结构:

1)掌握本专业所必需的语文、数学、英语、计算机、职业道德、职业生涯规划等基础知识。

2)掌握本专业所必需的素描、色彩、装饰基础、美术鉴赏等专业基础知识。

3)掌握本专业所必需的陶艺、烙画、国画工笔、国画写意、Photoshop、CorelDRAW等专业技能。

4)掌握一定的工艺美术理论知识和工艺史知识。

(2)能力结构:

1)了解常用工艺材料(如:陶艺、烙画等)的基本知识。

2)熟悉烙画、陶艺等工艺的制作流程。

3)具有一定的陶艺制作能力,能够独立制作陶艺以及对陶艺进行装饰。

4)具有烙画制作能力,能够独立完成小型工艺礼品、烙画小品、整幅烙画作品的制作。

5)具有一定的绘画能力,能独立完成国画工笔、国画写意作品临摹与创作。

6)具有一定的工艺品制作能力(如绣品、剪纸、首饰、丝网花、雕刻等)。

7)掌握金属工艺制品设计及制作的基本技能,具有初步的金属工艺创作和实际岗位工作能力。

8)掌握首饰制品设计与制作的基本技能,具有初步的首饰制品创作和实际岗位工作能力。

(3)素质要求:

1)文化素质:熟练掌握国家有关的法律、法规,具有扎实的专业基本理论、基本知识和熟练的专业技能,并具备基本的计算机操作能力。

2)身心素质:具有强烈的事业心及责任感;具有正直而不偏激的做事态度;自信而不自傲的自我意识;具有开朗、乐观、进取的健康心态。

3)职业素质:有高度的责任感,有严谨、认真、细致的工作作风;具有团队精神和合作意识,有协调工作的能力和组织管理能力。

3. 开设主干课程

开设的主干课程有：素描、色彩、装饰基础、陶艺基础、烙画、美术鉴赏、陶瓷成型、坯体装饰、国画工笔、国画写意、陶瓷制品设计与制作、珠宝首饰设计基础、珠宝首饰加工。

4. 专兼职教师任职条件

工艺美术专业技能型人才培养模式实施的关键在于：要有一支具备良好"双师"素质的教师队伍。符合工艺美术专业技能型人才培养模式要求的专业调整整合、课程体系及内容的设计与实施、生产性实训实习基地的建设，都要靠这样一支教师队伍去操作完成。工艺美术专业全面实施"双师素质"师资队伍的建设，让专业教师下企业实践，不断学习新技术、新工艺；进行"双师结构"的师资结构调整，聘请企业技术专家和能工巧匠参与专业、工学结合人才培养方案的制订、工学结合教材的开发和实训室的建设；将部分企业专业技术人员聘为兼职教师，来校讲授专业性较强、应用性较强的课程，弥补专业师资队伍在数量、年龄、学历、职称等方面的不足，使其能够满足课程改革的要求。

近年来，本专业教学团队与企业合作实现人力资源共享，企业技师担任学生的实训指导老师，专业教师下企业锻炼，为企业提供技术服务。从而形成一支具有较强教学能力、实践能力的专兼职教学团队，建成一支整体水平较高、充满活力的适应学校事业发展需要的双师型师资队伍。

（1）专任教师任职条件：工艺美术、美术学、中国画等相关美术类专业，全日制本科以上学历；2年以上工艺美术培训经历或企业实践经验；熟练掌握工艺美术技能，能够承担工艺美术教学工作；具有中等职业学校及以上教师资格证。

（2）兼职教师任职条件：工艺美术、美术学等相关美术类专业，全日制本科以上学历；2年以上企业实践经验或从事本专业的企业技术人员；熟练掌握工艺美术技能，能够承担工艺美术教学工作；具有中等职业学校及以上教师资格证书或本专业的从业资格证。

5. 实践教学场所建设

学校实践教学场所有：陶艺实训室、烙画实训室、基础美术教室、国画实训室。

（1）陶艺实训室主要有轨道式电窑、拉坯机、陶工工具、手工陶艺桌、陶艺凳子、石膏板、转盘、注浆石膏模具、吹釉壶、陶艺半成品堆放架等实训设备，可以同时满足20名学生同时实训。

（2）烙画实训室主要有、烙画机、烙画材料、烙画工作台、烙画陈列架、多媒体设备等实训设备，可以同时满足20名学生同时实训。

（3）基础美术教室主要有画架、静物台、各种静物教具、石膏像教具等实训设备，可以同时满足20名学生同时实训。

（4）国画实训室主要有多功能国画桌椅、储物柜、国画教具等实训设备，可以同时满足20名学生同时实训。

6.教学资源

根据多年来的教学实践，结合工艺美术专业性质以及学校听障生教学实际，积极探索符合本专业教学实情的教学资源。

（1）教材选用。在校内教学资源配置上，严格执行国家和陕西省关于教材选用的有关要求配备教材，个别课程因听障生自身的局限性，选用其适合的教材教学；根据课程性质和要求，编写适合听障生教学的课程标准，对于特殊课程，编撰符合学情和教学目的的校本教材。

（2）图书文献配备。为了帮助学生自主学习和知识拓展，提供适合本专业学习的专业基础、专业技能等图书资源，规划合理的图书结构，建立专业教学资源库，以满足本专业教学需要。

（3）数字资源配备。专业教师在教学中不断积累和充实各种教学资源，利用多媒体课件，搜索教学所需的图片、文字、视频，挖掘丰富的传媒资源，补充到教学中来，帮助学生突破教学中的重难点；充分运用信息技术构建现代资源网上平台，接入信息资源端口，在教学实践中积累教学资源，以满足学生专业学习，教师专业教学研究，教学实施和社会服务等需求；在教学场所中能够提供网络资源，方便教学需要。

（4）合理利用社会资源。以行业资源为依托，校企合作为突破口建立开放共享的教学资源平台，建设校外实训基地，在实训基地以岗位引领，带动实训教学，在实训老师的指导下，学生在学习中完成生产任务，真正做到"教、学、做"一体化；根据工艺美术专业需求，组织学生与教师多参加展览、专业技能比赛、多参与专业有关的社会活动，培养学生的学习兴趣，提高学生的技能水平。

（5）加强教师资源配置社会化。对本专业现有教师从行业经历、专业进修和专业研究的角度进行培养；派出教师参加企业实践以及相关行业发展研讨会；鼓励教师开展教研，主持科研项目和课题，建设精品课程和重点教材等；积极加强专业建设，转变教育教学观念，探索新的人才培养模式和教学模式。

7.教学方法

工艺美术专业以适应职业岗位需求为导向，以培养学生岗位职业能力和综合素质为核心，强化知识传授与生产实践紧密结合，突出对学生职业能力的培养。坚持德育为先、能力为本，服务学生全面发展，根据人才培养模式的总体要求，结合听障生的特点，采用以下丰富的教学组织形式。

（1）"理实"一体教学模式：以专任教师为主、兼职教师为辅，设计课程实施方案，通过"讲授、启发、制作、指导、修改、评价"六步骤组织教学，该教学模式适用于工艺美术专业大部分专业课程。根据课程需要，教学地点在教室或者实训室。

（2）项目教学：以项目为主线，教师为主导，学生为主体，在老师的指导下，学生从设计到制作，独立完成一个项目（任务）。通过该项目的进行，了解并把握整个过程及每一个环节中的基本要求。该教学模式多应用于与岗位紧密联系的专业技能课。

（3）信息化教学：利用信息化教学手段，使教学环节数字化。以学生为主体，由被动地接受知识，转变为主动地学习知识。通过信息技术，利用校内和校外的各种信息资源，主动建构知识，教学地点较为灵活，学生可以根据教师所发布的学习任务在课余时间线上进行探究性学习，也可以在教室进行研讨和教师引导下学习。该教学模式适用于理论性较强的公共基础课程和专业课程。

（4）校内实训：由教师、实训指导教师共同完成，结合行业标准与企业用人要求，模仿企业实际工作环境和工作任务，按照做中学，学中做，教学做合一的总体原则，通过任务引领方式组织实训教学。教学地点一般在校内实训室。

（5）校外顶岗实习：以校外指导教师为主，校内指导教师为辅，通过一线顶岗实践，完成企业实际项目的组织教学。教学地点一般在合作企业。

8. 学习评价

工艺美术专业严格落实培养目标和培养规格要求。在学生学习评价方面，评价对接企业用人标准，构建多方参与的教学评价体系，加大过程考核、实践技能考核，促进学校课程考核与行业及企业用人要求的有机统一，引导学生自我管理、主动学习，提高学习效率。具体评价措施包括：形成评价、过程评价、结果评价。

（1）形成评价。在学习课程实施过程中，观察学生基础知识的认知情况以及学习态度和积极性，结合课程标准的学习目标要求，检查学生完成作品的规范性，根据学生的接受能力和学习实践的实际进度对教学计划进行适度调整。

（2）过程评价。本专业根据企业岗位需求，通过项目教学组织实训，注重工艺制作方法步骤的正确性，以及工艺技法掌握的熟练程度，突出技能考核，以及学生在学习过程中综合能力的评价。

（3）结果评价。在过程评价结束后，以目标水平为主，过程成绩为辅，结合课外作业、学习态度以及本人在课程学习中工艺技能掌握情况进行综合评价。运用大数据等信息化手段记录、分析学生成长，将学生出勤，纪律，态度，职业素养达标等作为综合素质教育合格与否的重要条件记录档案，纳入综合素质考核，并将分析结果作为课程教学评价的重要依据。

9. 质量管理

（1）教学管理制度。为了使教学工作顺利进行，结合学校有关规定，教研室制定了相关管理制度。

1）任课教师在熟悉教学计划和教学大纲的基础上，以课程表和教学任务为依据，详细制定课程授课计划，编写教案。

2）教学工作常规检查，即每学期开学第二周按照教务科的要求检查本学期上课教师的教案、授课进度表等；不定期抽查，即教学督导每学期不定期抽查教案、作业。期末对考试、考查情况进行检查。

3）建立听课制度。校领导和教学督导组深入一线随堂听课，了解教学状况。各教研室主任每学期听课不少于15次,主要以其分管教研室授课教师的课程为主,对教学过程进行监督反馈与评价,不断优化提高教学实效。

4)每学期编制教学实施计划。明确教学任务和质量要求,每年对于工艺美术行业企业进行调研,对毕业生跟踪调查,为专业人才培养方案的优化提供依据,根据实际情况编写课程标准,明确质量,控制重点。

5)制定教师考核制度。教师考核于每学期期末进行,考核对象为在职在编、聘任到教师岗位上从事教学工作的专任教师;考核内容包括思想政治表现考核、教学工作考核、和其他工作考核等,考核结果分为优秀、合格、基本合格和不合格四个等级。

6)严肃考试管理制度。规范命题制卷,严肃考试纪律,严格考场管理。规范阅卷环节,坚持考前教育与考场严格管理相结合,建立巡考检查责任制,充分发挥试卷成绩分析在反馈教学效果方面的重要作用,针对性地改进教学,以不断提高教学质量。

(2)顶岗实习管理制度。根据教育部《关于职业学校学生实习管理规定》文件精神,结合工艺美术专业听障生实际情况,制订学生顶岗实习管理制度、年度学生实习计划,规范顶岗实习工作,使顶岗实习达到预期效果。

(3)教学质量保障体系。工艺美术专业教学质量监控以"专业标准""课程标准"等教学方面的质量标准为依据,教学主管人员定期和不定期组织教师座谈会、学生座谈会,及时了解教学、管理中存在的问题,听取教师和学生意见建议,并形成书面记录,有关意见和建议要及时进行反馈或做出处理。

(4)人才培养方案质量保障体系。不断优化专业人才培养方案,构建基于企业人才需求的专业课程体系,科学设计人才培养模式,实现专业与产业、企业、岗位对接,专业课程内容与职业标准对接,教学过程与生产过程对接,职业教育与终身学习对接,确保专业人才培养质量。

2.4.7 中医养生保健专业人才培养模式改革实践(以陕西省城市经济学校为例)

1.专业介绍

中医康复保健专业是面向视障人群开设的专业,主要培养能独立诊治推拿按摩临床中常见病和多发病的中等专业技术人才。本专业毕业生主要面向社区、农村、基层保健(医疗)按摩服务机构;也可到按摩医院、疗养院、保健院等从事推拿按摩临床治疗和保健工作。

本专业校内外实训基地设备齐全,基础设施完善。具有针灸推拿、中西医诊断、物理因子、运动治疗等12个实训室,2016年被中残联评为"国家盲人保健按摩标准化实训基地"。

学校与省内多家按摩医院、按摩连锁机构、学生自主创业的推拿按摩示范点开展校企合作设立校外实训基地多所,为学校学生提供了充足的实习岗位,也成为学校康复保健专业学生的就业基地,很好地满足残疾人教学和培训需求,年均就业率达98%。本专业学生获得第五届、第六届陕西省残疾人职业技能竞赛盲人按摩项目二三等奖，并代表陕西省参加了第五届、第六届全国残疾人技能竞赛。

2.培养目标

本专业培养德、智、体、美、劳全面发展，具有诚信、敬业的良好职业素质，牢固掌握中医养生保健专业基本知识、专业理论和实践技能，能够从事中医养生保健、健康咨询、中医养生旅游、食品卫生与营养、休闲体育、推拿和康复保健等相关工作的中等专门技术人才。

本专业毕业生主要面向社区、农村、基层的健康服务、健康咨询、保健服务、食品卫生与营养服务、体育锻炼等服务机构；也可到疗养院、保健院等从事推拿按摩临床治疗和保健工作。

（1）知识结构：

1）具有基本的科学文化素养，具有本专业所必需的文化基础知识。

2）具有本专业所必需的现代基础医学和临床基本知识。

3）具有本专业所必需的中医基础知识，养生保健知识，针灸推拿、刮痧拔罐的基本知识。

4）具有基本的计算机应用知识。

5）具有基本的英语阅读和会话能力。

（2）能力结构：

1）具有掌握中医康复、中医养生、营养保健等基本技能。

2）具有推拿临床各科常见病的辩证取穴和循经点穴的技能。

3）具有中医辨证实施的基本技能，并了解现代医学基本诊疗技术。

4）具有运用推拿按摩、刮痧、艾灸、拔罐、砭术等方法对常见病进行预防、保健及康复的能力。

5）具有开展中医养生保健指导及宣传的能力。

6）具有通过不同的途径获取专业领域新理念、新知识、新技术、新方法的能力。

7）具有良好的心理调节能力，以及团队合作、协调人际关系的能力。

8）具有较好的社会适应能力。

（3）素质结构：

1）文化素质：熟练掌握国家有关的法律、法规，具有扎实的专业基本理论、基本知识和熟练的专业技能，并具备基本的英语水平和熟练的计算机操作能力。

2）身心素质：具有强烈的事业心及责任感、正直而不偏激的做事态度、自信而不自傲的自我意识和开朗、乐观、进取的健康心态。

3）职业素质：有高度的责任感，有严谨、认真、细致的工作作风；具有团队精神和合作意识，具有协调工作的能力和组织管理能力；具有良好的职业道德、法律意识、评判性思维能力。

3.开设主干课程

学校开设的主干课程有：实用人体学、中医基础理论、触诊诊断学、中医诊断学、经络腧穴学、按摩学基础、西医学基础、医古文、儿科按摩学、针灸学足部按摩、妇科按摩学、内科按摩学、伤科按摩学、康复医学概论等。

4.专兼职教师任职条件

（1）专任教师：中医养生学、针灸推拿、中医康复保健等相关医学类专业，全日制本科以上学历；2年以上专业教学与培训经历；熟练掌握针灸推拿临床操作技能，能够承担中医康复保健专业理论与实践教学工作；具备国家执业医师、康复治疗师、保健按摩师职业资格者。

（2）兼职教师：中医养生学、针灸推拿、中医康复保健等相关医学类专业，全日制本科以上学历；2年以上专业教学与培训经历；熟练掌握针灸推拿临床操作技能，能够承担中医康复保健专业理论与实践教学工作；具备国家执业医师、康复治疗师、保健按摩师职业资格者。

5.实践教学场所建设

学校实践教学场所有：针灸推拿实训室、解剖示教室、中医诊断实训室、西医诊断实训室、康复评定实训室、物理因子实训室、心理康复治疗实训室、运动治疗实训室。

（1）针灸推拿实训室主要有推拿手法测定仪、针灸手法参数测定仪、智能中医脉象仪、光电感应（多媒体人体针穴发光模型）、语音提示十四经穴电动针灸模型、电子针疗仪、TDP神灯等实训设备。

（2）解剖示教室主要有正常人体骨骼模型、全身肌肉解剖模型、微电脑人体心动周期与大小循环演示仪、人体肌肉及胸腹腔脏器解剖等实训设备。

（3）中医诊断实训室和西医诊断实训室主要有中国经络健康检测专家、电动脉象模型、电子针疗仪、胸腹部检查多媒体综合教学系统教师机、腹部检查多媒体综合教学系统学生机等实训设备。

（4）康复评定实训室主要有心电图机+显示器、活动平板、功率自行车、脑电图仪等实训设备。

（5）物理因子实训室主要有高频电治疗机、中频电治疗机、低频电治疗机、生物反馈治疗仪、超激光疼痛治疗仪等实训设备。

（6）心理康复治疗实训室主要有可视音乐干预仪、自闭与多动障碍干预仪、情绪与行为干预仪、眼动仪等实训设备。

（7）运动治疗实训室主要有智能运动训练系统（下肢床边型）、智能运动训练系统（上下肢）、四肢联动康复训练器、上肢多关节康复器等实训设备。

6.教学资源

学校教学资源：主要包括能够满足学生专业学习、教师专业教学研究和教学实施需要的教材、图书及数字化资源等。

（1）教材选用基本要求。按照国家规定，公共基础课程选用全国中职统一教材，专业课程选用全国盲人医疗按摩中等专业统编教材（分为盲文教材和大字本教材）和国家规划教材。禁止不合格的教材进入课堂。建立由专业教师、行业专家和教研人员等参与的教材选用机构，完善教材选用制度，经过规范程序择优选用教材。

（2）图书文献配备基本要求。图书文献配备满足人才培养、专业建设、教学科研等工作的需要，方便师生查询、借阅。专业类图书文献主要包括：中国盲文出版社出版的有关盲人按摩的临床技术、标准、方法、操作规范以及行业政策法规资料等。

（3）数字教学资源配置基本要求。配备有与本专业有关的音视频素材、教学课件、音频资料库、读屏软件、数字教材等专业教学资源库，其种类丰富、形式多样、使用便捷，保持动态更新，满足教学需求。

7. 教学方法

采用小班教学（15人以下）的模式，坚持基础性、实践性、应用性相结合的原则，采用理实一体化模式进行教学，因材施教。以教学团队或课程小组为基础单位，开展集体备课、听课、教学观摩、研讨，开展教学及教学方法研究，改进教学方法，提高教师教学基本功。在教学方法上，理论教学中是以"音频为主，视频为辅"的多媒体教学配合教师的讲授；实践教学中采用"触摸模型""手把手教学""角色扮演"的教学方法，契合盲人特点，提高学习效率，教学内容与社会需求接轨。

8. 学习评价

（1）教学组织。推拿按摩是中华民族特有的保健方法，深受群众欢迎。根据缺陷补偿原理，长时间的视觉缺失，使得盲人触觉灵敏、注意力集中，很适宜从事按摩工作，但由于盲人本身的缺陷以及个体差异，需要采用不同教学组织形式相结合的方式。

1）理论与实践相结合的教学：任课教师起主导作用，学习过程以课堂讲授和实训课相结合。根据盲人按摩岗位的实际需求，提出按摩课程设计目标为：①符合盲人按摩教学、学习规律，又要充分体现中医按摩的特点；②体现职业岗位实际需求，为盲人按摩发展服务；③努力体现学生自主学习的学习方法和学习规律，在教学设计上运用先进的教学理论指导。教学地点在课堂及推拿按摩实训室。

2）校内仿真实训：由代课教师指导完成，通过模拟真实按摩的实训教学，以达到提高学生实操能力的目的。教学地点一般在校内按摩实训室。

3）校外实战演习：加强学生和按摩院的联系，可在周末抽出时间去按摩院进行见习，更好地加强职业锻炼。

（2）教学评价。按照《保健调理师国家职业标准》《足部按摩师国家职业标准》《保健按摩师国家职业标准》《盲人医疗按摩职业诊疗规范》（大字本）等，将教学评价分为形成性评价、发展性评价和感受性评价。

1）形成性评价。在学习领域课程实施过程中，观察学生掌握知识的情况，采取随堂提问或仪器评测的形式，根据学生回答问题或者技能评测的具体结果，评价学生对知识和技能的掌握程度，及时调整讲授的过程。

2）发展性评价。在学习领域课程实施过程中，结合有关的疾病，做到不失时机的介绍有关实例，使理论得到进一步充实，使学生认识过程由一般到特殊，使学生自觉地动口、动脑、动手，调动学生的自我积极性，发掘学生的个体差异，进行学生自我个体评价和小组集体评价。

3）感受性评价。在学习领域中基础知识的学习结束后，在实训室内，学生进行实际操作，学生之间互相感受，包括因人而异的按摩手法选择、手法的轻重、按摩部位的选择是否合理等。之后让学生逐一对教师进行按摩，由老师感受每位学生按摩中存在的问题，从而有针对性的加以改进。定期进行按摩实战的比赛，提高实践操作水平。

（3）考核方法。根据具体的考试情况及课堂表现，课堂教学部分考核方式以口试或笔试为主，占本门课的60%，实训成绩以教师和计算机打分为主，占本门课的40%。形成性评价分值分为："优"（90分以上）、"良"（80～89分）、"中"（70～79分）、"合格"（60～69分）、"不合格"（60分以下）5个档次；发展性评价分值分为"优"（90分以上）、"良"（80～89分）、"中"（70～79分）、"合格"（60～69分）、"不合格"（60分以下）5个档次；实战操作中分数高者每次予以加分（以上按照《保健调理师国家职业标准》《足部按摩师国家职业标准》《保健按摩师国家职业标准》《盲人医疗按摩职业诊疗规范》（大字本）执行）。

考评要点：基础理论考核和实际操作考核为主。

考评方式：校内专任教师评价。

9. 质量管理

（1）教学管理制度。为了使教学工作顺利进行，结合学校有关规定，教研室制定了相关管理制度。

1）不定期抽查，即教学督导每学期不定期抽查教案、作业，期末对考试考查情况进行检查。

2）建立听课制度。各教研室主任每学期听课不得少于3次，主要以其分管教研室课程的授课教师的课程为主。教研室教师听课：对初级职称教师每学期听练不得少于12节课，对中级职称的教师不得少于8节课，对高级职称的教师不得少于4节课。

3）制定教学联系会制度。由教务科组建学生教学信息组，负责教师教学信息的收集、整理。每学期召开两次教学联系会，学生向教务科反馈有关信息，并做记录。

在保证课程内容科学性、系统性、完整性的前提下，突出盲人教育的特点，制定和完善了教学相关措施及规划，以学生全面发展为培养目标，在教学管理中建立健全教学管理制度、教学计划、教学大纲的编制及管理办法、教师考评考核制度、学生学业成绩考核规定、任课教师教学质量检查评估制度（即①学生对任课教师课堂理论与课堂实践教学质量评议。②中医康复保健教研室专任教师教学工作与教学质量考评标准及考核管理办法。③学生学业成绩考查标准。④任课教师课时任务及学时完成签认统计表）。

在教学过程管理方面,在充分保证教学质量的前提下,任课教师在熟悉教学计划、文化课教学大纲、专业课教学标准等材料的基础上,以课程表和教学任务为依据,详细制定课程授课计划,编写教案。

4）制定教师考核制度。教师考核于每学期期末进行,考核对象为在职在编、聘任到教师岗位上从事教学工作的专任教师;考核内容包括思想政治表现考核、教学工作考核、和其他工作考核等,考核结果分为优秀、合格、基本合格和不合格四个等级。

通过对教学全过程的监督检查,使教师的教学行为做到科学规范,教学管理工作为今后逐步提高教学质量奠定了基本保障。中医康复保健专业教育随着市场经济的发展,对特殊教育这一直接衔接市场与劳动者的教育形式提出了新的要求,课程内容的设计必须以实操技术能力形成和综合素质的培养为主线,构建基础理论、专业理论、实践能力相融合的课程体系。理论课程以应用为主旨,要求"必需、适度和够用";专业能力要求注重实践的知识学习和应变创新能力的培养,以"实际、实用、实效"为原则,教学管理是本专业教学质量管理的主要核心。

5）严肃考试管理制度。规范命题制卷,严肃考试纪律,严格考场管理。规范阅卷环节,坚持考前教育与考场严格管理相结合,建立巡考检查责任制,充分发挥试卷成绩分析在反馈教学效果方面的重要作用,针对性地改进教学,以不断提高教学质量。

（2）教学质量保障体系。加强考试管理,合理评估教学。定期举办按摩比武大赛,在实战中检验学习成果。

组织教师座谈会、学生座谈会,及时了解教学、管理中存在的问题,听取教师和学生意见、建议,并形成书面记录,有关意见和建议要及时进行反馈或作出处理。

（3）加强学校与相关校外实训基地的合作机制。加强学生和校外实训基地的联系,以学校和学生共同联系的模式进行,充分发挥学生的积极性,为其今后走向社会打下基础。

1）学生进校外实训基地实习。学生除上课之外,可在周日抽出时间去实训基地进行见习,更好地加强职业锻炼。

2）教师进医院或按摩院实践。促进"双师结构"教师队伍建设,改善教师的知识、技能结构,医院或按摩院可作为双师型教师培训基地。

3）聘请符合学校教师任职条件的医师来学校授课,既缓解了学校教师不足的矛盾,又给教师提供了和按摩院医师交流和学习的机会。

第3章　陕西省残疾人职业教育课程建设情况

3.1　课程建设基本情况

落实立德树人根本任务，遵循职业教育规律和残疾学生身心特点，把立德树人融入思想道德教育、文化知识教育、技术技能培养、社会实践教育各环节，推动思想政治工作体系贯穿教学体系、教材体系、管理体系，切实提升思想政治工作质量。把培育和践行社会主义核心价值观融入教育教学全过程，加强残疾学生思想道德和职业精神的培育。

课堂教学是整个教学过程中最重要、最基本的环节，是实现人才培养目标的基本途径，是直接影响人才培养质量的核心要素。加大对残疾人职业教育课程、教材建设的指导监督力度，加强残疾人职业教育教材和教学资源建设，组织开发适合残疾人的职业教育教材。鼓励职业院校开发适合残疾人职业教育的校本教材。引导残疾人职业教育机构对接收残疾学生的职业院校提供必要的业务指导和帮助。

按照"遵循一般性和普遍性，做到基础性和灵活性，兼顾整合性和协同性"原则，以保证残疾人高等职业教育课程在不同类型的残疾人中顺利有效地开展为目标，可采用成熟的普通高等职业教育办学经验，采用"教、学、做"一体化、理实一体化、现场教学等教学模式，既能搭建出能力培养的平台，又可做到理论与实践紧密结合，不仅降低成本和风险，又可调动残疾人学习的积极性。

3.2　课程标准制定内容

残疾人职业教育要根据专业人才培养方案的总体要求，制（修）订专业课程标准，明确课程目标，优化课程内容，规范教学过程，及时将新技术、新工艺、新规范纳入课程标准和教学内容。指导教师要准确把握课程教学要求，规范编写、严格执行教案，做好课程总体设计，按程序选用教材，合理运用各类教学资源，做好教学组织实施。

残疾人职业教育需要专业课程标准，课程标准是规定某一学科的课程性质、课程目标、内容目标、实施建议的教学指导性文件。它体现了对学生在知识与技能、过程与方法、情感态度与价值观等方面的基本要求，反映了对学生学习结果的期望；它是教材编写、教学安排、效果评估和考试命题的依据。面对不同残疾类别学生开展的专业课教学活动，只有在专业课程标准的指导下，才能使教学内容、教学方法、教学评价等更符合各类特教学生的身心特点和学习成长规律，实现因材施教，锻炼专业技能，增强就业创业能力，帮助他们全面发展，更好地融入社会。目前，特殊职业学校教学实践中没有适合不同残疾类别学生的专业课程教材，使用的专业课教材基本都是从普通中等职业教育教材甚至高等职业教育教材中进行选择，教师只能在教学过程中依据学生具体情况在内容上进行筛选，不能很好地适应残疾学生的知识储备和身心发展状况。

在中等职业教育方面，教育部修订了中职专业目录，印发了中等职业学校设置标准、教师和校长专业标准、专业教学标准、课程标准、专业仪器设备装备规范、数字校园建设规范等一系列规范性文件；在特殊教育方面，2012年教育部颁布了《特殊教育学校建设标准》，2019年财政部、教育部颁布了《特殊教育补助资金管理办法》，2016年教育部制定了聋校、盲校、培智学校等三类特殊教育学校义务教育课程标准，2017年教育部等7部门出台了《第二期特殊教育提升计划（2017—2020年）》。课程标准制定应包括：课程概述、课程结构、课程目标、课程实施建议等四个部分。其中，课程目标分为"总目标、学段目标、专业目标、层级目标和训练标准"等五个层次。层级目标是将总目标及专业目标按照学生的能力水平分解为三个层次，三层目标呈递进关系，适应不同学生的需求。教学实施建议中对教学方法提出明确要求，即突出生态性和支持性，采取必要的特殊手段分解教学内容，尽可能在模拟或真实的环境下进行，通过模拟或真实的环境让学生掌握就业岗位的专业基本知识和技能。

课程标准的制定办法为：首先，建立机制，分步建设专业课程标准；其次，结合岗位，专业课程标准突出技能。残疾人学生由于受身体条件限制，并不适合企业的所有岗位。因此，在专业课程标准编写准备阶段，编写小组成员深入企业开展调研，针对岗位进行工作任务与职业能力分析，将岗位需求、教育需求和个人需求结合起来，以求为学生开发量体裁衣的岗位训练。在专业课程标准编写阶段，遵循"以职业发展为目标，以工作任务为线索，以职业能力为依据，以典型产品为载体，以职业技能鉴定为参照"的原则。最后，多措并举，督促专业课程标准落实。为了督促专业课程标准落地，切实在教学活动中发挥指引作用，并检验其实施效果，同时进一步提高专业技能实践教学水平、增强学生就业创业能力，各学校应采取了多种措施：一是召开专业教学指导委员会。学校定期召开专业教学指导委员会，邀请企业领导与行业专家为学校专业建设及发展、课程建设、专业课教学等献计献策，建立学校与社会双向参与、双向服务、双向受益的机制。二是完善校内实训室建设。根据目标行业、企业和岗位的设备使用情况，学校及时更新校内实训室设备、工具，满足专业课教学和校内实训要求，实现学生到员工的无缝衔接。

3.3 课程建设的对策建议

1.继续深化教育教学改革，坚持新发展理念推进改革创新

专业课程体系建设和课程内容设置对残疾人教育职业院校提高学生专业综合素质和

创新能力至关重要。为不断完善专业人才培养方案，提升专业建设内涵、提高人才培养质量。专业课程体系建设指导思想为：必须坚持以适应残疾人事业发展对专业化管理服务人才培养需求，结合学校办学优势和特点，以培养学生管理与服务于残疾人事业职业能力以及创新素质为目标，坚持新发展理念，将现代教育技术、残疾人教育教学理论运用到教学内容、教学方法、教学过程和教学手段中，积极探索复合型、立体网络状的教育教学新模式，构建并逐步完善课程体系和课程建设。

2.开展新课程改革试点，探索新专业开设的必要性和可行性

《教育部关于深化职业教育教学改革全面提高人才培养质量的若干意见》（教职成〔2015〕6号）明确提出，全面贯彻党的教育方针，按照党中央、国务院决策部署，以立德树人为根本任务，以服务发展为宗旨，以促进就业为导向，坚持走内涵式发展道路，适应经济发展新常态和技术技能人才成长成才需要，完善产教融合、协同育人机制，创新人才培养模式，构建教学标准体系，健全教学质量管理和保障制度，以增强学生就业创业能力为核心，加强思想道德、人文素养教育和技术技能培养，全面提高人才培养质量。文件还指出，职业院校要结合自身优势，科学准确定位，紧贴市场、紧贴产业、紧贴职业设置专业；优化服务产业发展的专业布局；要建立专业设置动态调整机制。

3.加强课程建设和改革研究，形成可借鉴的经验和方案

鼓励学校和教师要高度重视和加强残疾人职业教育教学与科研，加大支持学校和教师加强课程建设和课程改革研究力度，引进、培育残疾人教学团队的人才，形成合理的人才梯队。努力在残疾人教育理论、思政、学科、专业、课程、教材、教风、学风、管理制度、服务能力等方面开展理论研究和实践探索，开展省内外学术交流，开展专项调研和合作，逐步健全和完善符合陕西省特色的残疾人职业教育体系，形成可借鉴、可推广的经验成果。

3.4 课程建设案例

3.4.1 专业课程标准建设（以陕西省城市经济学校为例）

1.残疾人职业教育专业课程标准建设背景

（1）残疾人职业教育缺乏专业课程标准指导。近年来，教育部围绕推动学校规范管理、依法办学，坚持内涵建设和条件建设两手抓，形成了涵盖学校设置、专业教学、教师队伍、学生实习、经费投入、信息化建设等一系列制度和标准，促使职业学校认真落实国家发展职业教育的方针政策、管理规范、教学要求，健全内部质量保证体系，着力提高质量、办出特色。

在中等职业教育方面，教育部修订了中职专业目录，印发中等职业学校设置标准、教师和校长专业标准、专业教学标准、课程标准、专业仪器设备装备规范、数字校园建

设规范等。在特殊教育方面,教育部在 2012 年出台了《特殊教育学校建设标准》,和 2016 年制定的盲校、聋校、培智学校三类特殊教育学校义务教育课程标准。

(2)专业课程标准对残疾人职业教育专业教学的作用。课程标准是规定某一学科的课程性质、课程目标、内容目标、实施建议的教学指导性文件。课程标准应体现对不同阶段的学生在知识与技能、过程与方法、情感态度与价值观等方面的基本要求,规定各门课程的性质、目标、内容框架,并提出教学和评价的建议。

在残疾人职业教育学校,开展的是对不同残疾类别学生的专业教学活动,专业教学活动需要专业课程标准指引,才能使各类特教学生的教学更符合学生的身心特点和学习成长规律,做到有的放矢,做好学生专业技能培养、创业就业能力提高工作,促进他们全面发展、更好地融入社会。

2.残疾人职业教育专业课程标准具体做法

(1)高度重视。自 2009 年开展残疾人职业教育以来,陕西省城市经济学校创新了办学理念,突出残疾人职业教育办学思路,多措并举,成功转型。2013 年起,陕西省城市经济学校为深化教育教学改革,积极探索残疾人职业教育教学的规律和特点,研究残疾人职业教育的教学方法和手段,开展了修订人才培养方案、建设专业课程标准、建设精品课程、开发校本教材等一系列的校内教学改革项目。将教改项目作为当年的工作目标任务,选派专业骨干教师调研和编写,给予经费保障,一年两次开展督导检查,年底对教改成果进行汇报和评审。

(2)可持续发展理念。陕西省城市经济学校建立起新发展教育理念,做有未来的残疾人职业教育,在残疾学生学到知识和技能的同时,用积极向上的力量影响学生,培养学生的道德观、感恩观,健全学生人格,与学生一起成长。同时,还应在课堂教学中建立起规范意识和标准意识,要以就业为导向,以能力为本位,以岗位需要和职业标准为依据,满足学生职业生涯发展的需求,形成任务引领型的课程体系,充分发挥课程教学对人才培养目标的支撑作用。

(3)分工明确。陕西省城市经济学校依托教学研究室对计算机平面设计、中医康复保健、工艺美术、服装设计与工艺四个专业中的部分课程开展专业课程标准建设工作。教学研究室起草实施方案,确定编写原则和体例格式,对编写工作中的问题与专业教研室和教师进行协调管理、进度检查,并对课程标准开展组织评审。各专业教研室负责选派骨干专业教师开展调研与编写工作。

(4)分步实施。陕西省城市经济学校每年在四个专业中选择 2~3 门课程编写专业课程标准。3 月,由各教研室组织动员,成立每门课程标准的编写小组,确定负责人;4 月至 9 月,各课程标准编写小组在充分调研讨论的基础上,开展标准的编写工作;10 月进入评审阶段,由各教研室组织教学指导委员会成员进行审核,并将审核意见交课程标准编写小组进一步修改,形成最终文件,交教学研究室;11 月印制下发,并在教学活动中予以应用。

（5）规范编写。在编写专业课程标准时，陕西省城市经济学校要求教师遵循"以职业发展为目标，以工作任务为线索，以职业能力为依据，以典型产品为载体，以职业技能鉴定为参照"的基本原则。专业课程标准在设计上要与工作任务相匹配，从企业岗位需求出发，以典型产品为载体来设计活动、组织教学，建立工作任务与知识、技能的联系，增强学生的直观体验，激发学生的学习兴趣，逐步实现从学习者到工作者的角色转变。专业课程标准还要立足于学生职业发展，涵盖职业标准，尊重学生基本学习权益，使学生获得个性发展与工作岗位需要相一致的职业能力，鼓励学生获得相应职业资格证书，为学生的职业生涯发展奠定基础。

（6）结合岗位。残障学生由于受身体条件限制，并不适合企业的所有岗位。职教教育的意义就在于让每个人找到适合自己的位置，即使身有残疾，如果能发挥所长，精心钻研，也一样可以为社会创造财富。因此，学校要求各专业要深入开展企业调研，对本专业所涵盖的岗位进行工作与职业能力分析，并将企业需求、教育需求和个人需求结合起来，为学生开发量体裁衣式的岗位训练，为他们提供平等的受教育机会，让他们体验自己创造价值的成就感。

制定的专业课程标准在规定了专业课程的性质、目标、设计思路、内容框架之外，重点突出了对教学活动的设计，对教学中的工作任务清楚描述，要能够反映知识、技能与工作任务的关系，其主要目的是通过课程来实现专业培养目标，把就业导向精神落实在课程的层面，培养学生的综合职业能力和创新意识，从而提高课堂教学质量，达到人才培养的目标。

（7）评价有据。对于教学评价部分，专业课程标准充分考虑不同残疾类别学生的身心特点，改变过去单一的总结性评价的方法，强调过程性评价、阶段性评价与总结性评价相结合。

过程性评价是对学生在学习本门课程中的态度、能力、参与度、解决问题的能力等方面的评价。阶段性评价是对学生每一项阶段性工作任务完成度的评价。总结性评价是在教学活动完成后，结合职业成长规律，对学生完成整体学习性工作任务的综合表现，如协作能力、适应能力、道德规范、安全意识等进行的综合评定，考察学生对整体职业活动的认知程度。

通过这种综合性评价，可以及时诊断学生在学习上存在的问题与困难，判断课程教学质量，也可以为教师提供科学地了解自身教学状况的窗口，促进教师专业发展。

3.残疾人职业教育专业课程标准建设情况

（1）整体情况。陕西省城市经济学校先后制定了28门课程标准。其中，中医康复保健专业制定了实用正常人体学、中医学基础理论、按摩学基础经络腧穴学、儿科推拿学、医古文等6门课程标准；工艺美术专业制定了烙画、陶艺、素描、构成基础、美术鉴赏、水粉、国画工笔、pop广告设计等8门课程标准；服装设计与工艺专业制定了服装结构制图、服装CAD服装缝制工艺、服装立体裁剪服装设计基础、服装手缝基础等6门课程标准，计算机平面设计专业制定了计算机应用基础CorelDraw、Photoshop、平面广告设计与制作、网页设计与制作、排版工艺、计算机操作实训、AI等8门课程标准。

（2）具体情况。工艺美术专业的教学对象是听力障碍学生。这类学生在沟通、理解方面较弱，但模仿能力强，不易受外界环境影响，能潜心于工作任务，但对事物的认识不够全面，需要教师引导，形成自己的艺术认知和审美表达。因此，在课程标准中编写了利于学生从零基础起步的《素描》《水粉》《构成基础》课标，帮助学生建立素描造型和色彩感知能力，为专业课学习奠定基础。《美术鉴赏》课程标准，则从高中美术教材、中职美术教材中节选，并用多种方式向学生展示艺术魅力，帮助他们积累审美经验，提高美术素养。根据艺术市场现状和学生绘制能力，开发了《烙画》《pop 广告设计》的课程标准，帮助学生掌握烙画技法和广告字体书写技法，独立制作小型工艺礼品、烙画小品、手绘海报。还对陶瓷生产行业所涵盖的工作岗位进行工作任务与职业能力分析，以学生就业为导向，编写了《陶艺》课程标准，以循序渐进的方式，培养学生的陶艺创作能力，最终独立制作陶艺作品，胜任陶瓷成型、陶瓷上釉、陶瓷产品设计等工作。

服装设计与工艺专业的教学对象是听力障碍学生。这类学生与上述学生的身心特点相同，文化程度偏低，看不懂语句繁杂、文字深奥的专业书籍，现有教材也并不适合残疾人职业教育学校。加之，学校专业师资不足，虽从企业聘请了专业技师，但技师教学活动的目的、内容、方法都需要予以规范，因此，本专业开发了6门"急需""必需""强基础、练技能、促就业"的专业课程标准。还邀请服装行业教育专家与服装企业技术指导人员来校，与本专业教师沟通、交流，对课程标准的编写提供指导性意见，力求课程标准与企业实际接近，与企业岗位对接，促进学生就业。

中医康复保健专业的教学对象是视力障碍学生。这类学生触觉、听觉灵敏，记忆力好。根据学生身心特点和缺陷补偿原理，教师在专业基础课程标准的教学活动设计中采用了听音频、触摸模型、案例分析、病例讨论等教学活动，通过课堂讲授、分组讨论、微信互动、角色扮演、案例教学等方法，引导学生多联系生活，把复杂的概念具体化、简单化。在理实一体的专业技能课程中，更加强调教学活动的实践性，因此，课程标准中则明确需要教师在教学中采用手把手演示、角色扮演、穴位贴敷等方法，充分利用实训室的经络模型，通过多渠道多途径的触摸、记忆，调动学生的积极性，提高学习效率。另外，教师还在课程标准的基础上开发音频资料库，将信息化手段运用到教学中，拓展学生知识面，提高学生学习兴趣，发挥了学生的主体作用，提高了教学质量。

计算机平面设计专业的教学对象是行动障碍学生。这类学生除行动不便外，多伴有其他身体疾病，文化基础薄弱，学习能力较弱。因此，为保证学生能掌握一技之长，以后胜任工作岗位，教师从满足固定岗位所必须具备的基本技能为视角，创设模拟工作环境，将企业实际工作任务引入教学内容，采用"项目导向、任务驱动、案例教学、理论实践一体化"的教学模式，将与职业岗位中相关的知识、技能素质，有目的地分解或穿插于各工作过程中，突出学生实践能力的培养，掌握市场主流软件的应用，加强沟通表达及团队合作，为今后步入工作岗位夯实基础。

4.残疾人职业教育专业课程标准建设效果

陕西省城市经济学校建设的四个专业28门专业课程标准，对教学活动、评价督导、甚至对今后的校本教材建设都具有重要指导意义，对学校教育教学内涵发展起到了推动作用。同时，专业课程标准的使用，提高了学生基本素质，强化了专业技能水平，学生屡屡获奖，极大地促进了残疾人融入社会，就业创业，助推残疾人实现小康。

（1）工艺美术专业。本专业在十多家企业建立教学实训就业基地，其中有在照金建立的"爱国主义教育暨创业实践基地"，在耀州窑唐宋陶业有限公司建立的校外实训基地。富平陶艺村作为陕西省城市经济学校工艺美术专业就业示范点，安排学生就业和烙画作品销售工作。截至2017年9月，陕西省城市经济学校6届工艺美术专业共有102名听障生毕业，就业人数为89人，就业率为87%，对口就业率为68%。

2012年，学生的烙画作品先后参加了全国职业院校学生技能作品展、陕西省残疾人艺术精品展，送展的30多幅作品分别获得全国职业院校技能大赛组委会颁发的一等奖、二等奖、三等奖及优秀奖和省文联、省文化厅、省残联联合颁发的陕西省残疾人艺术精品荣誉证书。2014年9月，两名学生代表陕西省城市经济学校参加了陕西省第五届残疾人职业技能竞赛，分获"水彩绘画项目"一等奖和第四名。2015年4月，陕西省城市经济学校选送的烙画、陶艺《红色系列》荣获陕西省旅游局主办的"大唐西市杯"第四届旅游商品大赛银奖。同时，作品应邀参加在义乌举办的"2015中国旅游商品展"。同年5月，在亮宝楼举办"微爱慈善拍卖"，会上拍卖了工艺美术专业学生烙画、瓷板画、水彩画近百件作品。同年7月，学生作品《清明上河图》代表陕西省参加"第二届全国残疾人展能节"。2016年10月，在"交通银行杯"全国残联系统技能竞赛陶瓷产品设计项目中，两名学生荣获"优秀技能奖"和"拼搏奖"。2017年5月，中国国际文化产业博览会——第三届全国烙画展览交易会上，陕西省城市经济学校送展7幅作品，其中《溪山行旅》获得银奖，《玉米》《大漠羔羊》获得优秀奖，《牧童》被组委会收藏。另外，6名听障生考取西安美术学院工艺美术系继续深造学习。

（2）服装设计与工艺专业。本专业在校生59人，毕业生47人。其中参加缝纫工（四级）职业技能考试的学生有74人，100%通过考试并获得证书。两名学生代表学校参加了第五届陕西省残疾人技能比赛，分获第四名和第五名。

该专业研发作品共计四大类12个系列。其中，服装类包括职业装成衣、汉风唐韵、旗袍和立体裁剪礼服系列；布艺包袋类包括手绘托特包、热转印托特包、口金包、水饺包系列；布艺装饰品类包括盘扣装饰画、扎染装饰画、盘扣首饰系列；布艺家居类包括手绘茶席、香垫、靠枕系列、床品四件套系列、扎染茶席、香垫、靠枕系列。

学生作品手绘茶席香垫荣获陕西省旅游局主办的"大唐西市杯"陕西第四届旅游商品大赛银奖。在曲江亮宝楼举办的"微爱慈善拍卖会"上，展出并售卖了多件学生作品。在第二届全国残疾人展能节上展出了学生制作的布艺系列作品。第七届中国台湾大学生研习营和韩国青年友好使者代表团来学校参观时，对精美的作品和学生过硬的专业技能给予一致好评。

陕西省城市经济学校在省内建立了三个企业实训基地，与省外三家企业签订了实习就业协议，学生均在这里就业。另有，国内知名服装企业福建柒牌集团有限公司主动联系并有意向与陕西省城市经济学校合作。用人单位均对专业学生的技能水平和职业素养给予充分的肯定。毕业生供不应求，就业率达到100%。

（3）中医康复保健专业。本专业在校视障学生110人，已毕业167人，共277人，其中13人获得盲人执业医师资格，78人获得高级保健按摩师证书，63人获得中级保健按摩师证书，65人获得初级按摩师证书。

由于教学内容与市场接轨，学生技能水平得到市场认可，甚至出现毕业生供不应求的情况，就业稳定率一直保持在95%以上。还有5名学生考取河南推拿学院、宝鸡职业技术学院和滨州医学院等高职院校继续深造。目前本专业校外实训基地11家，能基本保证学生实习实训要求。

2014年10月，学生贾英峰在第五届陕西省残疾人技能大赛上夺得盲人保健按摩项目第三名，在2015年7月第五届全国残疾人技能竞赛中获得盲人保健按摩第二十一名。

本专业学生自主创业，在不同地区建立了多个按摩店，其中道位按摩店、新希望按摩店、新星推拿按摩店、曙光按摩店是陕西省城市经济学校毕业生自主创业示范点。学校给予自主创业示范点自主创业资金，支持鼓励学生创业。

（4）计算机平面设计专业。陕西省城市经济学校学生在2014年陕西省第五届残疾人职业技能竞赛计算机组装项目中荣获第三名，竞赛网页制作项目第三名，文本处理项目第五名。2015级学生陈怡帆代表国家参加2016年全球残疾青少年IT挑战赛并获得金牌，为国家争得荣誉。2019年、2020年陕西省城市经济学校学生在全省中等职业学校学生技能大赛计算机平面设计项目中取得二等奖和三等奖的优异成绩。

本专业加大对校内实训室和校外实训基地建设力度。近年来建有校内实训室4个，包括摄影实训室，数字图文印刷实训室，手工艺实训室，录播室。根据专业设置和人才市场需求，拓展校外实训基地6个，涉及家装设计、芯片级电脑手机维修与培训、印刷包装、互联网、电子商务等行业。

3.4.2 《图形图像处理Photoshop》精品课程建设（以陕西省城市经济学校为例）

1.课程的性质与作用

"图形图像处理Photoshop"是从事计算机平面设计相关工作必须掌握的一本基础课，Photoshop也是一个重要的图形图像处理软件。本课程主要介绍了Photoshop的基本操作、选区与图像的绘制、色彩的调整、图层与路径、文字特效的制作、滤镜的使用、通道与蒙版等方面知识。学生通过该课程的学习掌握Photoshop的基本功能，具有Photoshop的综合运用能力；掌握基本图形图像处理方法，具有初步的平面设计能力；为学生进一步学习其他设计软件、平面广告设计与制作等课程打下坚实的基础。

2.课程设计的理念

了解企业与社会需求，通过工学结合，引导课程设置、教学内容和教学方法改革，突出实践能力培养的实践性、开放性和职业性，加强实验、实训、实习三个环节。

（1）"案例"引导。通过用"案例"引导，从实际的例子入手，让学生在具体操作中，通过老师对部分知识进行点拨，让学生做出初步作品，然后再上升到理论的高度适当讲解，由感性到理性。

在教材中采用任务驱动案例教学，不仅会体现一定的独创性，而且也符合市场的需求，有利于真正地培养学生。掌握实验所涉及的知识，通过综合利用这些知识来设计、开发，最终完成实验项目，培养学生计算机知识与技术的综合应用能力，培养学生根据需求主动学习和不断跟踪新技术的意识。

（2）"工作任务"驱动。工作任务驱动的教学方式是Photoshop这门课相当有效的一种教学方法。该教学方法在充分考虑到学生的认知结构和本门课程特点的基础上，挖掘能让学生利用所学的知识，完成一些开放的实用图形图像制作与编辑的任务，让学生通过小组协作完成。如在讲解了多边形套索和形状工具的，抛出"任务"，让学生自己有创意的去完成礼品盒的制作。

（3）"项目"导向。项目通常是学生最感兴趣的，通过从企业引进项目让学生实践，可以让学生分外投入；项目的实施大大锻炼了学生的实际动手能力，培养了他们的自信心，到公司后学生能很快进入状态，深受用人单位的欢迎，达到工学结合的目的。

（4）模块化教学。在实际设计中，计算机图像处理中已经很难通过使用一个软件就能完成所有设计工作，在教学过程中将Photoshop和3DS MAX、Illustrator、Flash动画设计作为综合教学模块，在教学中实现多软件的交叉使用可以提高学生技能水平，使设计的作品更有特色，更能体现职业性特征。

对设计界面和设计软件各项功能的掌握程度及其设计运作过程有全面的认识，了解和掌握，并能较好的运用辅助设计软件更好地表达主题设计思想。除传统的课堂实验外，还开展课程设计等实践环节，并要求教师组织平面设计兴趣小组，组织平面设计大赛等。

3.教学内容的针对性与适用性

"图形图像处理Photoshop"是平面设计专业的核心课程，作为一款功能强大的图形图像处理软件被广泛应用于各个设计行业，无论是在平面设计行业中的广告与招贴设计、包装设计、VI设计、产品造型设计、装潢设计、网页设计、印刷制版，还是在蓬勃发展的数码照片修饰处理行业，Photoshop软件的用户群逐年增长。

本课程的课程设置和教学内容体系结构设计充分体现职业教育"以就业为导向、能力为本位"的指导思想。

（1）教学内容的设计针对专业的需求，市场的导向，做到"内容服务专业"，以职业素质为核心推进全面素质教育，并贯穿于教育教学的全过程；并针对职业教育"双证"的要求，内容做到"统一协调"，把职业认证的内容融入整个教学过程中，达到认证的要求，使学生能顺利通过高新技术相关认证考试，获取相应证书，适用于今后的就业。

（2）教学内容的制定适应企业岗位对学生的实际要求，摒弃大量与实际工作缺少联系的理论知识，突出培养学生Photoshop的案例制作能力。在项目选择中突出经典、精美的设计案例，在每一章中精心设计了"应会目标""技能点评"等环节，通过这些案例的实训，可以培养学生Photoshop平面设计的应职应岗能力。

（3）本课程非常适合残疾学生学习，充分利用其相对较强的形象思维能力，特别是听力障碍的学生，本课程契合他们用视觉感知世界的习惯。

4.教学内容的组织与安排

对于特殊学生，由于其身体条件的限制，课程的内容设置必须具有较强的针对性，课程进度要安排合理。按照行动导向原则，突出应用性和实践性对课程结构进行重组，更新教学内容；针对培养对象、专业培养目标，以强化岗位实用知识和技能为宗旨。

内容编排分：基础内容学习+分领域模拟实践（实例讲解、实训强化、培养技能、面向就业）。

（1）基础部分教学内容的知识模块包含Photoshop基础知识、对象的选取、图像的绘制、图像的编辑和修饰、图像的色彩、矢量绘图、文字的编辑与处理、图层的应用、特效滤镜、网页动画、蒙版与通道、两个综合实训。

基础内容学习采用课堂教学与学生总结、自学相结合的方式。课堂教学，主要采用以简单、易懂、针对性强的案例来讲解知识点，充分运用多媒体环境让学生进行直观地学习，在尽可能短的时间内增加学生的知识量。

教学过程采用案例引导、工作任务引领，结果驱动的方法，学生以小组为单位，小组设小组长一名，小组长在工作任务学习中起到组织和监督帮助的作用。通过开放课程网络资源、实验实训室、图书馆等，给学生提供较好的自学和训练的条件，可以以自学的方式获取更多的基础知识，同时也培养了学生的团队精神和敬业精神，以达到提高学生综合素质的目的。

为了突出学生的职业能力，结合相应证书考试的要求，我们把包括试题库和练习素材，以授课案例及课后练习的方式提供给学生，这样既开拓了学生的眼界，也为学生获取职业资格证提供了帮助。

积极拓展学生对图形图像软件的综合处理能力。通过开放实验实训室、组织学生参与学校组织的平面设计比赛等方式，提供学生更多的动手操作的机会。积极引导学生进行探究性学习，培养提高学生的实践动手能力和学习能力。

（2）分领域模拟实践项目包含标志设计、数码影像艺术设计、广告与招贴、包装设计、界面效果设计、网页界面设计、动态效果设计、室内效果设计、插画设计、海报设计等10个项目。

分领域模拟实践项目教学强化学生的动手能力,利用校内的图形图像处理实训室进行任务实训和项目实训,加深学生对本课程所学知识的理解和应用,逐步提高学生的实践能力,培养学生的职业技能。通过教师引导学生自我组合成小组学习,并采用模块化实践。即整个课程的教学按职业方向采用模块化的组织,每一模块为一个基本单元;学生以小组为单位,小组设小组长一名,小组长采取轮换制,确保整个学习过程中小组成员都有机会任小组长,小组长在工作任务学习中起到组织者的作用,其主要职责是方案设计、任务分派。每位同学根据自己实际情况进行实践。在实践老师的指导下,通过边做、边问,将理论知识融入到实践中去,不断解决在实践过程中碰到的各种问题,从而掌握各个模块的知识要点。

5.教学方法

以"行动导向"和"教学做一体化"教学模式为主。授课过程以理实一体化为原则,利用简单、容易理解并具有代表性的例题和任务讲解知识要点。首先通过学生对任务的完成,增强学习的目的性;通过赏识教育使学生提升自信心,提高学生的学习兴趣。其次在实训阶段,就学习内容给同学们设立情境,强调团结合作,优化任务分配,给予学生充分的创作空间,让学习变成兴趣。

由于学校是一所特殊教育学校,对于身体上有残缺的学生的教学,重点要考虑教学方式的适用性,学校教师在教学内容和教学模式的设计与实施上进行了必要的革新。

(1)教学内容。遵循"做中学"的原则,设置实践教学内容,强化应用能力的培养。使学生具有适应就业岗位更新的可持续发展能力。教学内容的安排上紧扣培养目标和职业特色,坚持先进、实用的原则,即紧跟软件的发展,精选教材和更新教学内容,同时又根据学生情况选择内容以实用为主,由简至繁,循序渐进。实训阶段主要进行岗位教学,模拟不同行业中运用Photoshop进行创作的实例环境。

(2)教学方式。"教学做一体化",在每个学习单元进行情境设定,教学过程中引入一个真实的案例,根据图形图像制作设计的思路和方法,综合运用"问题导向""案例教学""自主探究""岗位教学"等多种教学方法,有效地解决理论与实践相脱节的难题,实现课程内容教学与岗位任务的无缝对接。

学生通过"模仿—总结(运用)—创新"的学习过程,掌握知识的深度、广度和制作能力不断提升,在条件允许的情况下进行分层教学,尽可能让每位同学都能发挥出他的最好水平,力争能够挖掘出每名学生的潜能。

(3)教学资源配置。开发建立课程学习的网站,为学生提供完善的教学相关信息资源支持环境,录制教学视频,上传学生优秀作品和学生在学习过程中的感悟,等等。通过网站共享优质教学资源,方便教师教学和学生学习交流,为教学质量的提升创造条件。

（4）教学评价体系。建立职业能力综合评价体系，以目标水平为主，阶段成绩为辅，结合课外作业、学习态度以及本人课程学习中职业技能的提高程度，取得执业资格情况等进行综合评价。

　　（5）多种教学方法的运用。本课程我们主要采用行动导向的教学模式，以学生为中心，利用多媒体、网络等现代教学手段，合理、灵活使用项目教学（任务引领，结果驱动），开展理实一体化教学；让学生"学中做，做中学"，重视激发学生学习兴趣，充分培养学生自主探究发现问题、解决问题的能力，注重学生职业专业能力和职业关键能力培养。

　　考虑到残障学生的生理特殊性，在授课内容和方式上做了改进：对于"聋生"，要强调视觉上的冲击将课程中的技能要素融入到非常具体生动的操作实例中；制作高质量的多媒体教学课件，使抽象的概念形象化，通过每种工具和功能在实际中的应用举例去学习每个理论知识点；充分使用投影仪等教学工具，在有限的45分钟内缩减了基于文字的知识传递，更多地强调基于动作和过程的展示，充分运用现代化的教学手段并注重和手语相结合。

　　教学过程"以学生为主体，教师为主导"，理论环节教学多采用多媒体课件加案例演示的方法，实践环节的教学多采用任务引领的教学方法，整个教学过程按照"复习、提出问题、导入新课"—"学习新知"—"小试牛刀"—"实训点评"—"课堂小结"等5个阶段教学程序进行；学生是教学过程的主体，教师的作用是组织课堂、引导学习，锻炼学生的分析问题和解决问题的能力，注重学生独立思考能力的培养。以就业为导向，学生不一定是"知识分子"但却必须是"能力分子"。

　　学生在实践中能够学习和体会知识和要点。使用"自主探究法"，对于同一个效果图鼓励同学用多种方式去实现，经常进行"还有没有更好的方法"的思考，从中自主发现较优的制作方法，深刻体会不同工具间的差别和其最适用的方法，能熟练运用软件进行规范化的设计，逐步形成自己的"设计风格"。

　　6.教学手段

　　（1）多媒体环境。根据计算机课程教学的实际要求，现有课程一般都在运用多媒体环境通过投影仪进行授课。通过投影仪可将教师的讲课内容和操作计算机的过程同步显示在大屏幕上，可以使讲解的内容更加直观形象，更易于理解，极大地丰富了课堂教学内容，加大了传递信息的容量，提高了教学质量和教学效果。

　　（2）网络教学。学生可以通过上网获取教学大纲和教学计划等文件，也可以下载相关学习课件、教学视频、实验素材和习题等，由于教学对象是身体有残疾的特殊群体，所以利用同步考屏软件录制案例制作过程并放在学习网站上，让学生进行复习或自学是比较适用的教学方法，也可以加强和巩固课堂上所学的内容。

　　（3）教学互动平台。通过课程网络平台的在线论坛、留言板、教师答疑板块，方便课程的教学互动，打破时空的局限，使师生交流，生生交流方便快捷。

7.课程开发的特色与创新

本课程的特色与创新点（在课程整合、教学模式、教学方法、教学评价，以及师资培养、校企合作、资源共享等方面的突破及独创性成果，对同类课程建设具有积极引导意义和实际借鉴作用）。

（1）内容教学项目化。打破原有课程章节体系，围绕课程教学目标，将8章教学内容的课程精心设计成"4个教学单元"和贯穿于全课程的"3大项目"。全程实施"学中练，练中学"教学模式，以"项目实现"为具体目标，使枯燥乏味的Photoshop学习过程变得生动、形象、趣味横生。

（2）强调理论与实践并重，重视提高学生职业素质的研究。重在研究将实践环节贯穿于教学的全过程，安排学生参加实际项目的设计，指导学生了解表现技法过程的要点、协调项目实践与课堂教学之间的矛盾；建立产、学、研联合体，同时实践教学突出针对性和实用性，在课外实践中，课程组安排了知识门类交叉的项目，设置原则是结合多门课程，体现学习性、创新性、趣味性、综合性，主要目的是加强与其他课程的知识衔接，有利于掌握计算机整体的知识体系，培养学生的综合应用能力。

（3）实践教学企业化。"图形图像处理Photoshop"课程的实验教学环节有三个部分：一是融于授课过程的学生实验活动；二是课程设计（实训）实践环节；三是独立设置的项目实训环节——职业技术鉴定。根据企业岗位能力和职业技能鉴定的要求，创设项目实训环节，通过项目实训的强化训练，最大限度贴近企业实际开发Photoshop课程设计环境，并能获取职业资格技术鉴定Photoshop制作员三级证书，使学生毕业后能完全胜任Photoshop应用开发岗位。

（4）教学手段多样化。教学手段多样化就是在课程教学多媒体化和实践教学项目化的基础上，充分发挥校园网和互联网功能，将各类教学资源上网共享，供学生随时随地的访问学习，还开通了"网上自测"栏目，学生通过自测来检验对知识点的掌握程度。为了方便师生的交流，网站开通了"网上辅导"栏目，有疑问的学生可以不再受时间和空间的限制随时随地得到教师的指点，同时它又成为教师互相交流的平台。为了帮助肢残和聋哑的学生学习，学校专门开设教师与学生一对一的学习与交流平台，同时录制了该课程的相关教学录像资料，并公布在校园网络平台上，供学生共享。

（5）考核方式过程化。"图形图像处理Photoshop"课程实施"过程考核"与"成果评价"相结合，以引导学生注重全面培养自己的综合能力。每个项目完成后，通过实验成果进行交流与研讨，促使学生分享知识与经验，使学生的动手能力螺旋上升，最终达到职业技能鉴定合格目标。同时强调"双证制"，以此提高学生的社会竞争力。

（6）双师型"教师。强调"双师型"教师队伍是实现培养目标的基础和关键，在教学中一是通过表现技法、教材内容与教师的讲义、课件有机结合，加强创造思维训练和创造性解决问题的训练。二是创新教学方式方法，提出了改变单纯以教师传授知识为主的传统方式，积极实践启发式、发现式、讨论式、研究式教学。

（7）深化专业改革，优化课程结构，协调不同课程之间关系。从课程教学质量入手，在教学大纲、教学内容、教学方法和手段、教材、主讲教师等方面下功夫，结合专业自身发展的阶段和特色，积极承担规划教材和实训教材建设项目，鼓励教师编写新教材，以便充实到教学中。

（8）课程改革：调整教学内容，加大实践教学比例。压缩理论教学课时，保证实践教学课时数不小于总教学时数的50%，建立完善的实践教学体系。为了使素质提高和能力培养具有可操作性，在制订培养方案时，单独制订了实践教学计划及与计划内容配套的一系列教学文件，使实践教学系统化、具体化，形成了既与理论教学体系相联系，又相对独立的实践教学体系。该体系要求根据专业培养目标，将实践内容划分为基本能力、专业能力、技术应用与创新能力三大模块，再根据这些模块的要求确定实践内容（即一个可独立进行的项目），其中包括实践的性质、目的、内容、考核标准等。

3.4.3 课程思政建设实施案例

1. 在盲人职业教育中融入心理健康教育

实施素质教育是中国教育改革和发展的要求，作为残疾人教育，尤其是盲人教育，在实际中存在着很多与教育教学规律和盲人身心健康要求不相符的地方。盲人由于视力缺陷，使得他们的性格具有内向、孤僻、自卑、依赖性强、疑心重、固执等特点。因此，如何实施与盲人身心健康发展相适应的教育教学，已成为盲人健康成长的关键所在。作为一所特殊教育的职业中专学校，在教给盲人学到更多的知识和技能的同时，更要让教育有利于盲人的身心健康发展。因此，对他们进行心理健康教育是很有必要的。

盲人是弱势群体。他们生下来就不被人重视，甚至看不起，他们与人交流的机会很少，因而形成了自卑、孤僻、疑心重等心理特点。由于这些弱点与不足的存在，也使社会对他们这一特殊群体形成了一种偏见，如果不及时纠正这种不良心理，会影响他们这一阶段的健康成长和学习，最终不利于他们的身心健康发展。

盲人因为自身的生理残疾和心理特点，造就了他们缺少参与竞争的意识，使得他们不敢面对现实社会。大多数盲人都是在父母的呵护下成长的，他们缺少对社会的了解，面对社会现实生活，他们不敢或者不求勇于战胜困难。他们现有的观点是：我有父母，父母老了，有兄弟姐妹，我有依靠，别人都是为我存在的。因此，他们的唯我意识比较强，心里总有着"因为我是盲人，别人就应该让着我"的优越感，所以在校园内就出现了"盲生可以不上体育课""盲生可以不洗衣服""可以不参加各项文体活动"等怪现象。诚然，盲人是应该给以关怀和照顾，但是要立足于这个社会，还得靠自己的技能。因此，基于以上诸多的原因，在盲人职业教育中开展一定的心理健康教育是当前职业教育中的一个不可忽视的问题。

盲人职业教育作为一项特殊的教育事业，由于学生的生理、心理的特殊性，其能力的培养也具有不同于健全人的特殊难度，这就要求特教工作者既要具备培养健全人的教育能力，又要结合盲人学生的心理特点，总结出一套适合他们身心健康发展的得力措施。在盲人职业教育中开展心理健康教育，既有利于盲人对知识的学习和技能的掌握，又有助于他们身心健康的成长和发展。

在盲人职业教育中开展心理健康教育，可以尝试从以下三个方面去实施。

（1）为盲人丰富精神文化，给他们从精神上给以关怀。精神文化，无论是健全人，还是残疾人，都需要精神追求和精神享受，它可以调节人的心情，是生活的调味剂，是必不可少的。对盲人而言，尤为重要。从盲生入学起，我们就可以根据他们的心理和年龄特点，开展一系列的课内和课外活动，丰富他们的生活，以此来减轻他们的心理负担，消除他们的心理障碍。比如，在学校可让盲生参加乐器学习、学练唱歌等活动，以此来调节他们压抑的心情，学生性格开朗了，就会和老师成为无话不谈的好朋友。古人云：亲其师，信其道。这样，既培养了盲生的兴趣爱好，又使他们在学习之余得到一种精神享受。当然，除此之外，还要丰富盲生的课外文化知识，抓住盲人对外界事物的好奇心强的这个特点，通过讲故事，读课文中的某些片断，首先让他们来分析故事情节中所蕴含的道理，发表自己的见解和看法，然后引导他们认识社会生活的真实面貌，提高他们对困难和挫折的心理准备性，发展其心理平衡感，从而增强他们对现实的心理承受力。在这样一个学习和活动的过程中，学生既能学到更多知识，又能懂得更多道理，还能激发他们奋发向上、拼搏进取的精神。自然地，学生的人生观、世界观、价值观就得到了很好的启发，他们的身心才能健康地成长。

（2）为盲人创造一个文化交往的平台。由于盲人的视力缺陷，他们会在生活中遇到诸多不便，为了让减少盲生在生活中的阻力，从入学时起，就应创造出培养盲生生活自理能力的相关环境。比如：2004级实习的时候，班上有个盲生，到江门实习呆了一个星期，说什么也要回家，就是因为他摸不清按摩店里的环境，生活没法自理。正因为盲生适应环境的能力较差，所以，在平时的教学过程中，可以适当带领盲生到外面锻炼，让盲生了解周围事物，充分利用他们的听觉和触觉来补偿自身的缺陷。比如：带盲生到街上的盲道上去亲身体会，带他们到实习场所去见习。也可把体育课列入盲生的必修课，带领他们做和健全人一样的动作，如：定向行走、慢跑、跳远、跳绳等，以此来培养他们的协调力和平衡力。还可以为盲生开展各种技能竞赛项目，如扳手腕、俯卧撑、腧学定位等。通过比赛，使他们进一步学会和别人合作，以此来培养他们的竞争意识和参与意识。

（3）为盲人创设文化环境氛围。人总是生活在各种环境里，盲生也不例外。营造健康、多元的学校环境文化，充分发挥环境育人功能，创设一种无时不有、无处不在的教育氛围，比如：我们可以在校园内利用讲座的形式来广泛宣传心理学知识，充分发挥心理咨询室的优势；也可以为盲生订购一些有关心理学知识的盲文读物，让盲生通过摸读了解更多心理学知识；还可以开设盲人广播站，让盲生通过聆听了解更多的社会信息等等。这些对盲生的成长，大到思想道德、个性品质，小到行为习惯都能起到潜移默化的作用。

盲生和正常人一样，也要面对社会，面对未来。我们要给予他们更多的关爱，引导他们拥有健康的心理，学会自我心理调节，克服不健康的社会因素的影响，以积极的心态去面对学习、生活和就业带来的心理压力，让他们学会克服各种困难，从而促进自身的全面发展。

2. 课程思政有效融入美术鉴赏课程

如何将课程思政有效融入中职美术鉴赏课堂，培育"爱党爱国"的"四自"特殊英才，可通过实施"三大策略、四个方法"的改革路径，为相同专业、类似课程提供参考。"三大策略"即建立无障碍课程思政资源数据库、打造理论实践一体混合式教学模式、校企合作建立文创产品孵化基地。"四个方法"即一是强化培训，转变教师思政教育观念；二是运用多元化的教学手段，引导教师使用信息化工具开展教学；三是鼓励学生继承和发扬中国优秀传统文化，探索和创新美术工艺作品；四是多渠道创造听障学生与社会接触的平台和机会，培养听障生"自强自立"的优秀品质。

美术鉴赏课程是本校工艺美术专业针对听力障碍学生所开设的专业基础课程，课程旨在帮助学生了解中外各历史时期重要美术流派，赏析不同美术类型的经典作品，理解作品的美术特征与人文涵养，同时拓展学生审美视野，提高审美能力，发展创新思维。作为中等职业特殊教育的一线教师，团队积极探索课程与思政教育有机结合的有效方法，根据听障生的生理、心理特点，总结出"三策四法"，将思政元素有效融入美术鉴赏课堂，不仅增强了学生的爱国主义思想和民族自信心，强化了"德""技"兼修的教学理念，培养了听障学生要做大国工匠的决心和信心，使他们不断保持良好的职业认同感和使命感，为特殊学生的就业打下良好基础。

（1）中职听障生思想政治现状。听障生由于受教育程度参差不齐、无障碍先进设施落后等原因，造成了学生整体文化知识水平较差、信息化应用能力较弱、阅读和手语表达能力不强等现象。这种复杂的学情、学生生理和心理差异对听障生的思想政治情况还是有一定的影响。根据调查问卷分析得出，学生思想政治主流是好的，但也存在一些问题主要表现为：一方面，大部分中职听障生有强烈的爱国意识，拥护共产党，但是对党和国家的政策方针不是很了解；另一方面，同学们对中国传统文化有着深厚的感情，但是对如何发扬和传承优秀传统文化比较迷茫；最突出的思想问题是，大部分同学还没有树立远大的理想和人生目标，不能正确的思考和规划自己的未来。总的来说，听障生的思想较为单纯，思想政治水平还需借助专业课程进行提升。

（2）课程思政目标。美术鉴赏课程包括绘画艺术、雕塑艺术、建筑艺术、工艺美术、书法篆刻艺术、艺术设计等七个模块，课程是帮助学生全面认识本专业，鉴赏陶冶、引导探索，树立正确的审美观，助力专业技能课的重要课程。

结合课程内容开展课程思政的目标如下：发扬和传承中国绘画、雕塑、建筑、工艺等优秀文化，增加学生的民族自豪感和对中国优秀传统文化的认同感，在巩固理论知识和技能的同时，培养了学生的爱国主义情怀。在教学中融入思想品德教育，包括生活理想教育、道德理想教育、职业理想教育和社会理想教育，引导听障学生树立正确的人生观、世界观和价值观。通过以学生为主导的教学模式，鼓励学生在发现美的基础上创造美，培养他们的探索精神和创新精神。在实践环节，融入工匠精神，增强学生的责任心和职业担当，培育学生的职业精神。

（3）融入思政元素的策略。建立无障碍课程思政资源数据库，根据听障生的生理特点和学情，从学科和思政两个方面进行资源建设，建立无障碍课程思政资源库。思政方面内容包括：时政热点、人物楷模、时政专题等。呈现方式包括有字幕视频、电子书、慕课等，旨在培养学生爱党、爱国、爱社会主义的情怀。学科方面内容包括两部分，一部分为学科图片素材，包括中国传统图案、中国历代名人字画、外国绘画作品、中外建筑、中外雕塑等高清资源；另一部分为学科思政元素，包括艺无止境的画家故事、精益求精的工匠传记、勇于创新的设计师案例等，旨在提高学生审美的同时，引导学生树立正确的人生观、价值观和世界观，培养残疾学生"自尊、自爱、自强、自立"的优秀品质。

资源库设置积分制和题库。学生们在课前进行预习，在资源库学习教师指定的思政和学科相关的知识，然后进行课前测试。教师通过点击数、阅读时长、题库测试统计分数，形成学生的课前思政知识学分。通过数据教师从思想政治、学科知识两个方面直观地看到学生存在的问题，调整或优化教学设计，实现知识传授、铸魂育人的教学目的。

改革创新鉴赏课程。以往的美术鉴赏课程，主要以理论讲授为主，培养学生的审美情趣。经过多年的教学实践，本专业改革创新鉴赏课程，将新工艺、新技术融入课堂，理论与实践相结合，采用"德""技"兼修的教学理念。具体的做法是，在每个单元讲授完理论知识后，教师根据知识点，在平台发布2个课时的订单任务或者实践作业，同学们课下在无障碍课程思政资源数据库上搜集素材，进行图稿设计，在课上进行创作，教师进行巡航指导，辅助同学们最终完成实践任务。例如，在学完中国古代绘画欣赏这一模块后，教师课后在平台发布校企合作公司的订单任务，要求同学们设计与制作中国风的手绘帆布袋，同学们课后利用手机或电脑在无障碍课程思政资源数据库上搜索学科素材（里面有中国古代绘画素材），同学们根据帆布袋的尺寸进行设计，在课上将中国绘画元素手绘到帆布袋上，完成实践任务订单。

美术鉴赏课程将"理论、实践"有机结合，采用"德""技"兼修的教学理念。不仅让学生认识到学以致用的重要性和必要性，而且订单式的实践课堂增强了听障生的技能水平，提高了残疾学生的自信，培育了学生一丝不苟、精益求精的工匠精神，为特殊学生的实习就业打下良好基础。

（4）融入思政元素的方法。教师转变思政教育观念，要发挥学生的主观能动性，教师必须提高自身的文化修养、教学水平。教学实施过程中，在专业学科知识体系中寻找与德育知识体系的"衔接点"，顺其自然地用学生喜闻乐见的方式引入思政元素，润物无声地开展思政教育工作。教师与学生建立平等的师生关系，在课堂教学中发挥听障生的主观能动性、尊重和关爱学生，促使其热爱学习、主动学习。

教师运用多元化的教学手段，将思政元素融入到更具体的教学环节，在教学过程中，运用无障碍课程思政资源数据库，使用媒体虚拟展示、任务驱动、小组探究、作品比较鉴赏、实践巡航指导等教学方法，结合翻转课堂、慕课、案例教学等多元化的教学手段，多方位进行思政教育。

在课程评价环节，思政评价也成为必要的评价环节。教师可以在过程考核中，从无障碍课程思政资源数据库中提取相关思政类题目进行测试，根据学生的答题结果，平台自动形成数据，根据数据对照本节课的课程思政目标，及时调课程思政内容，在增强学生专业能力的同时，提高学生的思想境界。

鼓励学生继承和发扬中国优秀传统文化，分析比较中西方美术差异，在继承中探索和创新，通过课程学习培养学生的文化自信和爱国情操。中华民族有五千年的悠久历史，华夏儿女在美术领域发挥了独特的才华，诞生了许许多多优秀美术工作者，创作了难以数计的优秀作品，这些艺术精品成为人类宝贵的文化财产。这些都是我们中华民族的瑰宝，足以使我们引以为豪。因此，可以通过了解和鉴赏中国优秀美术作品，培养学生的爱国主义情操，增强民族自尊心、自信心。

传承与创造是当代中国美术对于艺术发展持有的一种基本态度。在教学中，对中国和外国的绘画艺术、工艺美术、雕塑艺术、建筑艺术等进行鉴赏与比较，在继承中创新，鼓励学生传承中国美术，借鉴与融合外来美术，培养他们的创新意识和探索精神。从不同地域特定时期品评特定类型的艺术作品，有利于塑造学生开阔的文化胸怀，以及富有进取精神的人格。

多渠道创造听障学生与社会接触的平台和机会，培养听障生"自强自立"的优秀品质。课后通过组织学生观看展览、博览会、短期研学等校外实践活动，拓展学生的视野，提高学生的审美能力，发展学生的创新思维。通过学校和企业搭建的文创产品孵化基地平台，学生利用课后或寒暑假时间，将自己在美术鉴赏课堂或专业课堂的工艺美术品进行爱心义卖。通过平台，一方面可以使学生对自己的工艺作品在顾客满意度、市场反馈等有进一步的认识，为他们再次探索、创新作品提供了清晰的思路；另一方面，听障生在社会中的磨砺，锻炼了他们的人际交往能力和吃苦耐劳的精神，更重要的是，将自己的劳动成果转化为报酬，培养了残疾人"自强自立"的优秀品质。

3.将劳动教育与工匠精神融入课堂教学

党的十九大报告中提出"建设知识型、技能型、创新型劳动者大军，弘扬劳模精神和工匠精神，营造劳动光荣的社会风尚和精益求精的敬业风气"。

根据新时代的"工匠精神"的要求，对于残疾人中等职业学校的学生，应当培养他们对所学专业的兴趣、团队合作意识、一丝不苟的专业精神、以及积极进取的良好品质，树匠心、育匠人。

（1）在课堂教学中，要结合劳动教育和工匠精神的特点及要求，对学生进行教育。首先，在课前用大约5分钟左右的时间，向学生讲述奋斗者故事的栏目，感染学生，并渗透于学生的日常学习生活中。

第一部分内容选择了《人物·故事》这个节目的片段，这是中央电视台一档讲述奋斗者的故事。主持人介绍加故事线的引导，将学生带入情境。主要讲述主人公的两三件事，如何在自己的工作岗位上踏实勤奋、坚持不懈、敢于面对失败与挑战，最终取得一定的成就。用他们的成功鼓舞学生，潜移默化地渗透工匠精神和勤奋劳动的重要性。这些代表人物包括：孟剑锋——北京工美集团的国家高级工艺美术技师，获得过"首都劳动奖章"等荣誉。余敏——被授予世界硬币大奖"终身成就奖"的中国印钞造币总公司高级工艺美术师。高凤林——焊接火箭"心脏"的"中国第一人"。许启金——坚守在高压输电线路运维一线，被誉为"状元技工"等。

第二部分选择中央电视台《平凡匠心》节目，它与前一个栏目不同的是，前者讲述的是在某些领域取得一定成就的奋斗者的故事。而本节目是以"平凡人，非凡梦"为主题，从普通人的生活出发，讲述他们的追梦故事。这些人就是日常生活中能够见到的普通人，涉及许多不同的职业，他们有着各自对生活和工作的热情，干一行爱一行，"三百六十行，行行出状元"。让学生从他们的故事中，体会工匠精神的实质。

第三部分选择中央电视台《探索发现》专题节目——匠人·匠心。从短片中体会积极动手实践和匠心制造的重要性。

（2）根据不同课程的特点，将二者具体融入到课堂教学中。在服装工艺课堂教学的实践操作入门时期，要让学生能够静下心、沉住气，慢工出细活，不求速度，追求质量，必须保证针脚的整齐，缝线的流畅。学习服装工艺，包括要学习使用缝纫设备，同时也要学习手缝工艺。这是服装缝制工艺的基础，是现代工业化生产不可替代的传统工艺。完成服装的制作不仅仅靠服装设备，在处理一些细节或是完成一件高档服装制作时，往往需要用手缝工艺去完成。在开始学习服装工艺时，就要重视学生手缝工艺技能的培养，这是学习服装制作的基础，也是培养学生耐心的一种方法。教授学生手缝基本针法的部分，从裁布开始就要严格要求，分清经向和纬向，不能裁偏，要告诉他们裁偏的不良后果；用尺子测量定点要精准，折叠布时，每条都要保持均匀、平直、不可有弧边，这样才能保证后续手缝时的美观性。用尺子画辅助线，根据所缝针法的不同，按一定的刻度分割，此时强调细心的重要性，辅助线与定点需要一次性画在正确的位置，避免出现线的重影、分叉、分割不均等问题，影响整体的美观。再让学生根据喜好选择缝纫线，进行色彩搭配，根据理论课示范的针法，逐一缝制练习。整个教学过程中，会按照精益求精的匠心精神来要求学生，及时纠正出现的错误，让学生养成良好的习惯。所有使用的彩色缝纫线需要按照色彩的变化规律整齐摆放，这样更有利于色彩搭配，也能让学生在选择颜色时有条有理。想要做出好的手缝工艺习作，需要有吃苦耐劳的精神，要从课前五分钟的思政内容中得到启发，感受匠人对自己本职工作的热爱、对作品和工作的一丝不苟，要勤劳、扎实、肯干、敢于尝试，不怕困难，迎难而上。

在服装美术课中，结合央视财经频道《时尚中国》节目中的片段，让学生了解中国传统色彩之美，跟随优秀的服装设计师探寻设计灵感，了解中国传统手工艺，设计师们在设计制作过程中的一丝不苟、专心致志、坚韧不拔的品质，值得学生学习。在最终的成品展示中，让学生懂得，想要有所作为、有所收获，必须坚持不懈，并且需要有匠人般的精神，才有可能迈向成功。讲授服装效果图的部分，结合基础示范，由浅入深。作画是一件需要耐心的事，构图、比例、形体缺一不可，不能急于求成，没有捷径。运用著名的钱币设计师、我国高级工艺美术师余敏设计熊猫币的经历作为范例，讲述熊猫币设计的艰辛过程，经过长期对熊猫的观察、速写、设计，最终定稿，每一个环节都至关重要。服装美术课的学习也是同样的道理。

计算机平面设计专业的商品拍摄与图片处理课，是一门理论与实践相结合的课程，针对学生的自身情况，适当安排实践拍摄任务。让学生从拍摄前的准备工作开始，对自己严格要求，向课前五分钟内容中的劳模、优秀匠人学习，端正自己的学习态度。要让学生明白，本门课程需要掌握的一系列知识，而不是简单的按下快门。

从确定需要拍摄的商品开始，一丝不苟制定商品拍摄计划，这其中包括：挖掘商品的卖点，培养学生的观察能力，善于发现所拍摄商品的优点；根据商品特点，搭建拍摄场景，灯光布局要合理，商品摆放与构图设计要讲究，从各角度拍摄商品，这需要花费大量的精力；整理拍摄的商品图片，挑选出好的拍摄作品，理性分析拍摄效果；进行后期图片制作，运用所学的图像处理软件进行适当的处理，不偏色、不失真；详情页的制作需要掌握一定的版式设计原理，合理运用点、线、面的元素，色彩搭配要协调，字体选择要得当，每一步，都需要深思熟虑、精心制作。

劳动教育与工匠精神融合教育，还有很长的路需要探索，需要广大师生的共同努力。通过劳动教育培养学生的工匠精神，对于特殊教育职业院校来说尤为重要，可以提升学生的技能水平，用勤劳和智慧迈向理想的生活。

第4章 陕西省残疾人职业教育实训基地建设情况

4.1 实训基地基本情况

实训,简言之就是为了使学生掌握职业技术、技能而进行的实际训练,是指学校根据人才培养目标和人才成长规律,利用真实或仿真的环境对学生进行职业技能、动手能力的训练,是残疾人职业教育实践教学的一个重要环节。实训基地是实训场所、教学设备、教学计划、教学人员、参训学生的统一体,是残疾人职业教育的基本条件,是实践教学的根本保证,是达成残疾人职业教育目标的重要手段,其硬件的好坏和运行效率的高低决定着中职学校的教学质量的高低,决定着人才水平的高低。在残疾人职业教育领域,校企合作通过对就业市场与残疾人特点的分析匹配、工学结合应用实践体系的构建,不仅可提高残疾人的职业能力与教学质量,而且有助于残疾人接受高等职业教育及时适应社会发展需求。

从调研组成员实际调研的情况来看,被调研的17所残疾人教育学校开设专业数共计20个,其相应的实验室、实训基地建设基本情况如下:保健按摩实训室21个,工艺美术实训室14个,计算机应用实训室10个,烹饪实训室8个,电子电气应用与维护实训室7个,电子技术实训室7个,家政实训室6个,电子商务实训室4个,服装设计与工艺实训室3个,美容美发实训室3个,老年人服务与管理实训室2个,模拟超市实训室2个,情景医院实训室1个。采用采样分析法、数据分析法进行分析后发现,由于大部分学校没有开设专门的专业课程,因此仅有部分职业学校建设了实验室或实训基地(见图4-1)。因此,建议在后续的残疾人实训基地建设中除了加强办学基础设施和条件,还需要加大对残疾人职业教育硬件实训环节上的投入力度,在经济和政策的双向辅助下提高陕西省残疾人职业教育的效率,以此来保障残疾人就业的有效开展,落实好学校的基础建设。为了提高教育的质量,落实好实训基地建设,职业教育学校要设立校内和校外两个实训基地,校内基地注重理论知识的讲解和证实,校外基地需给学生一个真实的环境,培养学生的职业素质,做好学生职业身份的转换,这样可以保证学生顺利就业。加强和企业的联系,落实好具体的实训课程,满足社会的需求,做好校内外实训的衔接。同时还要提高思想认识,重视实践教学在人才培养中的作用;加强实训室建设规划,统筹协调实训室资源,提高设备利用率;制定吸引企业参与实训室建设和管理的相关制度,强化校企沟通交流,增强互信。

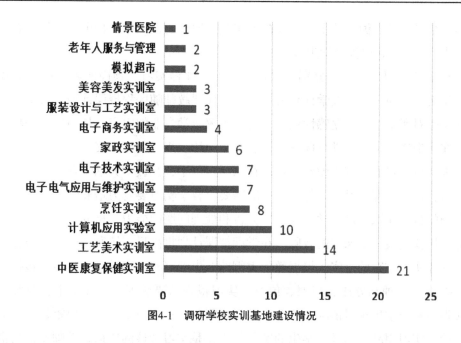

图4-1 调研学校实训基地建设情况

4.2 实践教学建设内容

实践教学是培养学生实际操作的能力、分析问题和解决问题的能力的重要环节，主要包括实验、实训（包括随堂实训、集中实训和专业综合实训）、实习（包括认识实习、跟岗实习、顶岗实习）、社会实践等。

实践教学必须按照专业教学计划，教学大纲（含技能训练大纲）和实习指导的要求进行。凡是实践占重要地位的课程，都要单独考核，如计算机操作、服装工艺、服装生产、中西面点、烙画、陶艺、推拿按摩等课程，其他不能单独进行考核的专业基础课，应保证实践操作的考核成绩占总平均成绩的50%。教师应于每学期开学一周内将该学期的实训计划送所在教研室同意后执行。任课教师要重视实验课的教学，熟悉所开设的全部实训内容、做好准备工作。实训结束后，任课教师应会同实训室管理员检查实验小组的实训结果，检查实训设备完好和安排好值日生清洁卫生，并检查合格后方可离开。任课教师要认真批改实训作业，评定实验成绩。因实训老师准备不足而造成实训课无法进行者，按教学事故处理。

教研室是实践教学管理的基本单位，对实践教学进行具体组织和落实。根据专业设置的需要及实践教学的要求，全面安排落实本专业的实践教学活动。有计划、有步骤地改进完善实践教学活动，办出专业特色，形成教学特色。组织安排实践教学活动，重点包括制定实践教学计划、安排实训指导教师、教学组织、过程检查、成绩评定、教学考核、总结提高等环节。组织制定课程标准、编写授课计划、实训指导书等实践教学文件。做好校内实践基地的建设工作及实践教学各环节的设备、耗材等资源配置，注重过程控制和结果处理。做好校企合作及校外实践基地的建设工作，每个专业均应有相应的校外实践教学基地，以提供学生进行实习。

实践教学有四个环节，分别为：认识实习、课程实习、顶岗实习、社会实践。其中，认识实习是根据专业教学计划的规定，由任课教师随课程授课计划进行实施，其目的是使学生对所学专业建立感性认识，初步了解所学专业的内容，从而增强和巩固专业思想。在认识实习中，要进行职业道德、劳动纪律、规章制度和安全教育，对学生提出明确要求，对实习的内容要做好记录。在课程实习中，凡教学大纲（含训练大纲）规定的实训内容，应全部开设，并保证课时的需要。教学实习要着力培养学生严肃的科学态度和严谨的科学作风，培养学生观察、分析和处理问题的能力，培养学生书写实习报告的能力。担任实践教学课程的教师，在学期授课计划批准后，按所制定的实习方案进行准备，保证实习方案的落实。根据教学大纲的要求编写实习指导书，其内容包括：实习目的、要求、原理和方法、步骤、预习、实习报告的要求等。指导学生实习要严格要求；实训前检查学生预习情况，符合要求者才能操作；实习结束时，要审核实习数据和结果，验收实习用品、用具。学生的实习报告，是实习考核的依据，教师要认真批改，评定成绩。学生实习作业可以作为该门课程成绩的组成部分，也可以单独评定实验成绩。顶岗实习是指在基本完成教学实习和学过大部分基础技术课之后，到专业对口的现场直接参与生产过程，综合运用本专业所学的知识和技能，以完成一定的生产任务，并进一步获得感性认识，掌握操作技能，学习企业管理，养成正确劳动态度的一种实践性教学形式。社会实践是要求学生按选取的题目，在寒暑假期间有目的地到社区、企业、市场进行社会实践，加深对社会的了解。

4.3 实训基地建设的对策建议

1.坚持科学的指导原则，确保评价内容全面

为更加详细和全面了解实训基地实际，在实训基地建设的评价指标体系构建中，以全面性、科学性、可操作性、定性与定量评价相结合为指导原则，并制作评价量表，合理设置评价指标。从而方便评价主体使用，让评价过程简单、容易操作，最终以分值直观展示评价结果，做到前期有计划、过程可追踪、结果可量化、效果可视化，明显提升评价过程的效率。

2.合理设计评价指标，将定性与定量评价结合

实训基地建设的评价体系设置三个等级的评价指标。一级指标包括实训基地规划、建设、影响力等三大类，再分别设计二级和三级指标，共13个二级指标和27个三级指标。具体的评价指标详见表4-1。

表4-1 实训基地建设的评价体系

一级指标	二级指标	三级指标
实训基地的规划	指导思想	校企合作共商共建
		学生顶岗实习
	实训基地建设规划	实训基地与院校发展的锲合度
		实训基地建设论证
	实训基地合作企业的选择	实训基地的规模
		实训基地的地理位置
		实训基地的生活条件
实训基地建设	实训基地的建立	校企合作的时间年限
		校企合作的稳定性
	实训基地的重视程度	校企合作的方式
		实训基地实习条件及办公环境
		管理职能部门
		指导教师态度
	师资队伍	院校任课教师
		实训基地指导教师
实训基地的影响力	实践教学与改革	实践指导任务
		实践教学改革
	顶岗实习与合作企业的服务	学生岗位安排
		顶岗实习程度
		合作企业的服务
	教学研究和技术推广	教学研究
		技术推广
	就业指导推荐和吸收学生就业	就业指导与推荐
		吸收学生就业
	同类院校评价	同类院校评价
	社会评价	社会行业专家评价
	政府评价	政府教育行政部门评价

3.注重年度考核与评价,推动实训基地不断完善

实训基地建设需长期积累,基地设施也需不断完善。要注重年度考核与评价,每年组织评价主体开展评价并得出结论。同时,将评价结果与上一年度对比,看是否有进步。每次评价之后还要指出实训基地的不足,提出改进建议,以推动实训基地不断完善。

4.加强政府引导与企业参与

残疾人教育领域需要政府加强顶层设计,关心残疾人教育,行业企业通过校企合作、工学结合支持残疾人教育,加强支持和宣传力度,使社会对残疾人教育的认可度不断提升。积极争取行业企业加入,吸引社会资金支持残疾人教育各方面建设,出台吸引行业企业加大残疾人教育战线建设资金投入的各项政策制度。建议出台鼓励企业招聘残疾人的特殊政策。同时,培养残疾人的职业学校要有主动服务企业的意识,想尽办法给企业带来合作的利益,提高企业参与合作的积极性。

5.开发符合特教特点的实训教材

积极开发新专业,部分专业课程可以使用已有的专门教材;部分特色课程可以共享

学院教材资源如手语、盲文、残疾人辅助器具等教材；但是要高度重视主干课程、特色课程、实训课程的教材的编写。因此，需要组织相关专业教师、残联专家编写满足人才培养需求的实用的教材或讲义。学校与社会机构合作，由职业界精英和高校实践教学指导教师共同担任专业实践教学校本教材的开发工作，既有利于理论联系实际，能很好地针对本地区、本学校特点，提高教材效度，又有利于实践教学指导教师自我提高，在编撰实践教学教材过程中，不断丰富实践知识，接受新信息。

6. 研究校企协同育人新模式

陕西省对残疾人教育理论的研究不够深入，校企合作模式缺乏多样性，成效不显著。在校企深度融合办学、校企协同育人方面还没有形成有效的体系。急需搭建政行企校多方参与的产教融合平台，保障校企协同育人的实施。依托政校主导、残联牵头、企业参与的行业联盟，校企共同组建产教融合联盟，由校企办学主体单位作为联盟理事会长单位，保障校企合作办学成效，确定校企参与方式、责任和利益分配方式，制定校企参与管理的方式，形成有效促进校企深度融合的机制，共同参与校企协同育人工作的具体实施。校企借助联盟深化产教合作，开展学校教学改革与人才培养模式创新，促进学校专业及课程建设与改革，实现学校教师与企业工程技术人员双兼互聘，实现学生就业和企业用人的直接对接，实现校企资源共享，共同提高人才培养质量。

4.4 实训基地建设情况

实训室是开展实践教学的场所，实训室应该配备专门的实训室管理员，负责安排学生在实训结束后做好卫生清洁、消杀工作，保证设备正常关闭后切断电源；定期检查本实验实训室设备、设施的使用情况，做好设备的整理、保养、维护、维修及报修工作，保证设备、设施的完好，保障实训教学正常进行。每天巡视实训室的门窗、水电关闭情况，做好防火、防盗、防潮、防锈、防水、防脏、防浪费、防自然灾害等工作，发现问题应及时处理，确保实训室使用安全。实训室应该结合内部设施设备情况，实践教学功能，制定管理使用制度。

4.4.1 烙画实训室建设

1. 烙画实训室介绍

烙画实训室是工艺美术专业烙画课程实践教学场所，授课课时为228课时，12学分，课程考核方式为实践操作。

实训室有烙画机、打磨机、工作灯、护眼工作灯、切割机、高清教学视频展台（高拍仪）等设施设备。通过本实践课程的教学，使学生了解烙画的起源与独特艺术魅力，熟悉烙画的工具和材料，熟练掌握烙画制作流程和技巧，提高学生的艺术感知能力、欣赏能力，培养学生的工艺品制作能力、艺术表现能力和创作能力，以及热爱传统工艺的热情。

2.烙画实训室管理制度

（1）学生必须按照规定时间，前往烙画工作室上课，不迟到、不早退。

（2）室内保持整洁、安静，不准随便喧哗、走动、打闹。

（3）不准乱丢纸屑、杂物，不准在画桌、墙壁乱刻乱画。

（4）正确使用实训室设备，严格遵守操作规程。烙画机如有故障或损坏，应立即报告教师，及时处理。对于推卸责任、隐瞒情况者，给予严肃处理。

（5）爱护公物，对故意损害者，须按原价赔偿。

（6）节约使用工作室内所有物品，并做好设备的日常维护工作。

（7）禁止将与烙画制作无关的易燃、易爆物品带入工作室。

（8）禁止将工作室内所有物品（包括设备、工具、板材等）带离实训室。

（9）每次创作完，要打扫卫生、整理画材，保持室内整洁。

（10）离开时须切断电源、关好门窗。

4.4.2 摄影实训室建设

1.摄影实训室介绍

摄影实训室是计算机平面设计专业摄影课程实践课程教学场所，授课课时为36课时，2学分，课程考核方式为实践操作。

实训室有数字摄录一体机、摄像机文件传输器、三脚架、录像独脚架、数码相机若干、三脚架、喷墨打印机、数码摄像机套装等设施设备。通过本实践课程的教学，使学生掌握摄影基础理论和实践技能；掌握传统单反相机和数码相机的使用方法，以及照片的后期处理技能。以技术为基础，讲练结合，着重于摄影艺术水平的提高。课程目的是引导学生了解摄影的基本知识和所需要的各种摄影器材，通过理论联系实践的方法，去掌握创作拍摄和后期操作技能。同时使学生灵活掌握摄影中常用的拍摄方法、技巧，使学生树立良好的创作和拍摄的工作作风。

2.摄影实训室管理制度

（1）实训室摄影器材借用，根据相关课程教学实践（包含培训）需要按需申请使用。

（2）当器材物品的用途是课程教学实践（包含培训）时，借用时间根据实际需要而定，最长不超过14天。器材借用数量及型号由实训室负责人根据实际情况发放。申请表须由申请人填写，交科室领导及主管校长签字审批，并请提前5个工作日向数字信息技术教研室递交。

（3）当器材物品的用途是其他科室因工作需要临时使用时，为保障教研室及培训课程正常教学需要，使用时间不得超过7天，具体时间根据实际情况而定。器材借用数量及型号由实验室负责人根据实际情况发放。申请表须申请人填写完交科室领导及主管校长签字后,请提前5个工作日向数字信息技术教研室递交。

(4)当器材物品在申领使用中出现器材不够或不能满足多个申请方时,优先考虑课程教学实践及培训课程使用。实训室负责人对器材使用的情况进行统筹安排,以保证实践教学的正常进行。

(5)指导教师需要对学生的器材使用进行监督和引导。

(6)如出现延期不归还的,追究申请人责任。

(7)若申请人申领的器材物品因学生在正常教学使用中出现损坏的,需申请人报送实训室管理人员,由相关部门领导、主管校长批示后进行修理。

(8)若申请人申领借用的器材出现丢失(包括整体器材丢失或配件丢失),则要求申领人在规定的时间内(7天)根据原本申领型号进行购买并还至实训室。如出现丢失的型号已停产的,按原器材相应的价格,匹配当时相应级别的器材物品型号进行购买。

(9)申请人应按申请表填写的用途使用器材,使用过程中不得私自转借他人,若导致器材破损、丢失,则追究申请人责任。

(10)实训室所有器材物品的借用时间,不得跨越寒暑假,即器材在寒暑假放假前提前收回维护。

(11)实训室的器材物品的租借流程如下:实训室负责人向申请人发放申请单并指导其填写,并逐级由申请人交相关领导签字审批。实验室负责人负责器材的发放和归还检查,以及对器材使用的情况进行统筹安排,保障需要用器材的每个班在器材申请数量上得到相对合理的安排。器材物品申领需教研室及借用教师科室主管领导(主管校长)签字方能生效。

(12)器材物品超过申请借用时间,需重新办理续借手续。

(13)按实验室设备申请表递交的时间顺序发放器材。

(14)申请人(学生)在因教学需要经相关主管领导批示同意后申领器材物品时,需同时递交本人学生证及身份证复印件。

4.4.3 服装工艺实训室建设

1.服装工艺实训室介绍

服装工艺实训室是服装设计与工艺专业服装结构制图(300课时,16学分)、服装缝制工艺(560课时,30学分)、服装生产(412课时,22学分)、服装立体裁剪(76课时,4学分)、服装工业样板制作与推档(108课时,6学分)等多门课程实践教学场所,课程考核方式为实践操作。

实训室有蒸汽吊瓶熨斗、吸风熨烫台、吸风熨烫台(带发生器)、普通熨烫台、工业单针平缝机、电脑单针平缝机、三线包缝机、五线包缝机、平头锁眼机、圆头锁眼机、绣花机、套结机、台式绷缝机、钉扣机、空气压缩机、佳友粘合机、日本兄弟暗缝机、电脑单针平缝机、直驱单针平缝机、熨烫台、电脑单针平缝机、吊瓶蒸汽熨斗、四线包缝机、服装生产专用吊架、服装工艺模板仿真教学系统、智慧黑板、平头绷缝机、小方头绷缝机、吸风烫台等设施设备。

通过服装结构制图实践教学，使学生了解量体技术、标准和有关知识，初步掌握一些服装结构的变化原理、变化规律和处理特殊体型、款式变化的制图方法，能够独立绘制服装结构图，为工业制板的学习打下坚实的基础。

通过服装缝制工艺实践教学，使学生掌握裁剪、制作常用服装所需的工艺理论知识，学习手缝、机缝和熨烫工艺；掌握传统的手缝工艺技法，各种基础缝型，能识别常用面料的正反、丝缕、色差、等级等；掌握各类裙、裤的零部件及成品制作工艺，特别是裙、裤制作中各种拉链的安装、变化以及插袋、挖袋、贴袋的工艺方法；掌握服装加工的工艺流程和规程，能够按照工艺要求独立缝制合格的产品。特别是掌握衬衫、西服、茄克等服装的精做工艺流程与制作工艺，能从事样衣制作。能够正确使用服装裁剪设备，了解如何排料，合理运用面料。掌握设备简单的故障排除方法，熟悉常用服装设备的安全操作要求。

通过服装生产实践教学，使学生了解服装工业化生产的整体架构及流水线的运作模式。通过该课程的学习使学生掌握服装生产与管理的基本原理、基本方法，加深学生对服装生产管理重要性的认识。

通过服装立体裁剪实践教学，使学生了解立体裁剪的基础构成原理以及材料、工具的使用方法；讲授紧身衣、原型省道转移及原型省道变化设计的立体裁剪操作方法和步骤，加深学生对形态造型规律的认识，并以礼服设计为主进行开创性的设计操作训练。

服装工业样板制作与推档为专业技能课程，是服装结构制图的延续，主要针对性地开展实践操作训练，使学生掌握工业样板的制作要求与方法，服装样板推档的基本原理与技法，提升学生创业发展和服务企业的能力。

2.服装工艺实训室管理制度

（1）根据教学计划安排的班级学生方可进入工艺实训室，其他人员一律不得随便进入。

（2）学生按指导老师要求对号入座，不得私自调换座位。在使用前后需检查设备的运行状况并做好登记。如有异常，应立即向指导老师汇报情况，并按相关规定做好报修记录，不得自行拆修。

（3）学生必须在老师的指导下严格按照设备安全操作规程使用缝纫设备。凡与本次课程无关的设备，均不得随意动用。未经指导老师同意，不得擅自将实训室的设备、工具携带外出。所有设备不使用时应彻底断电。

（4）学生要熟悉《实训室安全操作规程》和《安全用电常识》。实训室内严禁烟火，并不得存放易燃、易爆物品。

（5）严禁室内喧哗、吸烟、吃零食、随地吐痰等各种不文明行为，应保持实训室整洁、安静，并遵守课堂纪律，做到不迟到、不早退。

（6）实训结束后，做好仪器设备的清洁归位工作，按规定认真填写《仪器设备使用登记表》。

（7）每次实训结束后，须组织学生打扫卫生，保持室内清洁、整齐。并做到人走灯灭，及时关闭电源、水源，并锁好门窗。经指导老师同意后，方可离开。

（8）凡因人为因素或违规操作引起的设备损坏，应照价赔偿。

4.4.4 中医康复保健实训室建设

1.中医康复保健专业实训室介绍

中医康复保健专业实训室包含针灸推拿实训室、传统康复治疗室、中医诊断实训室、解剖示教室、西医诊断实训室，是中医康复保健专业和中医养生保健专业儿科推拿学（114课时，6学分）、康复疗法学（76课时，4学分）、保健按摩学（114课时，6学分）、妇科按摩学（114课时，6学分）、内科按摩学（114课时，6学分）、中医康复学（144课时，8学分）、伤科按摩学（144课时，8学分）等多门课程实践教学场所，课程考核方式为实践操作。

实训室有按摩床、推拿手法参数测定仪、音提示十四经穴电动针灸模型、光电感应人体针灸穴位发光模型、语音提示十四经穴电动针灸模型、按摩床、推拿手法参数测定仪、特定电磁波治疗仪、电动脉象模型、针灸手法参数测定仪、全身肌肉解剖模型、人体肌肉及胸腹腔脏器解剖模型、微电脑人体心动周期与大小循环演示仪、胸腹部检查多媒体综合教学系统教师机、胸腹部检查多媒体综合教学系统学生机等设施设备。

通过儿科推拿学实践教学，使学生了解中医儿科的发展史、基本理论、基本知识，掌握儿科适于按摩的常见病的辨证论治、主要治法、按摩操作技能。

通过康复疗法学实践教学，让学生掌握各种康复疗法技术，为以后学生从事临床康复做好准备。

通过保健按摩学实践教学，要求学生掌握保健按摩的基本知识、常用手法和各部位保健手法；了解运动保健按摩、美容减肥保健按摩、常见病症预防保健按摩等。

通过妇科按摩学实践教学，要求学生掌握中医妇科部分疾病的基本理论、基本知识、主要治法、按摩操作技能等。

通过内科按摩学实践教学，要求学生了解中医内科的基本理论、基本知识，掌握中医内科常见病的辨证论治、主要治法、操作技能及按摩治疗。

通过中医康复学实践教学，使学生了解中医康复的理念和特点，并注意吸收国内外现代康复医学研究的最新成果。通过本课程学习，掌握中医传统康复技能的基本概念和各种功能障碍的治疗方法和操作技术，为后续学习临床康复专业课程打下扎实的基础。

通过伤科按摩学实践教学，要求学生了解伤科学的发展史和损伤的分类、病因及病机表现和诊断治疗原则，掌握50余种临床常见伤科疾病的诊断与按摩治疗。

2.中医康复保健专业实训室管理制度

（1）进入实训室工作人员和学生必须严格遵守实训室的各项规章制度，维持实训室内正常秩序。

（2）实训室工作人员必须根据教学、科研计划的要求，经统一安排后方可进行实训工作。

（3）实训室工作人员要认真履行岗位职责，严格执行实训室管理工作的各项规章制度。

（4）使用实训室仪器设备要严格遵守操作规程和安全制度，发现损坏或丢失事故应立即向中医康复保健教研室主任报告，按有关制度进行处理。

（5）实训室的仪器设备要经常处于完好可用状态，确保实训教学、培训任务的顺利进行。

（6）实训室内的一切物品（包括资料等）未经管理人员同意不得带出实训室。

（7）在实训教学中，指导老师不得脱离岗位，必须离开时应安排其他指导老师值班，并说明注意事项。

（8）严格遵守安全、防火制度，防火、防盗、防事故措施要落实到位，设立一名安全员负责监督检查，发现问题及时处理，并做到人走关灯、断电、关水、关好门窗。

（9）严禁在实训室内吸烟、就餐，不得用实训设备处理食物，不得在实训室内存放个人物品。经常保持整洁、安静，为师生创造良好的实训环境。

（10）师生均要遵守实训室管理规则，对违反本规定者视情节轻重给予处理。

3.中医康复保健专业实训室教学仪器设备管理制度

为保证中医康复保健专业实训教学的顺利进行，加强对仪器设备的规范管理，提高其使用率和延长使用时间，特制定以下管理制度：

（1）实训室需添置教学设备，应先做好预算计划，由教研室审核，上报主管领导批准。

（2）由专人领取仪器设备，领取仪器设备时应专册登记。

（3）教学仪器设备应由专人负责管理，做到账、卡、物相符。每年清点仪器设备一次，对无法修复的仪器设备要及时办理报损手续。

（4）贵重仪器需专人使用、保管、维修，并建卡登记使用情况。

（5）贵重仪器遇到损坏时，应及时向系办报告，视其损坏原因进行处理。

（6）仪器设备管理人员必须认真做好日常维护工作，根据仪器设备的性质做好防尘、防热、防冻、防震、防锈等工作。

（7）大型仪器设备应建档。

（8）定期检查仪器设备，使其处于完好状态待用，发现问题及时维修。

（9）实训仪器设备未经管理人员同意，不准自行使用、移动或调换，不得外借。

（10）充分发挥仪器设备的潜力，提高使用率，在保障教学工作的前提下，可承担国家、省级培训工作，并严格执行相关收费标准等规定。

（11）爱护实训室仪器设备，教师在实训室课前应与分管实训室工作人员一起完成准备工作。

4.中医康复保健教研室安全管理检查制度

（1）本室负责人应对办公室人员进行日常性的法制安全教育，真正做好办公室内的安全防范工作。

（2）本科室工作人员应有高度的安全保卫意识，妥善保管好公、私现金及贵重物品，白天不得将贵重物品及存有现金的包、袋等随意置放在无锁的地方，谨防失窃。

（3）严禁将现金及贵重物品存放在办公台、橱、柜内过夜，办公室不存放贵重物品。

（4）严禁在办公室内使用电炉、酒精炉、热得快等，不能使用电取暖等设备，应注意安全，防止火灾、触电等事故发生。

（5）办公桌与门的钥匙应随身携带，不得转交他人使用。严禁将钥匙交给亲友、学生使用。

（6）发现办公室内公用物品或个人物品丢失时，应及时向学校领导报告，发现办公室门、窗、柜或办公桌被撬被盗时，应保护好现场，立即向学校领导报告，并向派出所报案。

（7）安排好值日教师，注意及时关好门窗，关闭电灯、电脑、打印机、空调、热水壶等电源，平时加强检查，有问题及时汇报行政科。

5.中医康复保健专业实训室安全管理制度

为了维护实训的正常秩序，保障人身和国家财产的安全，特制定本制度。

（1）实训室的安全应以预防为主，指定一名责任心强、熟悉业务的同志担任安全员，具体落实本室的安全防范工作。

（2）对新调配到实训室的工作人员和初次参加实训的学生，要进行安全教育，使他们了解实训室安全防火设施情况和规章制度。外来人员到实训室参观、学习等，须经实训室主任批准。

（3）大型精密贵重仪器要有操作规程上墙，实训过程中必须严格按规程运作。大型精密贵重仪器使用情况必须记录存档。

（4）实训室存放贵重物品和危险品要有严格的保管措施，防止丢失或污染。保管和领用要有两个专人共同负责，避免发生事故。实训三废的排放要符合环保要求。

（5）保证实训大楼的消防通道和人行通道畅通，不许在走廊过道和楼梯间设立铁闸、物品架、实训台或堆放仪器设备及杂物等。

（6）实训室电气设施的安装、维修和拆除，以及烧焊和起重等作业，必须经主管部门批准后由专业人员负责施工。严禁乱拉、乱接电源电线。未经工作人员许可，不得动用实训设施和物品。

（7）要经常检查实训室的电源、气源、水源是否安全，发现隐患及时整改。根据实训室的特点，设置相应的消防器材，定期检查更换，保证器材随时可用。

（8）下班时要关窗锁门，关闭电源、火源和气源。节假日使用实训室须报经实训室主任批准。

（9）保持实训室内安静，不得在康复大楼内大声喧哗、追逐打闹。除实训需要外，不准使用明火和蒸煮食品。

（10）发生事故，除立即组织抢救处理外，必须按规定上报。重大事故，要保护好现场。对事故的责任者将依据情节和学校的有关规定进行责令赔偿、行政处分直至送交司法部门处理。

6.中医康复保健专业材料、低值品、易耗品管理制度

为加强实训材料、低值品、易耗品的管理，保证教学、科研工作的顺利进行，根据《中等职业学校材料低值品易耗品管理办法》的有关规定，特制定本办法。

（1）根据物资管理统一领导、分工管理、专人负责、合理调配、节约使用的原则，学校教学实训材料、低值品、易耗品的管理，统一归到教研室及实训室负责。

（2）实训材料、低值品、易耗品的界定和管理范围。

实训材料：指一次使用后即消耗或逐渐消耗，不能复原的物质。如金属、非金属的各种原材料、燃料、气体、化学试剂、药品等。

低值品：指不够固定资产标准又不属于材料范围，并在使用过程中基本保持原有物质形态的低值仪器、仪表、教具、工具和量具等。

易耗品：指在使用过程中易于消耗，不属于固定资产、材料和低值品的物品。如：玻璃器皿、元件、劳动保护用品等。

（3）按分工管理原则，物资管理部门根据需要建立实训材料、低值品、易耗品的常备库房。常备库房物资应有严格的出入库和定期检查、盘存管理制度。要做到科学安全、分类定位存放、零整分开、账物对号，便于保管、收发和核查。同时要防止积压，及时调整贮备品种和存量，提高库存物资流通效益。

（4）部门库房须专人负责管理。对所备用的物品，应设立备用物品明细账及领用登记薄，加强存放及领用的过程管理。

（5）对易燃、易爆、剧毒、放射性及其他危险品的领用必须严格控制，限量发放。对存贮、领发、使用、废剩、耗损等应做详细记录，按国家及学校有关安全条例加强管理。

（6）实训材料、低值品、易耗品的领用和补充，由直接使用单位提出申请计划，经主管领导审签后交我部统一采购。急需的零星专用物品，可由使用单位自行购买，具体办法按《陕西省城市经济学校物资设备采购管理办法》办理。

（7）统购或使用单位自购的物品，必须验收入库，办理入库点验、审签手续。训收中发现问题应及时办理退货或换货手续。验收合格入账后，凭购货发票和入库单据报账和领用。

（8）严格实训材料、低值品、易耗品的领用和管理。其中剧毒药品（中药类）必须两人以上同行领用。库房保管人员应根据物品计划及实际需要发放，对贵重稀缺的物品应严格管理；两用物资按配用标准发放。领回的物品在使用过程中要建立严格领用登记

手续，做到领用手续清楚，账目增减有据备查。

（9）实训材料、低值品、易耗品的领用要建立定期检查制度。每学年应进行全面检查，并将清理、检查结果及时上报。

（10）实训材料、低值品、易耗品为学校财产，不得化公为私，据为已有，否则，将追究有关人员责任。

（11）实训材料、低值品、易耗品的报废、报损、削价处理按相关程序办理。

第5章 陕西省残疾人职业教育师资队伍情况

5.1 师资队伍建设情况

残疾人职业教育师资队伍的专业化建设是影响残疾人教育发展与教育公平化的一个重要因素。陕西省40所残疾人职业院校中,教职工人数在80~100人区间的有5所,占比12.5%;60~80人区间的有1所,占比2.5%;40~60人区间的有8所,占比20%;20~40人区间的有17所,占比42.5%;10~20人区间的有8所,占比20%;小于10人的有1所,占比2.5%。如图5-1所示,教职工人数在20~40人区间的学校最多,小于10人和在60~80人区间的学校最少。

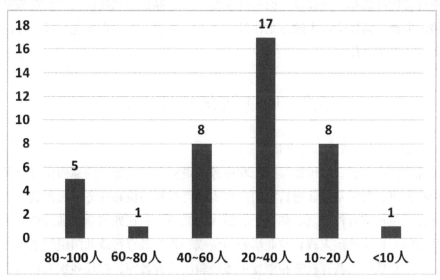

图5-1 调研学校教职工人数分布

40所学校中,专任教师数在60~80人区间的有4所,占比10%;40~60人区间的有5所,占比12.5%;20~40人区间的有14所,占比35%;10~20人区间的有6所,占比15%,小于10人的有3所,占比7.5%。如图5-2所示,专任教师在20~40人区间的学校最多,小于10人的学校最少。

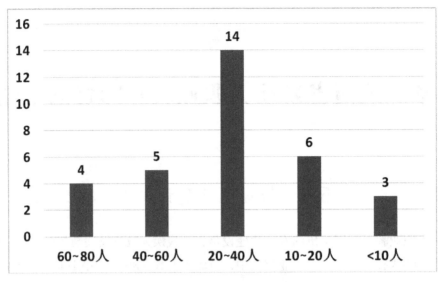

图5-2 调研学校专任教师人数分布情况

作为残疾人职业教育，教师不仅需要掌握专业知识和残疾人教育知识，还需要有丰富的实践操作经验，而这类多元化教师的数量远远不能满足实际需求。教师当中有相当一部分来自普通师范和普通高校，而本科院校人才培养目标和残疾人教育对教师岗位能力需求错位失衡，高校毕业生缺乏工作经验和专业技能，因此多元化教师培养的瓶颈还需要进一步突破和提升。

5.2 师资队伍建设内容

1.合理规划残疾人教育教师岗位

统筹规划残疾人教育学校教师岗位和任务，设立专职或兼职的巡回指导教师岗位；合理调配特教班、资源室或普通教室的残疾人教育教师岗位和任务。选派具有一定残疾人教育素养、更加富有仁爱之心和责任心的优秀教师，担任残疾学生随班就读班级班主任和任课教师；选派残疾人教育专业毕业师资或经省级教育行政部门组织培训并考核合格、具有较丰富残疾人教育教学和康复训练经验的优秀教师，担任残疾人教育资源教师和巡回指导教师。

2.加强残疾人教育教研工作

充分发挥教育科研促进教师专业发展的作用，推动市—区—校三级教研体系建设。加强市、区两级教研机构专职残疾人教育教研员配备，建立残疾人教育科研服务机制，提升各级各类残疾人教育科研水平，促进科研成果转化。学校要鼓励从事残疾人教育的教师围绕残疾人教育热点难点问题积极开展教育教学研究，积极探索其发展规律，改进教学方式和方法，提高教学质量和水平。鼓励高等学校、教科研机构以多种形式为残疾人教育提供专业服务。定期组织开展残疾人教育工作研讨会，积极组织残疾人教育专项比赛，加强残疾人教育学校与普通学校残疾人教育教师之间的学习交流。

3.加强残疾人教育教师培训

落实残疾人教育全员培训工作，组织残疾人教育教师参加培训，每年按要求完成继续教育任务；建设残疾人教育通识课程，提升普通学校教师的残疾人教育专业素养，继续开展知名校长、名师、种子教师培育，发挥专家示范引领作用。健全分级分类培训体系，市级承担残疾人教育学校教师培训；区级承担普通学校随班就读教师、资源教师和送教上门教师培训；市、区分级负责对儿童福利机构、残疾儿童康复教育机构从事残疾人教育的教师实行全员培训。普通学校应多层次、多形式地开展随班就读任课教师和资源教师的校本研修工作，提升教师残疾人教育专业素养。

5.3 师资队伍建设的对策建议

基于当前残疾人职业教育师资队伍建设滞后、教育资源不足、发展不平衡等问题，我们需要持续加强师资队伍人才引进。残疾人教师招聘按照专业化需求原则，采用特事特办的方法，通过政府引才计划，严格落实中央省市等相关政策，做到有文件有落实，保证教师合法权益，提高教师待遇，同时加强落实教师退休后享受残疾人教育津贴、残疾人教育体系独立化等政策。加强教师师德师风建设，着力打造具有爱心、细心、耐心、责任心和服务心的"五心"教师队伍。通过开展师德承诺、师德大讲堂、师德培训、师德实践活动等，树立教师"择一行、干一行、爱一行"的职业精神，大力宣传模范教师，带动教师不断进步。不断提升教师业务能力，坚持"青蓝工程""岗位大练兵"、"工作坊建设"等方法，通过传帮带、基本功训练、校际交流等手段，不断提升教师业务能力水平。

为加强残疾人职业教育师资培养，促进残疾人职业教育事业健康快速发展，需努力做到：一是加强特殊教育师资培养培训工作统筹。学校制定特殊教育师资培养培训规划和计划，促进形成较为完善的特殊教育师资培养培训体制和机制，同时对从事残疾人职业教育师资培训给予及时有效的监督和指导，多途径多方式落实残疾人职业教育师资培养培训工作。二是开展职前特殊教育师资培养试点。试点开展残疾人职业教育专业建设，制订相关措施并设立专项经费，为省内残疾人职业教育培养专门师资，提高特教师资培养培训能力。三是开展特殊教育教师全员培训。对残疾人职业教育教师实行5年一周期不少于360学时的全员培训；可依托"国培计划"，采取集中培训和远程培训相结合的方式，加大对全省特殊教育学校教师的培训力度，制订培训计划，分期分批对教师进行全员培训；开展残疾人职业教育教师教育技术能力专项培训，促进残疾人职业教育教师专业发展常态化。四是落实经费保障。将残疾人职业教育师资培养培训经费列入残疾人事业专项预算，为残疾人职业教育师资培养培训提供较为充足的资金保障。

5.4 师资队伍建设案例

5.4.1 学校专业带头人评选条件

为加强学校师资队伍建设,营造优秀人才脱颖而出的学术氛围,打造综合素质高、专业能力强的教学团队,选拔具有良好师德师风,能对专业的建设和发展起到带头和引领作用的高素质专业带头人,充分发挥专业带头人在专业建设中的作用,促进学校专业建设和教学质量的提高,特制定本办法。

1. 遴选范围

专业带头人的遴选范围为学校正式聘用的在岗从事教学及教学管理工作的专业技术人员。

2. 遴选条件

(1) 具备良好的职业道德素养和严谨的治学态度,爱岗敬业,工作责任心强,关爱残疾学生,有奉献精神。

(2) 具有较强的创新意识、开拓精神、团结协作精神,善于发挥团队整体合力。

(3) 有符合岗位要求的学历和职称。具有与任教专业对口的本科及以上学历(学位),高级讲师及以上专业技术职务。年龄原则上不超过50周岁。

(4) 具有坚实而系统的基础理论、专业知识和专业实践能力,对本专业有深入研究;熟悉行业、专业发展前沿理论,能准确把握专业发展方向;在专业建设、课程建设中发挥核心作用,具备组织本专业建设的能力。

(5) 有一年以上与任教专业相对应的实际工作岗位工作经历,或在实际工作岗位顶岗实践累计时间达到一年以上;从事本专业教学五年以上,胜任本专业2门以上专业主干课程教学和实习实训指导,课堂教学和实习实训指导效果好。

(6) 能致力于专业的教改、科研工作,近5年公开发表较高水平的学术论文2篇以上,或者主编、参编省部级以上规划教材(本人撰写部分不少于2万字),或主持校级及以上教改、科研课题1项及以上。

(7) 参与过本专业实验、实训室以及实习基地建设工作,直接参与本专业集中性实践教学环节的指导等。

(8) 具有制定专业人才培养方案和专业建设方案的能力,并能够组织实施。

3. 遴选办法及程序

(1) 名额设置:每个专业设立带头人1人。

(2) 选拔原则:客观公正、保证质量、专业相符、动态管理。

(3) 专业带头人的选拔,采取"个人申请、教研室推荐、资格审查、学校聘任"的办法进行遴选。具体程序为:

1）本人申请填写《专业带头人申报表》，并提交相关佐证材料。

2）所在教研室对申请人的申报材料进行初步审定，在民主评议的基础上，结合对申请人教学水平、专业建设、科研能力的综合考察情况，分管校长确定推荐名单及具体推荐意见报教务科。

3）教务科负责对各教研室推荐人选进行资格审查。

4）资格审查通过后，由学校教学工作委员会对申请人进行综合审议，并将审议结果报学校领导班子会议审批。

5）会议审批通过的专业带头人候选人名单进行公示，公示无异议后，学校发文公布，正式聘任，聘期为三年。

（4）对于人员条件暂不具备聘任专业带头人的专业，可以先培育有发展潜力的教师作为专业负责人，条件具备后再进行选拔聘任。

4.岗位职责

（1）恪尽职守，率先垂范，高质量地完成教学、科研等方面的工作任务。

（2）全面了解和把握本专业现状和发展趋势，负责本专业的发展规划与建设，专业建设项目申报、专业建设质量保障、专业建设经费预算等工作。

（3）负责组织开展本专业的教学资源库建设、课程建设、教材建设等工作。

（4）主持本专业人才培养方案的调研、制定和修订工作，负责开展本专业相关的技能竞赛等活动。

（5）负责做好本专业实验、实训室以及实习实训基地的建设工作。

（6）负责组建专业教学团队，积极整合资源，协调团队力量，开展专业建设及教学改革、科学研究工作，最大限度地引领和激发团队的教研、科研成果产出。

（7）负责本专业师资队伍的规划和培养工作，发挥传帮带作用，提高本专业教师队伍的整体素质，指导和培养青年教师。

（8）任期内主持或带领团队完成校级及以上教研或科研课题至少1项，并在省级及以上公开刊物发表学术（教改）论文1篇及以上。

（9）根据专业发展，完成年度专业质量分析报告，每学期举办一次本专业领域的学术讲座。

5.待遇及政策

（1）专业带头人享受相应薪酬待遇。

（2）学校对专业带头人外出考察、培训、进修、交流等给予资金支持。

（3）在同等条件下，专业带头人可优先享有评优、职务职称晋升等机会。

6.考核与管理

（1）专业带头人应制定任期内专业建设发展计划、年度工作任务。其内容主要包括专业建设发展目标、教学质量、团队科研水平、管理水平等方面以及其目标、措施和实施步骤。

（2）教研室要充分发挥专业带头人的专业优势，安排他们在教学第一线施展才干，发挥作用，并对专业带头人工作给予支持。

（3）对专业带头人工作实绩的考核实行年度考核与任期考核相结合的办法。

年度考核程序：

1）专业带头人提交年度工作总结并在学校教学工作会议上进行汇报，教务科按工作职责及工作任务的完成情况，做出考核，考核结果分为合格、不合格。

2）教务科将考核相关材料报学校教学工作委员会。上报材料包括：工作总结、教务科考核结果、代表性科研成果材料复印件、各种获奖证明材料复印件等。

3）教学工作委员会对上报的材料进行审核。

4）专业带头人的年度考核结果在全校范围内公示。

任期考核程序：

1）专业带头人提交任期工作总结并进行工作汇报，学校组织专家进行考评。考评内容包括，任期内专业建设发展目标、专业发展、结构调整、专业品牌效应以及学生技能大赛获奖等指标增量。

2）将材料报教务科。上报材料包括：工作总结、年度考核结果、代表性科研成果材料复印件、各种获奖证明材料复印件等。

3）教学工作委员会对上报的材料及专家考评结果进行审核，并提出考核意见，考核结果分为合格、不合格。并将考核结果报学校领导班子会议审批。

4）任期考核结果在学校范围内进行公示。

（4）专业带头人实行动态管理。学校在专业带头人年度、任期考核结果的基础上对专业带头人实行优胜劣汰、动态管理。年度、任期满考核结果不合格者，予以解聘并取消相应待遇。

在聘期内发生以下情况之一，解除聘用并取消相应待遇。

1）岗位发生变动，不适合兼任带头人工作者。

2）不能正常履行岗位职责，年度内或任期内未完成工作任务者。

3）发生严重教学事故者。

4）因故长期离岗者。

5.4.2 骨干教师选拔与培养

为全面提高教师素质，促进教师专业化发展，造就一支师德高尚、业务精良的残疾人职业教育师资队伍，根据学校教师队伍建设三年规划，制定骨干教师培养管理办法。

1.培养目标

（1）培养骨干教师尊师爱校，热爱残疾人职业教育事业，具有良好的师德修养、现代教育观念和创新改革意识。

（2）培养骨干教师及时了解国内外最新的教育教学理念，了解职业教育发展趋势，掌握先进的教学方法，提高教学基本技能。

（3）提高骨干教师学科的专业素养，更新教学理念，创新教学设计，为形成独特的、个性化的教学风格奠定基础。

（4）通过培养，使骨干教师在思想政治、职业道德、教学观念、专业知识、教学技能和科研能力等方面得到全面提高，成为我校教科研用方面的骨干。

（5）培养骨干教师具有较强的教育科研意识和一定的研究能力，重视教育教学科研活动，根据教育教学改革的目标任务，开展教改和课题研究，善于总结经验，具有较高的教育理论水平。

（6）促使骨干教师进一步树立终身学习的观念，自觉提升自己，带动学校教师队伍建设，实现学校与教师共同成长的愿景。

2.选拔条件

（1）基本条件：

1）任教5年以上，具有本科及以上学历，中级及以上专业技术职称，年龄在50周岁以下；

2）具有良好的思想品德和职业道德，做到严谨治学，教书育人，为人师表；

3）具有较系统的专业知识和较强的实践能力，教育教学成绩突出。有明确的发展方向，并富有创新精神，积极参加教育教学改革。

4）专业理论基础扎实，知识面广，能熟练讲授本专业（学科）2门及以上主干课程，教学模式有创新；

5）师德优良，敬业精神强，具有奉献精神和团队意识。

（2）除以上基本条件外，近五年还须具备下列条件之一：

1）省级教学成果奖完成人（团队奖排名前四）；

2）参加省级教学竞赛或指导学生参加省级以上比赛并取得优异成绩。

3）校级及以上教学科研项目主要完成人。

4）在省级及以上刊物上发表论文（第一作者）2篇以上。

3.选拔程序

本人提出申请，教研室对照条件限额推荐，教务科负责进行资格审查，学校教学工作委员会综合审议，由校长办公会批准。

（1）骨干教师一般每两年选拔调整一次，每学年进行考核。

（2）原则上，学校各专业（学科）按实际情况确立1～3名骨干教师（公共基础课按思政、语数外、音体分为三类学科）。

（3）学校建立骨干教师信息库，后备骨干教师信息库，逐层选拔培养。

（4）建立公开、公平、公正的选拔机制。

4.工作职责

（1）熟悉本专业（学科）的现状及发展趋势，配合专业带头人进行专业调研，为专业建设提供依据，参与编写专业调研报告，参与人才培养方案的制定与修订。

（2）完成专业带头人安排的专业建设与改革工作。积极参与课程建设与改革，编写课程标准、课程大纲、教材等。

（3）任期内积极参与教学科研课题的研究，积极参加本专业（学科）开展的学术交流活动。完成1~2名新教师培养任务。

（4）坚持工作在教育教学第一线，教学工作量饱满，发挥示范带头作用；承担示范课、观摩课等公开教学任务，每学期至少上一节校级公开示范课。

5.培养措施

（1）加强师德师风建设。加强教师的政治学习与师德教育，教育并督促教师自觉遵守《中华人民共和国教师法》《残疾人保障法》等有关法律法规。鼓励教师爱岗敬业、勤奋工作、乐于奉献，形成过硬的思想作风和师德修养。要创造条件让他们在实践中经受锻炼，安排其担任班主任，以提高组织能力，增长才干。

（2）加强校本培训学习。学校是骨干教师培养的主阵地，校本培训具有针对性强、受训面大等特点，通过各类讲座和培训，从教师职业道德修养与师德师风建设、如何当好一名残疾人职业教育教师、特殊教育基础理论、残疾学生的心理特点、现代教育技术理论、现代教学方法、如何上好一堂课、科研实践能力等方面进行培训。充分利用教育教学实践活动、观摩课、公开课、专题活动及常规教研活动等方法，提升教师的课堂教学水平和教学科研能力。

6.待遇

（1）为在培养范围内的教师提供参加学术交流、培训和外出学习、考察、研究的机会。

（2）支持骨干教师申报国家和省级教研、科研课题，支持参加学术团体活动；支持骨干教师进行人才需求调研，参加专业设置、课程开发等调研活动。

（3）同等条件下，在有关评先、评优、职称晋升中优先推荐。

（4）作为专业带头人后备人选进行培养。

（5）骨干教师享受1 000元/年的津贴，经考核合格按年发放，该津贴计入个人绩效。

7.管理和考核

骨干教师考核是骨干教师培养的重要内容。教务科负责骨干教师考核和管理，建立定期考核、科学评估、动态竞争的管理机制，各教研室密切配合、落实相关工作。教务科会同各教研室制定骨干教师培养方案，建立骨干教师的业绩档案。骨干教师的日常考核工作由各教研室负责；教务科根据培养方案和目的要求，进行年度考核；任期届满，教学工作委员会对骨干教师的履职情况、教学情况等，进行综合考核，考核结果由学校备案。

5.4.3 特教园丁奖评选条件

"交通银行特教园丁奖"由中国残联、教育部和交通银行于2010年共同设立，旨在营造尊师重教的良好社会氛围，倡导全社会关心支持特殊教育。每年在全国范围内表彰

100名左右的优秀特教教师。设立"交通银行特教园丁奖",就是要弘扬劳模精神、劳动精神、工匠精神,不断提升特教教师的社会地位和获得感、幸福感。

1.评选推荐范围与名额

在特教学校和普通学校附设特教班从事特殊教育工作、在普通学校承担随班就读工作的一线教师,最低工作年限为5年。全国共表彰101名优秀特教教师。

2.评选推荐条件与要求

(1)模范遵守国家法律法规和教师职业道德,符合新时代"四有"好老师标准,认真执行党和国家的教育方针。

(2)热爱特教事业和残疾学生,在本职岗位做出优异成绩。

(3)同等条件下优先评选贫困地区特教教师、残疾人教师以及从事特教工龄长的教师。

(4)以基础教育一线特教教师为主,主要履行教育行政管理职责的校长等人员原则上不参加评选。

(5)曾获得"交通银行特教园丁奖"的教师不再参加评选。

3.表彰奖励方式

授予获奖人员证书、奖金。

5.4.4 中等职业学校省级教学能手评选条件

为贯彻落实《教育部等四部门关于印发〈深化新时代职业教育"双师型"教师队伍建设改革实施方案〉的通知》和省委、省政府《关于全面深化新时代教师队伍建设改革的实施意见》《陕西省教育厅陕西省人力资源和社会保障厅关于加强中小学教师队伍骨干体系建设的意见》(陕教师〔2013〕28号)精神,促进中等职业学校课程改革,构建教师专业(学科)成长的激励机制,提高广大教师的教学科研能力,建设一支高素质"双师型"的教师队伍,省教育厅、省人力资源和社会保障厅每年开展全省中等职业学校教学能手评选活动。

1.评选对象

全省各类中等职业学校(普通中专、成人中专、职业高中、技工学校)教师及职业教育教学研究机构人员,重点是教学一线教师。已获得陕西省教学能手称号的教师不再参评。

2.评选名额

2020年全省中等职业学校拟评选省级教学能手100名,推荐名额按照各地专任教师规模分配,具体名额见《2020年陕西省中等职业学校教学能手推荐名额分配表》。各单位推荐的选手中,公共基础课教师占比不超过50%。

3.评选条件

(1)资格条件。参评教师应具备以下基本条件:

1)本科及以上学历,持有中等职业学校(含高中)教师资格证书或技工院校教师上岗资格证书，专业课教师还应具备相应专业职业资格；

2）年龄不超过55周岁，身心健康；

3）教龄3年以上，具有初级及以上教师专业技术职务；

4）近三年年度考核结果均为合格以上等次；

5）近三年接受县级及以上教师继续教育培训年均不少于72学时，并取得培训合格证书；

6）近三年到企业或生产服务一线实践（考察、调研和学习）年均不少于1个月。

且须同时具备下列条件之一：

1）2015年以来在省教育厅举办的中职学校教师信息化教学大赛或教学能力比赛中获得三等奖及以上奖项的教师；

2）在全国职业院校教师教学能力比赛或全国技工院校教师职业能力大赛中获得奖项的教师；

3）近三年在全国或全省中等职业学校学生技能大赛中荣获优秀指导教师奖人员；

4）近三年在省级人社部门组织的教学能力（说课、微课等）竞赛中获三等以上奖项人员。

（2）素质要求。

1）热爱教育事业，认真贯彻党的教育方针，具有良好的职业道德素养，爱岗敬业，关爱学生，为人师表，教书育人；

2）熟悉教育法规，教学理念先进，教学功底扎实，教学特色鲜明，教学方法新颖，教学效果显著；

3）具有较强的现代教育技术能力，能够熟练地将现代教育技术运用到课堂教学中；

4）对产业、行业和专业有较深入理解，熟悉中职教育专业教学标准和课程标准；

5）在专业教学领域发挥骨干带头和示范引领作用，教学能力和水平在当地受到师生、同行和社会好评。

（3）教学实绩。

1）任教以来坚持在教育教学一线工作，近三年年均完成教学工作量360学时以上；

2）能够独立掌握所教学科的课程标准和教学大纲，对所任学科的教材体系有全面系统的研究；

3）出色完成本学科教学工作，教学效果好，学生和教师评议优秀率均达90%以上；

4）胜任班主任和辅导员工作，教育效果好。

（4）教研能力。

1）掌握教育教学研究方法，积极开展教育教学研究和创新实践；

2）公开发表1篇学科专业论文，或撰写的教改论文、研究报告在县级及以上级别的研讨会上交流；

3）在教育思想、课程改革、教学等方面取得创造性成果，校本教研成效显著，获得市级教育部门和同行专家的肯定性评价，教学改革经验得到市级教育主管部门推广；

4）获得全省中职学校微课教学大赛三等奖及以上奖项；

5）近三年获全省中职教育教学优秀教科研成果评选三等以上奖励。

（5）在同等条件下取得以下成绩之一的教师优先推荐。

1）教育部"全国职业院校教师信息化教学大赛"获奖者；

2）全国职业院校学生技能大赛三等奖及以上奖项获奖者的指导教师；

3）中国职教学会"创新杯"教学设计大赛三等奖及以上奖项获得者；

4）市级及以上教育部门职业教育优秀教学成果获奖者；

5）近三年主持1项市级或参与1项省级及以上级别教育教学研究课题或教改项目；

6）在产教结合或技术推广等方面获得市级及以上有关部门表彰者；

7）入围世界技能大赛国家集训队指导教师，荣获"思政课省级优质精品课堂"称号的教师，"全国技工院校创业创新大赛"获奖指导教师。

4.评选程序及办法

（1）教学能手的评选程序采取学校推荐，市级组织审核、比赛、初评，省级复核、决赛、评选认定的方式进行。各市（区）教育行政部门组织所属县（区）初赛，推荐人选参加省级决赛；省属中等职业学校组织校级选拔后每校推荐1~2人参加省级决赛。市属技工学校由各市（区）人社部门组织初赛后报省人社厅，省管技工学校每校直接推荐1~2人报省人社厅，由省人社厅确定参加省级决赛人选。

（2）省教育厅、省人力资源和社会保障厅将分别组织省级决赛。比赛办法采取现场随机抽题进行说课答辩（10分钟）、上微型课（30分钟）的方式进行。评委依据评分标准进行打分排序，提出"教学能手"初选名单，经陕西省教学能手评选工作领导小组研究审议后，最后由省教育厅、省人力资源和社会保障厅授予教学能手称号，并颁发证书。

（3）比赛内容涵盖所有公共基础课程（思想政治、语文、历史、数学、外语、信息技术、体育与健康、艺术、物理、化学）以及各专业类的专业（技能）课程。

5.相关待遇及政策要求

（1）落实相关待遇。各地、各校要落实好教学能手津贴，对在乡村教师岗位工作的按照每人每月500元标准发放；对在城区学校工作的按照每人每月200元标准发放。教学能手在申报高一级教师职称时优先晋职，并免教育教学技能测试。

（2）发挥引领作用。获得教学能手等骨干称号的教师，应在教师队伍建设中发挥示范引领和辐射带动作用。各市、县要采取多种措施，切实加强对教学能手的考核、管理和使用，积极创设条件，为其发挥骨干作用提供必要的支持和保障，鼓励教学能手到乡村学校任教交流或定点帮扶。

（3）实行动态管理。

1）各级教学能手实行动态管理，原则上每5年为一个使用考核周期，由所在单位分年度考核，县（区）级教育行政部门复核，并对任期满5年的教学能手实行周期考核，考核结果作为继续连任的依据。

2）在使用周期内未认真履职，经周期考核不合格或本单位年度考核有1次不合格的，取消教学能手荣誉称号和相应待遇。凡离开教育教学岗位，或年度考核不合格，或使用周期结束经考核不合格的不再享受教学能手相关待遇。经组织同意，从乡村学校调配到城区学校的，其享受的教学能手津贴应作相应调整。

3）获得省级教学能手及以上骨干教师称号和荣誉的，原则上应在本县区服务至少三年方可流动。对未经组织批准，私自流动（含辞职）或被县域外学校聘用的教学能手，取消相关待遇，终止其骨干培养与晋级资格。

5.4.5 教师队伍建设情况（以陕西省城市经济学校为例）

陕西省城市经济学校自2010年开展残疾人中等职业教育工作以来，高度重视学校的专业规划和建设工作，先后组建学习团赴江苏、浙江、山东、湖南、新疆等地的残疾人中等职业学校进行学习和调研，在学习兄弟省市成功经验的基础上，结合不同类型残疾人的学习、工作特点，及陕西省经济发展和市场需求情况，先后面向听力、视力及肢体残疾人开设了计算机平面设计、工艺美术、服装设计与工艺、中医康复保健（针灸推拿）、数字媒体设计与制作（电大）等专业。学校组建专门调研团队，从行业背景、人才供需情况及教学管理条件、残疾人学习能力、专业建设思路等多方面对在本校设置中餐烹饪（中西面点方向）专业进行了全面的调研。经过调研分析，学校认为中西面点人才缺口量大，不同类别的残疾人都有一定的学习就业能力，包括低智力残疾人。学校开设了中餐烹饪（中西面点方向）专业，并面向更多的残疾人实施中餐烹饪（中西面点方向）的中高级技能培训，最大程度地做好残疾人的职业教育工作。

调研团队通过分析，针对特殊教育专业师资队伍建设提出了残疾人职业教育师资队伍建设中存在的一些障碍，尤其是精品专业的建设和发展，比如：专业课教师配置不足，尤其是专业性强的工艺美术、服装工艺与制作、中医康复保健（针灸推拿）等专业师资队伍缺乏，中餐烹饪（中西面点方向）专业建设目前也存在着高水平专业课教师配置不足的问题；对特殊教育理论及其专业的学习和研究还有待再深化；个别教师由于受专业结构的影响，转型没有完成等，针对这些问题该校提出了具体的建设意见和措施：

目前该校有专兼职教师67人，其中专职教师23人，兼职教师44人。教师中高级职称14人，中级职称29人，初级职称24人。从学历状况上看，大专学历2人，本科学历47人，研究生学历18人（正在读研的12人）。为尽快适应残疾人中等职业教育的要求，学校通过社会公开招考、师资转型培训等方式为现有专业配备了一定的专业教师，基本满足了目前开展残疾人职业教育教学的需要。一是依托人事制度，通过招考和人事代理，对专业要求强、转型难的专业选拔了5名急缺的专业教师，并面向社会招聘了5名高级技术人才担任教学实训指导，初步满足工艺美术、服装工艺与制作及中医康复保健（针灸推拿）专业的教学需求。二是通过转型培训，为每个专业配备一定数量的专兼职教师，确保教学的顺利进行。学校先后对全体教职员工开展了手语、盲文、残疾人工作相关法律法规等专业知识的转型培训，尤其是手语，该校教师不仅取得了省职业技能鉴定中心的国家手语翻译员鉴定资格，而且还有一大批老师通过努力取得了初、中级手语翻译员的从业资格证，极大程度地促进了学校教学和管理工作的开展。学校承担了陕西省第五届残疾人技能大赛的手语服务工作。学校先后安排48人次参加了中残联举办的特殊教育师资培训，内容涉及到特殊教育理论、职业教育和特殊教育的通识性、盲教育、聋教育及盲文和手语的学习；结合专业开设情况，对于紧缺的专业课教师，先后选派了7名骨干教师到高校或专业机构通过课程进修培养人才，内容涉及到烙画、陶艺、影视后期制作、平面广告设计与制作等方面。三是通过骨干教师培训，不断提升教育教学质量。学校近年来先后安排10人次参加了教育部举办的国家级中等职业学校骨干教师师资培训，内容涉及到工艺美术、服装设计与工艺、计算机应用及网站建设等方面；安排17人次参加了省教育厅举办的省级中等职业学校骨干教师师资培训，内容涉及到教学管理、工艺美术、服装设计与工艺、计算机应用技术、计算机动画制作及心理学等方面。

第6章　陕西省残疾人职业教育校企合作情况

6.1　校企合作模式

陕西省残疾人教育学校大部分以初等教育为主，中等职业教育资源与高等职业教育阶段资源有待提升。大多数学校和当地企业开展合作的情况较少，只有少数学校有过合作经历且都是短期培训，没有形成一定规模、长期固定的校企合作机制，只有少数中等职业学校与企业采用订单班和现代学徒制培养模式进行合作。据统计数据显示，全省开展校企合作学校有10所。其中，与5家企业合作的学校1所，与4家企业合作的学校2所，与3家企业合作的学校1所，与2家企业合作的学校4所，与1家企业合作的学校2所。开展订单班人才培养1所，开展现代学徒制人才培养1所，开展"2.5+0.5"人才培养模式1所。大多数初等职业学校基本上都是与当地企业合作，实施就地学习、当地就业模式。有些学校只初步与合作企业达成合作意向，很多学校在校企合作方面没有取得实质性进展。其中在校企合作方面做法比较突出的为陕西省城市经济学校与陕西省自强中等专业学校这两所学校。陕西省城市经济学校服装设计与工艺专业"东渡纺织班"校企合作模式，采用企业冠名，订单培养模式，学制采取"2.5+0.5"，即学生在校学习两年半，进企业顶岗实习半年，毕业生班采取冠名班的形式整班进入企业顶岗实习，该学校的做法取得不错的成效。陕西省自强中等专业学校的中医康复保健专业与武汉康之道健康管理股份有限公司联合建立现代学徒制人才培养新模式；电子技术应用专业与西安牛人科技有限公司建立订单班人才培养模式。

6.2　校企合作的内容

6.2.1　现代学徒制模式

陕西省采用现代学徒制模式的残疾人职业学校主要是通过与企业的深度合作，与教师、师傅的联合传授，共同推进学生技能学习。采用现代学徒制的学校一般是联合企业共建相关专业"现代学徒制"人才培养方案，明确现代学徒制岗位培养的目标和标准，制定工学交替、交互训教的教学组织方法，规划企业师傅和学校老师共同承担的教学任务，引入合作企业的企业文化、职业道德、制度规范等通识课程。校企双方合作共建校企联合招生招工一体化方案，明确学徒的企业员工和职业学校学生双重身份，保障学徒的合法权益；共建标准体系建设，促进课程内容与职业标准对接，教学过程与生产过程对接；共建学徒培养的管理制度和相关标准。这种模式是推进现代职业教育体系建设的战略选择，是深化产教融合、校企合作，推进工学结合、知行合一的有效途径，也是培养学生社会责任感、创新精神、实践能力的重要举措。

6.2.2 订单班模式

陕西省部分残疾人职业教育学校采用"订单班"模式的校企合作，这种模式是由学校和企业双方共同制定人才培养方案，签订用人合同，双方在师资、技术、办学条件等方面开展合作，共同负责学校的招生、培养、就业等一系列的职业技能教育教学的办学模式。通过订单班培养出来的人才是企业和院校一起合作，按照企业的意愿共同培养出来的忠诚于企业发展的高质量劳动力。这是残疾人职业教育为企业和区域经济发展服务的一种有效形式，学校根据专业设置和发展，以及公司实际需求情况，以订单委培式培养模式，实现了学校与企业用人的有效衔接。学生在毕业前开始在订单班进行定向培养，由企业指定有经验的工程师或管理人员作为指导老师进行为期半年的订单式培养。培养结束后，由企业安排考核，通过考核的学生开始到企业进行顶岗实习，企业、学校、学员签订三方协议。毕业后通过考核的学生成为企业岗位的专业员工。这种模式，不仅有效地解决了学生的实习和就业问题，而且学生能够提早进行较好的职业生涯规划。

6.3 校企合作发展的对策建议

针对陕西省残疾人职业教育校企合作发展动力不足的现状，建议首先要加大残疾人职业教育财政支持力度，投入大型实训基地建设，完善校企无障碍设施，创造有利于校企合作的硬件环境。其次建立工学结合的应用实践体系。残疾人职业教育是培养较高素质的应用型技术人才，不是采取传统的准备式职业教育模式而主要是支持性的职业教育模式。政府和学校需要根据市场的需求，开拓就业机会，再根据工作条件和残疾人自身特点的匹配程度，为残疾人提供密集性训练、现场辅导和跟踪支持，帮助残疾人大学生实现从学校到企业的过渡。再通过减免税收、财政补贴等方式敦促企业履行社会责任，积极参与残疾人职业技术教育的实践培训工作。在校企合作人才培养过程中，为保证人才培养质量，特殊职业院校要重视教师团队教学水平的提升，在教师的选拔聘用中要严格把关，对教师的职业技能和知识进行严格考核。同时，教师也要定期接受培训，了解企业的发展现状，与时俱进，为职业技能人才的培养打好基础。希望通过多方协力，改善残疾人职业教育校企合作发展的现状。

6.4 校企合作案例

6.4.1 现代学徒制（以陕西省自强中等专业学校为例）

现代学徒制是通过学校、企业的深度合作与教师、师傅的联合传授，对学生以技能培养为主的现代人才培养模式；是由企业和学校共同推进的一项职业教育的新型育人模式。现代学徒制是产教融合的基本制度载体和有效实现形式，也是国际上职业教育发展的基本趋势和主导模式。与普通大专班和订单班等人才培养模式不同，现代学徒制更加注重技能的传承，由校企共同主导人才培养，设立规范化的企业课程标准、考核方案等，体现了校企合作的深度融合。现代学徒制有利于促进行业、企业参与职业教育人才培养全过程，实现专业设置与产业需求对接，课程内容与职业标准对接，教学过程与生产过程对接，毕业证书与职业资格证书对接，职业教育与终身学习对接，提高人才培养质量和针对性；是推进现代职业教育体系建设的战略选择，是深化产教融合、校企合作，推进工学结合、知行合一的有效途径，也是培养学生社会责任感、创新精神、实践能力的重要举措。

陕西省自强中等专业学校是一所对视力、听力语言、肢体障碍学生进行职业教育的残疾人教育学校，承担着适龄残疾人中等职业技术教育培训的重要职责。学校以残疾学生类别多、规模大、专业设置合理、办学特色鲜明而在全国残疾人教育领域享有较高声誉，目前学校正在申请创建陕西残疾人教育职业技术学院。学校建校60多年来始终坚持面向民政、面向特残困难群体开展职业技能教育的办学方向，教育教学特色鲜明，师资力量雄厚，专业设置合理，为社会培养了上万名各类技术技能型人才，学生走向社会后，靠一技之长，自食其力、自主创业、奉献社会。其中中医康复保健专业作为学校的龙头骨干专业，主要招收以视障、轻度肢残、部分健全学生为主的15~25周岁的初中毕业学生为主，对选择该专业的视力障碍学生和健全学生实施"全纳教育"理念，残健融合，同班学技能，同步学习，同住食宿，共同参与丰富多彩的校园文化活动，体现教育公平，消除歧视，发展特长。

湖北康之道健康管理有限公司位于名城武汉市，成立于2005年，技术团队多达200余人，且都毕业于全国各地的知名按摩院校中医推拿专业，技术手法精湛，临床经验丰富，能充分满足各类客户的需求。公司经营推拿按摩、足疗保健、健康咨询等项目，是湖北省兼顾保健养生与推拿理疗的知名品牌。康之道盲人按摩以人才的核心竞争力作为企业发展的驱动力，目前大学以上学历员工已占员工总数的66%以上。武汉康之道盲人按摩有限责任公司业务网络遍及湖北，逐步形成向全国其他省市辐射的趋势，已为许多客户提供了优质服务，用心赢得了众多企业的信赖和好评，在湖北地区逐渐树立起良好的品牌形象。

根据《教育部关于开展现代学徒制试点工作的意见》（教职成〔2014〕9号）、《国务院关于印发国家职业教育改革实施方案的通知》（国发〔2019〕4号）、《教育部办公厅关于全面推进现代学徒制工作的通知》（教职成厅函〔2019〕12号）、《陕西省高水平示范性中等职业学校建设三年行动计划（2018—2020年）》（陕教职办〔2018〕7号）等文件相关要求，从2019年8月开始，中医康复保健专业与合作企业湖北武汉"康之道健康管理有限公司"校企合作，试点"现代学徒制"人才培养模式。校企共建了该专业"现代学徒制"人才培养方案，既落实了《教育部关于职业院校专业人才培养方案制订与实施工作的指导意见》（教职成〔2019〕13号文件）要求，又明确了现代学徒制岗位培养的目标和标准；明确了工学交替、交互训教的教学组织方法；明确了企业师傅和学校老师共同承担的教学任务，引入合作企业的企业文化、职业道德、制度规范等通识课程。校企双方合作共建校企联合招生招工一体化方案，明确学徒的企业员工和职业学校学生双重身份，保障学徒的合法权益；共建标准体系建设，促进课程内容与职业标准对接，教学过程与生产过程对接；共建学徒培养的管理制度和相关标准。经过前期近一年的市场调研、实地考察，2020年10月，现代学徒制的校企合作正式启动运行，组建了15人的现代学徒制班级，校企双方本着合作共赢、职责共担的原则，充分发挥各自优势和潜能，创新合作机制，积极开展现代学徒制试点工作。

6.4.2　企业订单班（以陕西省城市经济学校为例）

陕西省城市经济学校是陕西省残联直属的残疾人职业技术学校，是一所以残疾人职业技术人才培养为中心，集大中专教育及多种技能认证培训为一体的全日制公办省级重点中等专业学校。学校贯彻"以人为本，质量立校"的原则，深化教育教学改革，注重学生的品质和能力培养，以"提高残疾人职业教育质量，促进残疾人高质量就业"为宗旨，在"高素质，强能力，重实践，宽基础"为核心的教学方针指导下，通过不懈努力与探索，建立了符合残疾人特点的人才培养体系，为社会输送了一大批优秀毕业生。其中，学校服装设计与工艺专业毕业生就业率最高，每年培养的学生对于市场来说供不应求。

下面以学校服装专业为例分析陈述校企合作开展情况。

1. 立德树人，培养良好职业行为习惯

要想促进残疾人高质量就业，提高残疾人职业教育的质量是必要前提，只有残疾人自身具备优秀的职业素养，才可能实现高质量就业。优秀的职业素养，包涵了良好的职业道德，正面积极的职业心态和正确的职业价值观，以及扎实的职业知识能力和良好的职业行为习惯。

陕西省城市经济学校对内始终狠抓教育质量，通过一系列措施促进学生职业素养提高。学校通过举办各类竞赛、活动，提高学生职业知识能力，激发学生对专业的热爱。例如服装设计与工艺专业每年通过红五月技能艺术节举办服装专业技能竞赛；定期组织学生参加职业技能鉴定，考取职业资格证书；在每年的文艺汇演上编排服装作品走秀节目，让学生穿着自己的作品在舞台上展示。同时，在校期间学生的德育课、核心专业课要开足开实，真正做到立德树人。职业教育不单指教师教授残疾学生基本的职业技能，同时包含职业道德等方面知识的传授。职业道德是学生参加就业所必须遵循的道德规范，这是一个行业应有的规则，是不容被忽视的，也是不容被侵犯的。因此，通过特校职教培养残疾学生，使其提高职业道德和职业技能，才能成为适应社会要求的社会主义建设者和接班人。以服装设计与工艺专业为例，学生在校的每个学期都有一门德育课，周课时量不少于2节，由于服装专业为听障类学生，为确保学生的学习效果，要求德育课老师必须掌握熟练手语；学生的专业类核心课程如服装缝制工艺，要求周课时量不得少于8节；为了使学生更好的适应企业流水化、计件化的工作模式，专业还开设了服装生产课，模拟实际工作环境，在课堂上编排流水线组织学生进行生产实习，考试成绩按学生个人的工作量进行打分。

通过这些举措，能使学生从入校就逐渐提升职业素养，为今后顺利走向工作岗位打好坚实基础。

2.做好转衔服务，加大毕业前顶岗实习管理力度

学生具备了优秀的职业素养，并不代表就业就会一帆风顺，来自各方面的阻碍还需进一步处理妥当，才能实现真正的高质量就业。因此，学生顶岗实习期间的转衔服务工作必须做到系统、周密。学校应作为主体，联合学生家庭和企业用人单位两方面力量，加强联系，形成合力。

陕西省城市经济学校服装设计与工艺专业采取"2+1"学制，即学生在校学习两年，进企业顶岗实习一年。在校第四个学期，由学校招生就业办公室牵头，举办残疾人招聘会，吸引大量企业来校招聘，为残疾学生找工作提供便利。服装设计与工艺专业由于与合作企业关系良好，毕业生班采取冠名班的形式整班进入企业顶岗实习。因为省内服装企业普遍劳动报酬低，食宿环境差，而东南沿海地区为服装行业集中地区，并且相对劳动报酬高，食宿环境好，所以学校为服装专业的学生联系了省外工作岗位。为了使残疾学生家长放心，支持学生赴外省就业，学校招生就业办公室利用招聘会期间邀请学生家长来校与企业见面。会上用人单位会详细为残疾学生家长介绍企业的工作环境、薪资待遇等问题，招生就业办公室会对学生外出实习的安全防范措施、实习管理工作流程做以介绍，打消家长的顾虑。取得残疾学生家长的认可和支持，是落实学生高质量就业的第一步。

此外，学校还需要与用人单位加强沟通联系，学生进用人单位顶岗实习的一年是促进学生平稳过度为职业人的关键一年。该时期工作思路分为两步走：第一步，学生进入用人单位开展岗前集训；第二步，学生开始在学校的管理下进行顶岗实习。

学生进入用人单位开展岗前集训，该阶段时长一般为半个月左右，岗前集训阶段学校拿出专项资金请用人单位对学生进行必要的入职前培训，内容包括熟悉企业工作生活环境、了解企业各项规章制度、掌握工作岗位上的各种机器操作使用方法、熟悉企业各

类服装的工艺流程和技术指标等，让学生快速熟悉融入新环境，同时明确自己的工作任务。该阶段学校会指派一名班主任与一名专业教师带队，全程负责翻译、讲解以及专业技能辅导，做好学生与用人单位之间的沟通工作，并帮助解决学生在此期间遇到的各种困难，安抚学生情绪。除此之外，为了使用人单位与学生实现更好的沟通，教师还会专门为企业管理层人员培训手语，当学生看到周围人都能使用手语沟通时，对陌生环境的恐惧感能够得到很好的消除。

学生在学校的管理下进行顶岗实习，该阶段时长为一年，顶岗实习阶段将由企业拿出专项资金，用于对刚入职学生的工资进行补贴，改善生活条件。工资补贴、生活环境提升是稳定残疾学生就业情绪，降低离职率的关键手段。由于服装生产企业普遍采用计件制，员工的个人工作效率直接与其工资水平挂钩。刚刚进入工作岗位的残疾学生工作效率当然不能与老员工相比，为防止工资差距对学生心理造成打击，企业在学生顶岗实习的前三个月采取工资补贴制。即根据学生的工作表现给与每人每月700元到1500元不等的补贴，使学生工资不低于3000元。待到学生逐渐熟能生巧后，再取消工资补贴。由于学生在校期间本身就具备扎实的专业基本功，再经过用人单位在薪资待遇上表现出的肯定，残疾学生很快能够安心工作，融入工作环境，成长为企业的合格员工，从而实现高质量就业。生活环境提升，包含免费为学生提供床上用品、生活用品、在节假日组织学生外出游玩等。生活环境的提升，有助于学生对企业产生良好印象，激发学生的工作热情。此外，顶岗实习阶段企业有专人负责管理残疾学生，对于学生出现的异常情况及时与学校沟通，共同妥善处理。该阶段班主任还将继续负责对学生的管理，包括每周通过微信等通信手段访问学生，了解学生近况，督促学生写好实习报告，引导学生建立正确的职业观等。

实践证明，学校、家长、用人单位紧密合作，加大毕业前顶岗实习管理力度，做好转衔服务工作，是促进残疾学生就业稳定性的关键。

3. 优化人才培养模式，加强校企合作力度

陕西省城市经济学校服装专业与用人单位的紧密合作不是一蹴而就的，起初学校与用人单位的合作仅仅限于向企业输送一小部分毕业生。由于毕业生体现出的优秀职业素养，吸引企业愿意与学校继续加深合作。之后，服装专业有了以用人单位名称命名的冠名班，用人单位愿意接收全部服装专业的学生就业。

学校赴用人单位实际考察，就今后如何深化职教改革、促进产教融合、培养企业需要的技能人才等问题进行深入交流与探讨。优化服装专业人才培养模式，在校内根据合作企业的工艺流程及技术要求开设相关内容的生产课程，编写实习指导用书，邀请企业技术人员来校给学生上课，加强学生专项技能的锻炼，提高学生操作的熟练程度，促使学生更快融入企业工作环境。并在此过程中探索产教融合的可能性，以及选用优秀残疾人管理残疾人员工的可能性，为残疾学生职业发展提供更多的上升机会，真正实现残疾人的高质量就业。

第7章 陕西残疾人职业教育培训体系情况

7.1 职业培训概况

残疾人职业培训指的是有一定就业条件但是却没有就业,对需要转换自身职业或者需要提升技术水平的残疾人开展的职业技能培训。其中包含的内容是就业前培训、岗前培训以及在职训练等。从残疾人职业教育学校的办学实践来看,在实际办学过程中,残疾人职业教育学校不仅承担着学历教育的任务,还承担了大量的在职职工培训、农村富余劳动力转移和新农民培训、下岗职工和复转军人再就业培训等,说明学历教育和非学历教育是一体化的。职业教育和培训是互为补充的两个方面。职业教育和培训各具特点,职业教育的特点是学历性、系统性、全面性、专业性;培训的特点是资格性、专项性、更新性、强化性。两者之间具有互补性,一是学习目标上互为补充,二是职业生涯上互为支撑,三是职业教育功能特征上互为延展。陕西省残疾人教育属于职业教育的范畴,应当承担起在残疾人教育领域职业教育和职业培训的历史重任。

在社会经济持续高速发展的背景之下,一方面可以为残疾人物质生活做出保证,另一方面也是对残疾人的生存及发展提出更大的挑战。针对有就业能力的残疾人来说,成功就业是残疾人积极应对社会挑战,参与到社会生活当中,并将自身价值充分展现出来的重要途径。十分强烈的就业意识让残疾人迫切地希望参与到各种类型技能培训活动当中,但是残疾人职业技能培训,从整体上进行分析仍然显得十分薄弱,难以满足残疾人应对社会挑战的实际要求。

现阶段残疾人职业技能培训工作,一般情况下使用"从学校到工作"这样一种衔接模式,重视的是职业技能培训机构在残疾人职业技能培训中起到的作用,逐渐演变成单一的从技能培训到获取工作的单项衔接模式。残疾人从培训到工作之间的双向互动衔接没有得到应有的重视,"培训和培训"以及"工作和工作"之间的衔接也没有得到应有的重视。换一种说法,就是难以构建出来从残疾人职业培训到工作,再从工作到职业培训;从残疾人职业培训转换到另外一种职业培训;从工作转换到另外一种工作的多元化交叉网络系统,各种职业教育的渗透性没有得到应有的重视。

7.2 职业培训的对策建议

教育部等四部门《关于加快发展残疾人职业教育的若干意见》指出，各职业院校要积极参与政府购买残疾人职业技能培训服务和残疾人职业培训基地创建工作，针对劳动力市场需要、残疾人的实际，开展形式多样的职业技能培训和创业培训。

1. 加强市场调研

加强市场调研，开辟新的职业培训项目。由于经济社会发展提速，科技发展水平提高，社会对新形势下人的能力要求越来越高，残疾人职业教育学校要积极开展市场调研，寻找适合残疾人教育类型的增长点，整合教育资源，开辟新的职业培训项目，为我省经济社会发展贡献力量。

2. 明确培训需求

要将残疾人职业技能培训工作妥善完成，需要在本地区当中构建残疾人求职登记信息库，对有劳动力但是尚未就业的残疾人数量要准确掌握，清晰地认识到不同类型残疾人的职业技能的实际需求，更应当了解本地区市场对残疾人提出的岗位实际需求。切实依据实际需求开展职业技能培训活动，各级残联应当切实遵循先培训、后就业这一项原则，提升残疾人职业技能培训力度。依据市场实际需求，改善以往的盲目培训模式；依据本地区实际情况，使用集中培训和分散培训相互融合的方法；组织残疾人参与到多种形式的职业技能培训中，在残疾人有兴趣参与学习的情况之下，能够促使培训效率及水平得到大幅度提升，并吸引更多的残疾人积极地参与到职业技能培训中。

3. 开发新的职业培训内容

针对残疾人自身特点，开发新的职业培训内容。由于科技的迅猛发展，很多需要人工或体力劳动的工作逐渐被现代科技替代。我们需要与时俱进，针对残疾人自身特点，积极探索，改革创新，开发新的职业培训内容，形成错位发展、梯队建设、分层管理的新局面。

4. 创新体制机制

残疾人教育要适应最新职业岗位要求，对培养目标进行细化，对标准等级之间进行规范区分。要按照培育标准制定系列课程包，以便能作为相对独立的教学模块，分专业、分层次进行教育与培训。大力度实施教务、学籍、就业等方面的改革，以便能够通过学分累积、学分互认等制度创新，使职业教育和职业培训有机地结合起来。切实打破教育资源在学校之间、专业之间、教研部门之间、校企合作之间的壁垒，着眼于以人为本、人人出彩、学生全面终身发展的要求，做好职业教育和培训真正的有机整合。残疾人教育和培训各自的运行方式、计量方式和教育付出方式各不相同，残疾人学校必须在顾及教育规范管理的同时，充分重视培训的特点，通过大力度的机制体制改革创新，制定规范制度，形成激励机制，调动各方积极性，从根本上改变职业培训在学校教育的边缘化地位。

5.丰富培训形式

现阶段残疾人职业技能培训内容逐渐丰富起来，也逐渐解决内容单一及方式单一等问题，打造出来了一些特色项目。各种培训模式充分利用社会公共资源，为学习者提供实习场所，使残疾人一边学习一边参与到岗位实训当中，加强和企业联合办学，提高培训的效率及效果。残疾人就业培训和就业安置基地，是由残联和当地企业或者职业技术培训机构合作，应用"定向培训、定向就业以及集中管理"的模式，引导残疾人掌握劳动技能并在培训结束之后安排就业，解决残疾人日常学习生活中遇到的问题。定向培训其实是将企业实际岗位需求作为依据，来对残疾人开展培训。在此背景之下有利于提高残疾人的岗位适应性，让残疾人可以更为轻松的融入社会当中。

6.争取更多的社会资源

积极对接市场，争取更多的社会资源。积极开拓市场，争取获得政府、行业和企业的认可和支持。将社会各方资源灵活运用，加强与政府、行业和企业的交流和沟通，充分利用社会资源，开拓能适应当前社会发展的新项目，抢占发展高地，为陕西省残疾人教育事业做出新的更大的贡献。

7.3 职业培训案例（以陕西省城市经济学校为例）

1.培训基地介绍

基地依托陕西省城市经济学校良好的教育教学资源优势，紧密结合陕西省经济社会发展和残疾人就业市场的需求，以促进残疾人就业创业为宗旨，大力开展面向残疾人的职业技能、岗位能力提升和创业培训，不断提升残疾人职业素养和就业创业能力。陕西省城市经济学校是一所省属全日制公办省级重点中等职业学校，始建于1982年，隶属于陕西省残疾人联合会。学校针对听障、视障、肢体功能障碍和轻度智力障碍的学生开展职业技能学历教育，面向残疾人开展大规模、高质量的职业技能培训，形成大、中专学历教育与残疾人培训并举并重的办学格局，为实现残疾人更高质量和更充分就业提供有力支持。

学校积极探索残疾人职业教育规律，全面贯彻落实《中华人民共和国职业教育法》《残疾人教育条例》和《残疾人就业条例》等法律法规，坚持"以服务为宗旨，以就业为导向"的办学方针，秉承"以德立身，学以致用"的校训，注重残疾人"自尊、自信、自强、自立"精神的培养。经过多年的发展，学校在残疾人职业教育与培训方面取得了显著的成绩，获得"省扶残助残先进单位""国家残疾人职业培训示范基地""陕西省残疾人就业培训示范基地""全国特殊人才艺术培训基地""陕西省特殊人才体育训练基地""盲人医疗按摩培训基地"等荣誉。

学校管理制度健全，先后制订、修订了《专业群带头人遴选及考核管理办法》《骨干教师选拔培养》《学生参加职业技能竞赛奖励办法》《专业技术岗位聘用、考核办法》《实训室管理办法》《单位"三重一大"制度》等有关教学管理、行政管理、学生管理、党员教育等方面的文件及相关制度。从综合管理、教学、后勤管理等方面建立了完善的管理制度体系，并印制了学校管理制度手册。尤其在培训制度方面，制定了《残疾人职业技能培训管理实施办法》《陕西省残疾人就业培训基地培训费管理办法》《学员考勤管理制度》《班主任管理制度》等制度和办法，进一步规范了基地的管理，提升了基地的服务水平和能力。

学校高度重视残疾人就业培训工作，配备了专任的基地负责人、项目负责人和教学负责人。由培训科全面负责残疾人培训项目的组织、管理、实施和协调。形成了以学校财务科、行政科、保卫科、学生科及各教研实训室为依托的服务管理体系，各部门分工明确，职责分明，团队协作能力强，服务到位。

基地学习生活环境优越，配有可同时容纳300人，集培训、就餐、住宿于一体的各类设施。学校餐厅由专业的餐饮服务企业运营，餐饮企业资质齐全、管理规范、环境卫生整洁、价格合理、服务到位。财务科严格按照财务管理制度和审计法规对残疾人培训项目经费单独核算，专款专用，账册、报表、凭证齐全，账账、账表、账物相符。

学校各大楼均配有残疾人专用电梯，残疾人学习、生活的无障碍设施设备齐全。消防设施齐全完好，消防通道通畅。学校还专门成立了安全工作领导小组，配备了专职管理干部和保卫人员，建立规范的学校安全工作网络体系，认真贯彻执行学校有关安全管理的工作要求，制订了《校园安全管理规定》《值周工作制度》《陕西省城市经济学校突发事件应急预案》《突发疾病应急处理预案》《食物中毒事故处理应急预案》《陕西省城市经济学校安全责任追究制度》《陕西省城市经济学校社会治安综合治理管理办法》等预案和制度；定期召开安全会议，做好日常巡查、消除安全隐患，为残疾人创造安全的学习生活环境。

2.培训教学管理

为充分发挥"国家残疾人职业培训基地"的示范引领作用，带动和辐射陕西省残疾人职业培训基地的规范发展，全面提升陕西省残疾人职业培训水平和质量，我们严格执行有关残疾人职业培训法规和政策，加强教育教学管理，全面提升培训层次和质量。

（1）项目管理。

1）面向市场，合理制定培训计划。紧密结合陕西省经济社会发展和残疾人就业市场的需求，制定全年培训计划，按照适用、发展、关联的原则科学设置培训项目，合理安排培训周期，集约配置教学资源。

培训项目的设置要与陕西省的经济发展和产业结构及残疾人就业基地和福利企业发展的需要相结合，与残疾人的身心发展相适应，高度贴近职业需求，使他们能更好的获得适合自己的、有发展空间的职业，同时项目的设置还要与学校的教育教学资源相适应。

培训项目的设置要满足残疾人可持续发展的需要，为残疾人的进一步发展和终身学习创造条件；要能实现项目自身的可持续发展，使项目具有调节、发展、更新的能力，不断培养高素质的人才。

培训项目的设置要注重专业的关联性，从细化技能操作入手，开发不同的培训方向形成项目群。如以计算机平面设计为基础，设置平面设计及后期制作、数媒摄影及后期制作、海报设计、FLASH动画设计等培训项目；以计算机办公自动化为基础设置文本处理、办公自动化应用、计算机软硬件组装与维护等培训项目；以手工艺制作为基础设置剪纸、插花、盘扣等培训项目；以工艺美术为基础设置烙画、陶艺等培训项目。这样，每一个培训项目都不是孤立的，项目群内各项目之间相互影响、衬托、协调发展，而且可以很好地实现教师及实习实训设施设备的共享，有利于组织教学，提高设备的使用率，提高培训质量。

2）深入调研，优化人才培养方案。认真研究残疾人职业培训的规律和特点，组织教学和实践经验丰富的教师及高级技师，深入市场开展调研，以提升残疾人就业率和就业层次为目标，以职业标准为依据，按照残疾人能学能用、学用结合的原则，精心编写并分类制定各项目的残疾人职业技能人才培养方案，在培训内容、培训方法、技能鉴定等方面明确要求、统一标准、规范教学、加强实训。

培训和学历教育相结合。针对部分年龄适中、文化基础较好、学习积极性较高的培训学员，积极推荐其参加学校大、中专学历教育，使他们的技能水平和文化素质得到更大程度的提升，满足残疾人不断提升学历水平，更好发展的要求。

培训和素质教育相结合。在培训过程中不仅要重视学员的技能培养，而且注重学员综合素质的提升，将职业道德与法律、职业生涯规划、就业与创业指导、心理健康辅导等课程融入到培训的教学中，提高学员的法律意识和职业素养。

3）注重技能，加强实训教学力度。坚持理论与实践的结合，实行理实一体化的教学模式，加强学员实习实训的教学力度，技能操作训练课时大于总培训课时的50%。在服装、手工艺、陶艺制作等项目的培训上，学校不仅聘请实践经验丰富的高级技工、技师来校进行实训指导，而且带领学员深入企业进行实践，不断提高他们的实际操作能力。

引进行业企业优势资源，助推培训项目创新。学校采用多种合作方式，充分利用市场优势资源，开发新的适合残疾人就业创业的项目，与综合实力较强的培训机构和行业企业合作对残疾人进行培训，实现与市场零距离对接，多方面、多层次的满足残疾人的创业就业需求。目前基地开展的各类残疾人就业培训项目，能紧密结合市场，贴近学员就业需求，涌现了一批就业创业标兵。

（2）教务管理。

1）建立健全教学管理制度。学校先后制定完善了《陕西省城市经济学校教学管理规程实施细则》《陕西省城市经济学校教师课堂教学质量评价方案》《陕西省城市经济学校外聘教师管理办法》《陕西省城市经济学校教学督导岗位职责》等规章制度。

2）不断完善教学督导工作。成立以在职资深、具有较强教育教学能力的教师组成的督导组。围绕学校教学工作的重点和教学质量监控要点开展日常教学检查、听课评课、参加教研活动、指导教学管理、参与学校教育教学改革，使培养目标管理和教育过程管理密切结合，相得益彰。

3）加强教学质量评价。教学质量是办学治教的永恒课题。为保证教学质量评价的科学性，建立科学合理、权重分明的教学质量评价指标体系。通过教师评价、学生评价发现教学中存在的问题，了解教师的教学状态、教学内容、教学过程、教学效果及学员的学习效果来判断和改进教学工作，并为教育管理部门进行决策提供参考和借鉴，从而提高教学质量。

4）定期组织教师开展教学研究。一是成立特殊教育研究会，旨在加强对特殊教育对象、特殊教育规律、特殊教育方法的科学研究；二是支持教师在搞好教学的同时，加强对残疾人职业教育的研究，全年公开发表残疾人职业教育相关论文5篇；三是组织青年教师进行信息化教学设计与说课比赛、微课比赛、教学能力比赛等教学竞赛。在全省中职学校微课教学大赛中，学校有4名、2名和1名教师分别荣获一、二、三等奖；在全省教学能力比赛"教学设计项目"的比赛中，学校2名教师分别获得一等奖和三等奖；在全省职业院校技能大赛教学能力比赛中，学校教学团队荣获三等奖；在全省中等职业学校微课程设计比赛中，学校2名教师分别获得一等奖。

5）重视教师队伍建设。重视教师素质提升工程，注重培养专业带头人、骨干教师。学校安排专业骨干教师前往企业跟岗实践学习；选派教师参加各级各类培训，对全体教师进行信息化教学平台及思政网络课应用培训和微课程设计制作培训；组织全体教师参加线上网络培训，全面提高教师素质。

3.培训学员管理

（1）建立学员个人档案。为每位培训学员建立档案，了解和掌握他们的技能需求，实施滚动培养，使培训覆盖残疾人的就业前、再就业、在职等职业生涯全过程，更好地服务于残疾人。并将每期培训班的报到册、身份证复印件、残疾证复印件、考勤表、授课日志、学员信息表、项目实施方案、课表、评议表等全部资料以班为单位及时归档，安排专人管理，查找方便，为今后更好地开展残疾人职业培训工作积累经验。

（2）培训期间规范管理。始终坚持以人为本，实行精细化的培训管理模式，建有学员管理规范制度、学员手册的培训管理制度和措施，并根据培训人数和残疾人残疾类型配备2~3名班主任对其日常进行跟踪管理和服务，加强考勤纪律要求，及时掌握学员的学习生活情况，确保培训的顺利实施，并取得实效。班主任精心的服务和管理也得到了广大残疾人的一致认可，每期培训结业都会收到残疾人热情洋溢的感谢信和对基地学习、生活的好评。

（3）培训结束进行考核。基地开展的培训项目结业时均进行考核，具有职业技能鉴定或认证资格的项目均开展职业资格鉴定，合格者按照等级颁发相应的资格证书。所有考核成绩记入培训学员档案，做为以后残疾人职业能力提升的依据。

（4）就业指导跟踪服务。

1）开展就业指导，转变思想观念。在实施残疾人职业技能培训的同时，十分重视他们的就业与创业指导工作。学校建有职业指导工作室，积极开展残疾人的物理、心理、职业素养等职业能力评估工作，通过测评为残疾人就业能力进行评估和指导，为残疾人精准就业提供科学依据。培训中专门开设职业生涯规划、就业与创业指导、职业能力及素养提升等培训课程，转变残疾人就业观念，树立正确的就业观和择业观。

2）推荐跟踪结合，助力就业创业。学校就业办公室通过每年残疾人专场招聘会，面向培训学员平均推荐岗位达500个，为残疾人与用人单位搭建了良好的平台。学校积极做好残疾人培训后的就业跟踪服务工作，收集就业跟踪信息，动态掌握残疾人就业情况。近几年，参培学员满意度达95%，平均就业率达62%。

4.培训取得成效

（1）坚持内涵发展，提高培训质量。学校非常重视残疾人职业培训的内涵发展，不仅在培训项目设置上不断开拓创新，在课程内容建设上实现培训与就业的零距离衔接，而且在教学方法设计上，充分发挥学员主体作用，调动学习积极性，提高培训质量。在2018年陕西省残疾人职业技能大赛中学校获得团体总分第一名，学校选派的学员在计算机组装、封面摄影、中式面点、手机维修、女服制作、盲人保健按摩等项目上获得了好成绩。全国第六届残疾人职业技能大赛暨第三届全国残疾人展能节在浙江嘉兴举行，来自全国33个代表队参加5大类26个竞赛项目的角逐。学校承担了陕西省参赛队员的赛前培训工作，31名选手参加网络编辑、盲人保健按摩、广告设计、裁缝、茶艺等19个项目的角逐，团体总分名列15，6名选手夺得前8名的好成绩，其中获木雕项目第4名、插花项目第5名，陕西代表队荣获团体协作奖。

（2）开展非遗项目，关注重残培训。基地积极面向陕西省各种类型及等级残疾人开展职业技能培训，一级二级重度残疾人占培训总人数的15%。专门针对精神智力多重残疾人开展了串珠制作等培训项目。为发扬传统工匠绝技，基地开展了"滕氏布糊画""烙画""剪纸"等非遗文化产品的培训。基地在开展残疾人职业技能培训的同时，还积极面向全省300余名教师和服务性行业的工作人员开展了初、中级手语翻译员的培训和鉴定工作，更好地为广大听力言语残疾人搭建了与社会沟通的桥梁和渠道；面向300多名基层残联的残疾人专职委员开展了业务能力提升培训，提升了残疾人专职委员的综合素质，使专委们更好地服务于我省残疾人事业的发展。

（3）管理先进规范，服务精准高效。以校园信息化建设为契机，助推培训工作实现资源数字化、应用集成化、传播智能化，提高培训信息资源流转和利用效率，达到管理应用全方位、教学应用全过程、服务应用全覆盖，促进培训工作精准、高效、科学发展。基地的职业技能培训管理系统已经实现了培训信息发布、报名、培训管理、就业服务、评议评价等服务功能，能更好地服务残疾人职业技能培训工作。

（4）开展技能认证，促进一专多能。1998年学校经陕西省人力资源和社会保障厅批准，设立职业技能鉴定站，面向社会开展职业技能培训与鉴定工作，积累了丰富的培训管理经验，为更好地开展残疾人职业培训工作奠定了基础。2018年经陕西省人力资源和社会保障厅批准陕西省物流专业工种职业技能鉴定站更名为陕西省特殊教育职业技能鉴定站，并增设了中式面点师、西式烹调师、西式面点师、茶艺师等工种的初中高级职业技能鉴定，并积极着手开展专项职业技能鉴定的准备工作。为贯彻落实《国家职业教育改革实施方案》，学校扎实开展"1+X"证书制度试点工作，学校已经成为试点院校。学校以职业资格鉴定和"1+X"证书制度试点项目为契机，逐步推进职业资格和"1+X"证书制度试点与专业建设、课程建设、教师队伍建设等方面的紧密结合，提高人才培养的灵活性、适应性、针对性，加快培养多技能复合型人才，实现知识与应用能力的有机融合，助推残疾人就业创业。

第8章　陕西省残疾人职业教育创业就业情况

8.1　创业就业概况

我国近年来经济发展速度很快，随着科技技术的发展，先进的生产方式和生产自动化程度的提高代替了不少劳动力，企业就业岗位对技术和能力的需求不断提升，这些都严重制约着残疾人的就业。由于残疾学生存在先天的缺陷，学习能力弱于其他同龄学生，致使残疾学生对于掌握技术含量较高的职业技能困难重重。残疾人对技能知识的欠缺，在致使就业竞争中明显处于劣势。随着经济全球化和市场竞争日益激烈，做大做优是很多企业的选择，企业用工将健全人、多面手和高精尖者作为首选，残疾人根本不具备和他们竞争的能力。再者很多残疾人自身素质和就业观念不能适应市场需求，他们普遍受教育程度较低，文化素质，职业技能根本不能适应竞争机制下的就业需求。由于身体原因，导致他们择业的片面性和择业能力的限制性，最终导致其在竞争中失败。

当前，陕西省残疾人就业创业重点任务是：

（1）残疾人自主就业创业补贴。鼓励残疾人通过网络零售、云客服、直播带货、物流快递、小店经济等新形态就业。对5 000名自主创业、灵活就业的残疾人给予一次性补贴扶持，用于补充经营场地、设施设备、社会保险、职业培训和创业培训等费用，提升残疾人市场竞争能力。

（2）残疾学生实习见习实训补贴。按规定对符合条件的残疾人大学生在实习见习实训期间给予一定标准的补贴。

（3）招录（聘）残疾人的用人单位补贴。对正式招录（聘）残疾人的用人单位给予岗位补贴、社会保险补贴、职业培训补贴、设施设备购置改造补贴、职业技能鉴定补贴，对安排残疾人见习的用人单位给予一次性补贴。

（4）辅助性就业机构补贴。扶持残疾人辅助性就业机构建设，在设施建设场地租金、机构运行、无障碍环境改造、生产设备和辅助器具购置等方面予以补贴、改善生产条件、提升运营水平、扩大吸纳残疾人就业能力，满足有就业意愿且具有一定劳动能力的智力、精神和重度肢体残疾人的就业需求。

（5）超比例安置残疾人就业单位奖励。对安排残疾人就业超过规定比例的用人单位、按照《陕西省扶持超比例安排残疾人就业用人单位奖励的实施意见》给予奖励。

（6）党政机关、事业单位按比例安排残疾人就业。编制50人以上的省级、地市级党政机关，编制67人以上的事业单位（中小学、幼儿园除外），安排残疾人就业未达到规定比例的，2025年前至少安排1名残疾人。县级以上残联机关于部队伍中残疾人比例达到15%以上。

（7）农村残疾人实用技术培训项目。帮助5万人次农村残疾人接受农村"种养加"实用技术培训，确保接受培训的残疾人掌握1~2门农村实用技术，提升残疾人技能水平，增强残疾人就业能力，实现较为稳定的就业创业。

（8）推动盲人按摩产业发展项目。为2 000名盲人提供按摩技术培训，帮助盲人掌握和提升就业技能。对安排盲人就业的按摩机构按规定给予补贴，促进盲人按摩产业规范化、品牌化发展。实现3 000名盲人在按摩机构稳定就业。

（9）公益性岗位优先安排残疾人就业。县级以上人民政府通过政府出资、政策扶持或者社会筹资等多种形式增加的公益性岗位，按照不低于10%的比例安排符合条件的残疾人就业，对通过公益性岗位安排残疾人就业并缴纳社会保险费的用人单位给予社会保险补贴。

（10）农村残疾人就业增收项目。以国家和省级乡村振兴重点帮扶县为重点，依托农村助残增收基地、就业培训基地、创业创新孵化基地、家庭农场、农民合作社、农业社会化服务组织等新型农业经营主体，帮助残疾人实现就业增收。

8.2 创业就业的对策建议

各职业院校、各残疾人就业服务机构要结合残疾学生特点和需求提供就业创业指导，提高残疾学生的就业创业能力，开展"一对一"服务，做到不就业不脱钩。依托全国残疾人就业创业网络服务平台，及时发布求职和招聘信息。鼓励用人单位雇佣残疾人从事适当工作，用人单位招用人员，不得歧视残疾人。

1. 推进按比例就业

落实按比例安排残疾人就业政策，建立岗位预留、面向残疾人定向招录（聘）制度，完善用人单位按比例安排残疾人就业公示制度，党政机关、事业单位和国有企业安排残疾人比例达到规定要求。对正式招录（聘）残疾人的用人单位按规定给予补贴扶持，对超比例安排残疾人就业的用人单位给予奖励。将安排残疾人就业信息纳入统一市场主体信用信息平台，实现残疾人按比例就业情况联网认证"跨省通办"。

2. 发展集中就业

落实残疾人集中就业单位税费优惠政策，加大残疾人就业保障金对残疾人集中就业单位的扶持力度。搭建残疾人集中就业单位产品和服务展销平台，制定政府优先或定向采购产品和服务目录。落实残疾人辅助性就业扶持政策，支持辅助性就业机构建设，组织智力、精神和重度肢体残疾人从事生产劳动、进行职业康复。大力发展盲人按摩事业，鼓励、扶持、规范盲人按摩机构发展，建设省级盲人按摩医院。

3.支持多种形式就业

通过一次性补助、提供场地、贴息贷款、创业担保贷款、项目推介等多种方式促进残疾人自主创业、灵活就业，鼓励残疾人通过新就业形态实现就业。对安排残疾人见习的用人单位给予补贴，对符合条件的残疾人大学生在实习见习实训期间给予补贴。开发远程网上就业岗位，帮助残疾人在电子商务、大数据标注等领域实现居家就业。县级以上人民政府通过政府出资、政策扶持或者社会筹资等多种形式增加的公益性岗位，按照不低于10%的比例安排符合条件的残疾人就业。

4.开展就业培训

将残疾人作为"职业技能提升计划"重点群体，设计适合残疾人的就业培训课程，按照一定比例安排残疾人参加培训。支持符合条件的残疾人技能大师建立工作室，带动更多残疾人掌握一技之长。探索残疾人参加职业技能培训与实用技术培训补贴机制，多种途径满足残疾人多样化培训需求。开发适合残疾人就业或为残疾人服务的新职业。建立健全残疾人职业能力测评体系，加强培训机构、就业服务机构和就业单位之间的衔接，促进"订单、定岗、定向"培训，提升培训后残疾人就业率。组团参加全国残疾人职业技能竞赛。

5.改进就业服务

充分发挥各类公共就业服务平台、人力资源服务机构、社会组织作用，为残疾人和用人单位提供全链条、专业化、精准化服务。加强各级残疾人就业服务机构规范化建设，明确保障条件、专业人员配备等要求，建立残疾人就业辅导员制度。将符合条件的就业困难残疾人纳入就业援助范围，持续开展"就业援助月"、残疾人职业人才交流、残疾人就业产品市场营销、残疾人就业创业成果展示等就业服务活动。积极扶持困难重度残疾人家庭中的其他成员就业创业，确保零就业残疾人家庭至少有一人就业。

6.加强就业权益保障

加大残疾人就业劳动监察力度，保障残疾人在晋职晋级、职称评定、社会保险、生活福利、劳动合同签订等方面的平等权益，坚决打击和查处侵害残疾人就业权益的行为。在职业资格获取和公务员、事业单位人员招聘过程中，依法保障具有履职能力残疾人的平等就业权益。

8.3 创业就业案例

1.全国自强模范——李倩倩

李倩倩是西安美术学院残疾人教育艺术学院优秀毕业生，现任山西省晋城市残疾人教育中心教师。李倩倩于2014年5月荣获"全国自强模范"称号，在人民大会堂受到了习近平总书记的亲自表彰。她用自己顽强的精神和不屈的意志感染和鼓舞着周边每一个人。

李倩倩五岁时因医药事故导致中度听力残疾，她没有自暴自弃，凭着对人生梦想的追求和无比坚强的信念，随班就读完成了小学、初中、高中的课程。特别是在西安美术学院残疾人教育艺术学院求学过程中，她受到了教师团队的悉心照顾与培养，在工艺美术、艺术设计、陶艺、剪纸等方面取得了优异的成绩。因此，毕业后顺利进入山西省晋城市残疾人教育中心从事残疾人教育工作。

作为青年教师，李倩倩关心聋人学生的学习、生活和健康，耐心倾听聋人学生的求助和询问，并用娴熟的手语跟聋人学生进行交流，用各种方式与聋人学生建立起密切联系。在做好本职的美术教学工作的同时，为解决聋人学生看病难的问题，主动担任手语翻译和爱心志愿者为聋人学生解决困难，还向社会上的慈善团体寻求合作。由于经常陪同聋人学生就医并承担翻译角色，与医护人员成为了朋友，并主动组织聋人学生参加健康公益免费体验活动，热衷公益志愿服务。在聋人学生的生活中，李倩倩无微不至地给予关怀和帮助，与他们一起讲故事、聊生活、做游戏，还将亲手缝制的近二百条背带式助听器口袋送给了孩子们，和他们建立了深厚的师生情谊。

2017年12月，西安美术学院残疾人教育艺术学院承担国家艺术基金"陕西残疾人麦秆画工艺创新人才培养"项目，李倩倩作为项目成员进行了艺术设计与工艺美术的创新性学习，有力地强化了自身的业务素质。此外，她通过市区残联、文化馆、图书馆提供的学习机会，持续地深化计算机艺术设计能力，参与研发盲用软件，同时参与了微信、QQ、小米手机系统等无障碍改造工作。

李倩倩在战胜自身困难的同时，用自己顽强的精神和不屈的意志感染和鼓舞着周边的每一个人。在她的身上，充满了积极的正能量，自强、自尊、自立，她用自己的经历证明，残疾人一样可以活出不一样的精彩人生。

2.陕西省技术能手——郭海霞

郭海霞是陕西省城市经济学校优秀毕业生，毕业后被破例留校做一名工艺美术助教。

这个来自铜川市王益区的女孩，一岁半时发烧因用药过量导致双耳失聪，从此便生活在无声世界里；五岁时的一天，父母带她去医院看耳朵时，她对医院走廊墙上的一幅幅招贴画产生了兴趣。

从此，家门口的泥地上，田地边的土堆下，没有玩伴的郭海霞用随手拣来的树枝开始模仿画出看到的东西，描绘自己的内心世界。经济拮据的家里连纸笔都买不起，一套水彩笔对郭海霞来说更是没法提出的奢望，而当画家的梦想却从那时起，扎根在郭海霞心里。

七岁半，郭海霞被送到普通小学随班就读，不会说话的她，变得更加自卑内向，几乎不再和任何人交流，把自己关在绘画的世界里。课间别的同学聚在一起聊天，她头也不抬地凝神画画；每逢假期结束，郭海霞抱回课堂的都是厚厚的绘画手稿。直到九岁，重新进了盲哑学校，她才渐渐地愿意与外界交流。

郭海霞在陕西省城市经济学校学习期间，逐渐被老师们发现是天赋最高、作品也最优秀的学生。绘画也让郭海霞变得更加自信。如今她不仅有能力养活自己，还能从事自己喜欢的美术专业，她说："已经很满足了，这就是自己想要的生活。"

烙画实训室里展示着一幅幅烙画作品，小到巴掌大绘制着蛐蛐、荷花的小葫芦，大到数米宽的传统山水木板画，一件一件精美绝伦，这些画作多出自美术教师郭海霞之手。

学习、工作虽然困难，但无声的世界让郭海霞反而能够心无旁骛钻研绘画，成为她超越普通人的优势。2014年，郭海霞顺利毕业且留校任教，在帮助更多聋人学习绘画的同时，她向自己提出挑战，梦想绘制出省内从来没有人完整画出的烙画版清明上河图。郭海霞开始历时一年的艰辛创作，参照着原著在木板上用打手稿，用烙笔一点点加工，一天连续画七八个小时，终于完成了这幅八张画板，总长9.28米的烙画版清明上河图。

华商报西安新闻栏目发表了一篇《24岁聋哑姑娘耗时一年烙画9.28米长清明上河图》的文章。文章叙述了学校聋人郭海霞从小到大的生活、学习经历及创作巨幅烙画《清明上河图》的详细情况。该文章在华商报发表后短短2个小时，就被中国青年网、光明网、东方网、新华网、腾讯新闻、中评网、民主与法制网、中国常州网、山东频道凤凰网、深圳残疾人网、上海生活帮等二三十家网站转载。

郭海霞因其身残志坚、奋发有为，体现了新时期残障青年积极向上的良好品德，在西安市"寻找身边的好青年结果揭晓暨奋斗的青春最美丽分享会"上，荣获"自强不息好青年"称号。荣获由陕西省委组织部、省人力资源和社会保障厅、省总工会、省科技厅、团省委联合授予的"陕西省技术能手"称号。其烙画作品获省直机关庆祝100周年书法绘画摄影作品展一等奖。

3. 跃动在手掌上的梦想——贾英峰

贾英峰是陕西省城市经济学校优秀毕业生，曾是陕西省残疾人技能大赛推拿按摩三等奖的获得者，曾在全国残疾人技能大赛中取得了优良的成绩，如今的他是拥有自己按摩店的创业按摩师。

他给人的第一印象是爽朗、乐观、精力充沛。17年前，因为突如其来的一场眼病，让当时年幼的他无法和其他孩子一样在教室里读书，在艰苦的求学中，贾英峰并没有灰心，他上过培训班、开过店。他当时最大的梦想是希望重返校园，圆上学梦。2011年在当地残联的推荐下，贾英峰暂时放下了当时的工作，来到位于西安未央区朱宏路的陕西省城市经济学校求学。贾英峰说"我终于可以重返校园了，当时来到这里，我感受到了贴心便利的校园环境和标准专业的教学设施，无障碍设施遍布在我出行的每个角落，先进的教学设备让我更加容易掌握所学的专业技能。"

寒来暑往，重返校园的贾英峰格外珍惜在校学习的机会和时间，无论是在晚自习的教室里，还是实训室里都有贾英峰如饥似渴汲取知识的身影。每当值班老师们看到贾英峰专注而挥汗如雨地在实训室里练习手法，无不纷纷称赞。梅花香自苦寒来，在老师们精心的培育下，贾英峰靠着自己的拼搏和自强不息，取得了优异的成果。2014年在第五届陕西残疾人技能大赛中获得盲人保健按摩项目第三名,作为2015年唯一一位代表陕西参赛的在校学生,且获得了优良的成绩。如今他回忆说,在赛场上的历练,是他最难忘和宝贵的财富。

当问到他在学校最大的收获是什么时,贾英峰嘴角露出喜悦的笑容,他说,他最大的收获是在老师们手把手地教授下,专业技能得到了很大的提升。贾英峰还说到前两天他的按摩店送过来了一个3岁小患者,当时这个孩子手臂脱臼,他用了两分钟就将小孩子的脱臼处复位了,现在他已经成了小区的名人。如今贾英峰的"新希望盲人按摩店"已经开张了,他的店里都是和他一样的盲人按摩师,对于将来的梦想,他希望自己的按摩店运营得越来越好,帮助和他一样的学弟学妹们自主创业。

如果上帝为你关上一扇门,他一定会为你打开一扇窗。在陕西省城市经济学校就读并自主创业的视障学生贾英峰,正是靠着自强不息、永不放弃的精神实现了自己梦想。

4.盲人毕业生王结

王结是陕西省自强中等专业学校优秀毕业生,出生在宁夏西海固山村区,那是被联合国官员称为"不适宜人类生存"的地方,十三岁时他因一场飞来横祸失明。1987年,他以良好的成绩考入学校针灸推拿专业学习,几年后,他以全班第一的成绩毕业。之后他在就业创业的过程中不忘继续学习深造,通过自考取得了临床医学本科学士学位;2004年,在中央党校在职攻读经济管理学硕士研究生;2005年,再次考入宁夏医学院在职攻读临床医学硕士研究生,成为中国第一位攻读双硕士研究生的盲人;是世界上第一个取得SIYB教师资格证书的盲人;编著了中国第一部指导盲人创业的书籍;创建了西北第一家盲人网站,创办了宁夏第一所残疾人职业学校。他获得的奖项多数都是国家级的奖状,现在是中国残联盲协副主席,宁夏回族自治区残联盲协主席。

5.聋人毕业生袁延峰

袁延峰是陕西省自强中等专业学校优秀毕业生,陕西宜川人,家庭因残致贫,1988年考入学校,1993年毕业分配到安塞档案馆工作。他公干之余,坚持笔耕,先后发表各类作品200余篇,出版作品9部,累计180余万字;获各级各类奖项48项,其中荣誉称号8项,曾受到中央组织部部长等领导亲切接见;2011年被授予陕西省优秀青年作家奖,是陕西省有潜力和实力的中青年作家之一;2013年当选为陕西作协第三届签约作家。

6.肢残毕业生白向利

白向利是陕西省自强中等专业学校优秀毕业生,陕西岐山人,家庭因残致贫,1997年来校学习财会专业。毕业后于2006年注册资本1 000万元创业开办宝鸡市沣瑞科工贸有限公司,主要生产经营易制毒、易制爆等化工产品。公司于2007年取得了ISO9001质量管理体系认证,与韩国三星等国外数家大型企业达成长期合作关系,自觉承担社会责任,解决周边及大中专毕业生就业近百人,为当地经济发展作出了一定的贡献。先后荣获"宝鸡市优秀民营企业""宝鸡市诚实守信企业""宝鸡市重合同守信用企业""宝鸡市先进党组织""岐山县扶残助残先进单位"等称号。

7.用自强奋发奏响创业之歌——颜学千

颜学千是陕西省自强中等专业学校针灸推拿专业毕业生，毕业后，创办康之道盲人按摩有限责任公司，曾获陕西省第六届残疾人运动会三等奖。

在湖北武汉市，有一个旗下拥有15家门店的康之道盲人按摩有限公司，近几年在业界做得是风生水起，一举跻身"武汉市按摩优秀单位"行列，而公司的掌门人颜学千却只有25岁，是一个双眼全盲的重度残疾人。"身残志坚、勤劳肯干、幽默自信、特别能侃"，这是大多数人对颜学千的第一印象。由内而外散发出的自信的气质，在举手投足间，丝毫看不出一个盲人自卑的痕迹。他从穷乡僻壤来到陕西省自强中等专业学校深造，不仅学会了一技之长，而且"开眼"看到了大世界，用自强自信开启了自己的创业之路，谱写了一曲不完美人生的励志之歌。

1991年，颜学千出生在湖北洪湖市，在这个富庶的鱼米之乡，他在曹市镇学堤村的家却是出奇的贫困，茅草破舍，家无积蓄，钱都用在给他和大三岁的哥哥看眼睛上了。好在哥哥的视力是保住了，而他却错过了最佳的治疗期，双目失明，那时他才七岁。可父母还是不甘心，便留下他与爷爷奶奶一起生活，南下温州打工挣钱，继续为他看病。失学在家的颜学千感觉到了寂寞，小伙伴也不大和他来往了。

2005年夏天，颜学千在收音机的聊天交友栏目，认识了一位搞按摩的盲人老师李威。当年底，他就跟随爷爷到武汉向李威拜师学艺。一年多后，在父母的鼎力支持下，颜学千自己开了一家按摩小店，一边挣钱，一边自学盲文和电脑。虽能勉强糊口，可颜学千还是很困惑，只会简单地动动手，但说不上来颈椎腰椎病的病因，长久下去咋办？他便萌生了想去上学的念头。在打听了三四家之后，他终于选定了陕西省自强中等专业学校，因为这里不但学习按摩技术，还有文化综合课，他期待能全面提升自己，和正常人一样工作生活。

2008年秋季，在转让了自己的小店后，颜学千在父亲的陪同下坐火车来到宝鸡，踏进了陕西省自强中等专业学校的大门。一下火车，学校的两名老师专程到站上来接他，他深深地被学校和老师所打动了，感受到了浓浓的人间关爱。

在学校里，颜学千勤奋好学，生活的遭遇，让他动力十足，如饥似渴地系统学习按摩技术。然而思乡情和陌生感让他无所适从，经济的拮据让他倍感苦恼，一度想要放弃学业。学校领导了解他的情况后，鼓励他安心学习，并安慰他这里就是他的家，有困难学校会帮助他解决。在享受国家减免学费政策的基础上，还领到每年1 500元的国家助学金，学校还考虑他家的特殊困难，很快又为他减免了两年学杂费、住宿费、书费等，累计1万多元。有了温馨的关爱，他的学习劲头更足了，学习成绩在班上一直名列前茅，多次获得奖学金，经常积极参加学校组织的各项文体活动，唱歌跳绳样样在行，还获得陕西省第六届残疾人运动会三等奖等。在生活上，班主任和同学们悉心帮助他，经常嘘寒问暖，带他一起上街，为他过生日、代买学习和生活用品。两年时光飞快流逝，颜学千不仅学会中医按摩技术，还学到了如何去思考问题，乐观面对人生。

2010年7月，颜学千南下在上海一家大规模的按摩公司实习，边干边学，在这里他见到了什么是科学规范化的管理，什么是连锁店经营，他"看"到了盲人按摩在国际大都市里的发展！于是2011年7月，他又一次"回炉"，来到陕西省自强中等专业学校附属医院跟着老师再学习再提升。

2011年底，颜学千回家，再次勇敢地尝试自己的创业之路。他四处奔走，联合朋友成立了由5个人发起的康之道公司。公司创立之初没有会议室，他们便在深夜挂着盲杖，肩搭肩一起到江边开会，一聊就是一夜。夏日炎炎，盖不过他们内心的激情，严冬寒雪，却冻不住他们火热的内心。

几年来康之道以每年净增3家连锁店的速度跨越发展，如今已经拥有15个连锁店，为盲人提供就业岗位170多个，总营业面积达到2 500多平米，按摩床位达到220多个，日平均客流量800多人，并积极推动优秀店长在公司参股经营，成为武汉市按摩行业较有影响的佼佼者。他还搭上网络的快车，自主研发了湖北首家盲人按摩推拿服务平台"推推无忧"，实现了线上线下的一体化管理和经营。

从创业失败，到拥有自己的连锁企业，颜学千有过战战兢兢，也有过初尝创业成功的兴奋之感；面对不理解，他也曾孤独无助地躲起来哭泣；面对质疑，他也曾一遍又一遍的质问自己，真的可以成功吗？回想走过的坎坷之路，颜学千最感激的是母校和国家，是国家助学政策和学校的关心让他度过了最煎熬的难关，是国家助学政策照亮了他眼前的路，是国家助学政策让他重拾勇气和动力；正是党和政府的资助铺就了他的成才之路，是老师的关爱和同学们的帮助让他树立了生活的信心，感受到了人间真情。对此，他时刻铭记在心，怀揣感恩之情，在创业中追求着自己的人生价值，并带领残疾朋友一起自强发展，用诚实劳动和进取精神努力回报社会。

第9章 陕西省部分地市区县残疾人职业教育概况

9.1 咸阳市武功县残疾人职业教育

残疾人就业工作是残疾人事业的重要组成部分，也是残疾人及其家属所关心的一个社会问题。残疾人就业，意味着他们的经济生活、精神生活和社会地位的提高。因此，解决有劳动能力的残疾人就业，是实现残疾人走向社会的根本途径。武功县总面积397.8平方公里，辖7镇1办4社区183个行政村，总人口47万人。目前在网残疾人10 247人，其中肢体残疾5 656人、听力残疾535人、视力残疾842人、智力残疾929人、精神残疾1 469人、多动残疾752人，占全县总人口2.1%。近年来，陕西省咸阳市武功县残联认真贯彻落实中央、省、市各项工作部署，将残疾人托养工作、残疾人康复工作作为各项工作的重中之重，着力为贫困重度残疾人营造一个温暖的阳光家园。

深入贯彻落实省残联《关于贯彻落实全国残疾人精准康复服务行动实施方案的通知》精神，针对视力、言语、听力、肢体、智力等各类残疾人的康复服务要求，在省市指定机构的基础上，确定了武功县红太阳学校、武功县蓝天医院、武功县中医院等机构作为康复服务定点机构。2017年，先后为51名1~17岁残疾儿童开展康复训练，为530人开展了康复服务，在全县做到上报一例，康复一例，确保了全面覆盖。针对残疾人的不同需求，先后免费适配假肢25人，免费发放轮椅210辆，免费为肢体残疾儿童适配儿童矫形器10个，为重度残疾人适配辅助器具50套，上门服务为3名听力残疾人适配了助听器，为5名肢体残疾人发放了拐杖，为普集镇、大庄镇、武功镇和南仁社区等共50户残疾人家庭进行了无障碍设施改造，切实解决了残疾人生活问题。深入开展"德善武功"道德讲堂活动，对杨瑞、马会利、刘茜等一批工作优秀的同志进行了宣传报道，对吴娜娜、何凯等一批残疾人创业明星进行了宣传学习，面向全县进行推广，并将其先进事迹向省市媒体报送。吴娜娜的事迹在陕西电视台专题进行了报道。在开展志愿者服务、诚信建设等方面有新措施，深入开展"美丽乡村、文明家园"共建活动，扶持长宁镇北村5户贫困户脱贫。开展文明科室创建和评选表彰身边好人和最美干部（员工）活动。年内制定了县残联创建计划及实施方案和开展文明科室创建活动的评比表彰文件以及县残联开展评选表彰身边好人和最美干部（员工）等先进典型的方案，年底评选出爱岗敬业模范2人，最美干部2人。机关涌现出身边好人12人，党员先锋2人，文明科室4个100%达标，在残联系统已形成学模范争先进的良好工作氛围。

9.2 咸阳市彬州市残疾人教育学校

彬州市残疾人教育学校位于教育园区，占地13亩，建筑面积4 935平方米，于2011年4月动工建设，总投资近2 000万元，2012年9月1日投入使用。

彬州市残疾人教育学校于2013年11月成功创建"省级示范残疾人教育学校"，2018年12月顺利通过省级示范复验。学校设有启智、复聪两个教学部，共11个教学班，在校学生118名（其中建档立卡学生23名），送教上门学生78名（其中建档立卡学生36名），随班就读学生261名；共有教职工50人，其中专任教师38人，本科以上学历30人，大专8人，专任教师学历均已达标，专业结构配置基本合理；当前学生入学率96%、巩固率100%。

彬州市残疾人教育学校配套设施齐全，装备有15个校园数字化班班通教室，配备有微机室、音乐教室、美工教室、言语康复训练室、运动康复训练室、蒙氏教室、心理咨询室、卫生室、图书室、律动室、家政训练室、全自动录播室等17个功能部室，办学条件全部达标。学校以"教好一名学生、幸福一个家庭、办好一所学校、服务一方百姓"为办学宗旨，以"创办人民满意的教育、创办一流的现代化残疾人教育学校"为目标，坚持"以教育教学为中心，以学前康复和职业技能培训为两翼"的办学策略，形成了一套较为成熟的"四轮驱动"育人模式。办学以来，在市委市政府的正确领导和市教育局市残联的关心支持下，学校不断加强内部管理，引领教师专业成长，完善后勤服务设施，促进学校内涵发展，全面提升办学特色，着力打造特教品牌；2014年被市委市政府评为咸阳市教育工作"先进集体"，被中共咸阳市委、市政府评为"文明校园"；2015年到2016年连续被市委市政府和市教育局评为"学校管理先进单位""学校教育教学综合考核先进单位"；2017年到2019年连续被市教育局评为"教育教学工作先进单位"。学校先后迎接省市县各级各类检查和兄弟学校的参观学习100余场次，受到各级领导和专家的一致好评，先后被西部网、咸阳日报、咸阳电视台、彬州市电视台、今日彬州、彬州网等多家媒体宣传报道。

彬州市残疾人教育学校建校以来，学校始终遵循以特殊学生的需要为出发点，先后多次赴全国各地名校参观学习，借鉴名校管理理念和办学思想，根据彬州市特殊学生实际，经过反复探索实践，形成"四轮驱动"的育人模式，即"以行为习惯养成为突破口，促进学生健康成长；以康复训练为切入点，补偿学生身心缺陷；以兴趣特长为载体，推动学生全面发展；以社会实践为依托，促进学生尽快融入社会"。上午依据课程设置标准进行文化课教学，下午按学生实际和特长进行走班制教学，分别在感统、康复、手工制作、音乐、家政等15个功能部室对学生进行康复训练、兴趣培养及生活技能的训练。周五下午带领学生走出校园进行社会实践教育活动。每年在六一节前夕举行校园艺术节，学生的文艺节目、才艺作品展示获得社会各界的认可和肯定。2017年秋季学校又增设学前康复班和职业培训班，取得了较好的教育效果。

（1）强化管理机制，实行精细化管理模式。科学管理是关键，制度健全是保障。学校始终秉承"一切为了特殊学生的需要而发展"的办学理念，不断调整管理思路，完善各项规章制度，加强教师职业道德修养，提高政治素养和专业素质。从学校管理模式到流程执行、从工作安排到落实，层层有人抓、事事有人管。在教师管理、教学管理、班级管理、后勤服务管理、党工团建设等方面，学校制度完善、职责明确、规范科学。同时逐年加大基础设施投入，保证残疾人教育的健康持续发展。

（2）注重教师发展，引领专业成长。由于学校教师是由南京特师毕业的专业教师和普校转岗教师组成，学校加强融合培养，相互取长补短，实行青蓝结对帮扶，共同提高。每年有计划选派骨干教师外出学习培训，并和西安启智学校建成友好帮扶学校，定期聘请专家来我校指导研判教育教学工作。制定教科研奖励制度，以国家、省市课题为抓手，鼓励教师积极参与课题研究、论文、教学案例、教学设计等证评活动，提高教师教科研能力。同时又积极鼓励指导教师开展校本教材的研发与编写，取得了较好的成绩。目前培养省级教学能手1名，市级4名，近期骨干教师史雅婷在全省残疾人教育教师基本功大赛中获二等奖，有效地引领教师专业成长。

（3）控辍保学持续加力，确保教育扶贫政策落实。学校成立"控辍保学"领导小组，制定控辍保学方案，落实辍学学生劝返、登记制度，宣传落实国家教育扶贫政策，每学期发放每生625元的贫困建档立卡学生资助金，每学期发放每生400元的营养餐和200元的交通费。加大送教上门力度，利用学籍管理系统，进行控辍保学动态监管，确保特殊儿童一个都不能少。

（4）依托资源中心，全面开展随班就读指导和送教上门工作。市教育局2016年成立残疾人教育资源中心，以残疾人教育学校为依托，开展随班就读教育指导、研究、服务工作。每月定期选派特教教师到随班就读学校对教师进行指导，对学生进行康复训练，同时到不具备入学条件的重度残障学生家中送教，对学生进行文化教育、生活技能、心理辅导和关爱教育。2018年成立了彬州市残疾人教育专家委员会，建立以教育、民政、人社、残联等部门共同支持的残疾人教育服务保障机制，并切实落实各部门责任，努力为残疾人教育发展提供经费、师资及康复指导等有力保障。

9.3 宝鸡市残疾人职业培训中心

宝鸡市残疾人职业技术培训中心是一所为残疾人开展职业技能培训的专门机构。该中心总共有特聘讲师80余名，其中具有教授、副教授职称的教师4名，获得国家高级教师资格的有10余名，中级教师资格的30余名；95%以上都具有专业技术职务或职业资格。

该中心位于宝鸡市金台大道21号阳光大酒店6楼，内有按摩培训室、多媒体教室、综合教室、多功能活动室、厨房和餐厅等，主要开展了盲人保健按摩、计算机组装、办公自动化、电子商务等培训，被中、省残联评为国家和省级残疾人示范培训基地。为进一步发挥培训中心示范作用，创新培训模式，提升培训质量，有力促进残疾人就业工作，学校紧密结合当前形势，充分发挥教学设施、师资力量等优势，健全面向残疾人的职业技能培训制度，进一步稳定残疾人就业形势，为加快推进残疾人事业发展和培养更多更好的残疾人才发挥应有的作用。

宝鸡市职业技术培训中心是一所针对残疾人培训的基地，培训场地开阔，室内窗明几净，教学设备齐全，是理想的培训之地。培训基地具备了办公室，多媒体电教室1间、活动室、学生宿舍、学生食堂等5个功能室，并且学校还根据国家对残疾人场地的无障碍要求，培训场地全面实现无障碍化。各培训教室场所出入口实现了出入无障碍；建设了无障碍公共卫生间和无障碍宿舍卫生间以及语音电梯等设施；公共场所建设了无障碍坡道，并且铺装了盲道。

为增强培训基地安全管理工作的责任意识，做好重大安全隐患和责任事故预警和防范，制定了《培训基地安全管理工作规定》，规范安全工作日常管理，安全隐患排查，重点部位监控，安全责任落实等工作措施；建立健全了培训基地安全工作领导负责制，由培训办公室、班主任、培训小组、专职保安等人员，组建专门安全工作领导及责任班子，形成了各司其职、齐抓共管的工作格局。组成安全工作管理领导小组，建立了由培训部、班主任、安全小组为一体的安全管理防控网络体系，并以图板形式张贴在培训场所醒目处，为日常监督、检查、落实提供依据。同时，把安全管理责任延伸到学员当中，在班内设立安全委员，让学员参与培训基地安全管理，做到"安全责任，人人有责"；把培训基地安全管理工作列入培训基地教育目标责任考核体系中。同时，培训基地负责人与内部责任主体和责任人逐级签订目标责任状，层层落实工作责任，实行目标化管理和实绩考核制度，强化了奖罚执行力度，并且每月月底定期召开安全会议。

宝鸡市职业技术培训中心在课程安排上有疫情防控、职业道德、心理指导、职业规划、残疾人创业就业政策、培训专业课程等6种培训，进行理论加实操综合全方位的培训。实训课程占总课时的60%，并且每一场培训都做好老师登记记录工作，严格按照培训教学计划进行培训。学校还重视教学过程管理，有完整的教学计划、严格按照课程表进行培训，每场都有针对的教学教材、完整的培训学员考勤制度、考试考核方案、考试试卷等，定期检查带教记录、员工考核记录等。

为适应教育培训工作科学化、制度化、规范化要求，进一步加强培训档案的管理，及时掌握各类培训班型的开展情况和各类人员的受训情况。宝鸡市职业技术培训中心建立了纸质档案和电子档案两种档案归档方式。其中纸质档案由封面、目录和内容组成，其内容依次为：开班申请、培训方案、课程安排、教学计划大纲、培训基地资质、讲师资质、安全承诺书、防疫承诺书、培训班应急预案、学员名单（姓名、性别、年龄、单位、岗位、职务、联系电话等信息）、学员考勤制度、培训学员档案表、学员残疾证复印件、培训合同、授课日志、培训期间影像资料、培训考试考核方案、培训考试成绩统计、结业证书、培训班满意度调查表、培训工作总结、教学情况调查表、测评表等；以及其他与培训管理相关的材料等。电子档案主要包括档案手册、班级管理手册、学员手册、考试试卷、相关教学文件（教学计划、教学大纲、培训班管理制度等）和照片、课件等教学资料，以及导员管理手册等其他相关的材料。

2019年宝鸡市残疾人职业培训中心完成三场培训，分别是中医按摩46人、电子商务27人、永生花37人，总共培训人数110人。2020年宝鸡市残疾人职业培训中心完成三场培训，分别是办公自动化47人、数据标识29人、中医按摩49人、办公自动化25人，全年完成培训任务150人。在电子商务培训中，有14名学员已经注册淘宝店铺，有15名学员注册拼多多店铺，有15名学员开设了微店，并且有10名学员在学习电商期间通过开店获得收益。在永生花培训中，全部学员学会永生花培训技术，其中17人的技术符合宝鸡永生花制作标准和要求，并且制定了居家制作协议，实现了居家就业。在全部课程中专业技能培训占70%，政策、职业道德、心理课程占30%。培训效果良好，上半年三场培训学员均全部学会职业技能，尤其是中医按摩和电商培训，70%学员学完后可达到就业条件。学校对完成培训的人员进行创业就业指导和就业推荐，并且创建求职档案，定期跟踪进行回访，明确最终就业单位和岗位。为进行求职登记且暂时未找到合适工作的残疾人继续开展职业推荐服务，并且按需求提供相应的就业技能培训课程。

9.4 宝鸡市残疾人教育学校

宝鸡市残疾人教育学校直属于宝鸡市教育局，是一所涵盖听障、视障、培智三类残疾类别，涉及学前、小学、初中、高中（职业）学段的综合性特教学校。学校积极加强医教结合研究，建立起康复教育（个别教育）、文化基础、职业技能三大类基本课程，坚持医教结合、品德教育贯穿所有课程，加强现代信息技术教育的"三基本、两贯穿、一加强"的"321"课程体系，提高残障学生缺陷补偿水平，注重学生的潜能开发和功能补偿。开展工艺美术等10余门技能课教学，建立1+X+Y学前康复模式，10余名学前儿童已进入普校学习。

结合听障、视障、培智学校教学规程及学校实际，学校紧紧围绕补偿缺陷、发展优势、奠基终身的总目标，初步建立了"三基本、两贯穿、一加强"的"321"课程体系。"三基本"就是设立康复教育（个别教育）、文化基础、职业技能三大类基本课程。其中小学段康复类课程占15%、基础课程占62%、职业技能类课程占23%，中学段康复课程占7%、基础课程占56%、职业技能类课程占37%。康复课程开设心理健康、语言训练、感统、多感官训练（听障），社会适应（综合康复、定向行走、社会适应）、感统、多感官训练、心理健康（视障），康复训练、个别康复（培智）。基础课程主要开设语文、数学、英语、历史、体育、信息技术。技能课程开设劳动（烘焙+烹饪）、田径、舞蹈、陶艺、水墨画、手工、美术、旱地冰壶（听障）、手工、音乐、乒乓球、推拿按摩、朗诵与配音、器乐（视障）、轮滑、奥尔夫音乐（培智）。"两贯穿"就是把德育教育和手语与口语教学贯穿所有课程、所有课堂。即每个教师在每节课都渗透德育教育，时时处处开展对学生的思想道德教育，教育学生爱党爱国，遵纪守法，树立正确的世界观、人生观、价值观。学生要学习适应终身发展需要的基础知识、基本技能和方法，掌握必须的生活自理能力、社会适应能力和就业能力，锻炼健壮的体魄、良好的心理素质，培养自尊、自信、自强、自立的精神以及健康的审美情趣和生活方式，努力成为有理想、有道德、有文化、有纪律的一代新人。每位教师在每一节课都实施口语与手语教学，口语教学促进学生语言康复，手语教学培养学生的沟通表达能力。"一加强"就是加强现代信息技术教育，从一年级开始开设信息技术课程，与普通学校相比提前了两年开设，周课时2节，课时量增加了一倍。加强信息技术教育的目的是提早培养学生对信息技术的兴趣和意识，让学生掌握信息技术基本知识和技能，并使信息技术作为支持终身学习和合作学习的手段，为适应信息社会的学习、工作、生活打下必要而坚实的基础。

宝鸡市残疾人教育学校开设了艺高素描和职高工艺美术课程。2018年12月，市残疾人教育学校与凤翔县新明民俗文化传承有限公司签订办学协议，整体规划"学生生涯"工程，引进西府民间工艺"挂虎"，按照"立足就业、产学一体"的办学思路，对残障青少年针对性进行就业培训。市残疾人教育学校专门给职业高中班开设工艺美术课，邀请新明民俗文化基地教师深入课堂指导教学，为学生融入社会、自主就业提供机会。2020年9月27日，市特教学校赴宝鸡职业技术学院交流学习，以合作办学为契机，借鉴学习宝鸡职业技术学院先进的办学理念，努力拓宽市特教学校办学路径。自2020年10月通过协商、合作，宝鸡职业技术学院为市特教学生提供继续教育、按摩康复教学、康复训练指导、社会实践活动等项目，为残障学生学历提升、技能学习提供渠道和帮助，促进双方加快推进办学模式改革，提升办学质量，实现全面发展。

9.5 宝鸡市眉县残疾人职业技术培训学校

眉县残疾人职业技术培训学校暨眉县残疾人职业培训示范基地成立于2014年，是经县残联批准，在县技工学校的基础上，成立的一所集残疾人职业技能培训、劳动技能鉴定、创业就业指导等功能为一体的综合性培训基地。现有领导小组人员六名，分别是：眉县副县长（组长）、县残联理事长（副组长）、县残联副理事长（组员）、县残联教育就业服务所副所长（组员）、县残联康复股股长（组员）、眉县残疾人职业培训学校校长（组员）。

基地位于首善镇西关村，占地面积16亩，建筑面积6 015㎡，拥有教学楼2栋，标准化培训教室10间，各类实习车间26间，标准化餐厅3间，学员宿舍20间，可同时容纳300

余名残疾人同时参加培训学习。基地师资力量雄厚，拥有综合管理人员7人，各类专业教师21名，其中中级以上职称15人，并常年聘请拥有多年教学经验的专家教授为学员授课。现开设电子商务、计算机、焊接加工、机械装配、水电安装、服装设计与制作、美容美发与造型、保健按摩、皮具护理、农产品加工等10余个专业。基地始终坚持"以市场需求为导向，以促进就业为根本"的办学理念，与多家企事业单位建立了合作关系，积极开展订单式培训和企业岗前培训，开设了皮具护理、手机美容维修、计算机维修、特色小吃制作、家政服务、手工艺品制作、电子商务等定向短期培训班，学员就业率连续多年在90%以上，受到了用人单位和学员的一致好评。同时，为了进一步提高学员的创业就业技能，提高学员创业就业成功率，开设了SYB、GYB和IYB培训班，为学员创业就业提供指导和帮助。

宝鸡市眉县残疾人职业技术培训学校办学以来，连续3年被市、县民政部门评为优秀单位，连续2年参加市职业技能竞赛并获奖。2010年被市人社局推荐为"就业培训"定点单位、宝鸡市大学生见习定点单位，被市"人人技能"建设管理办公室推荐为"人人技能工程培训"定点机构，2014年被市人社局推荐为"创业培训"定点机构，2015年被省残联推荐为省级残疾人培训定点机构。

2015年至今，在各级领导及相关部门的全力支持和积极配合下，学校共培训残疾人670人次，为当地的残疾人创业和就业打下了坚实的基础，具体数据如下：2015年共培训120人，其中：视力残疾16人、听力残疾20人、肢体残疾32人、多重残疾52人；2016年共培训200人，其中：视力残疾42人、听力残疾36人、言语残疾35人、肢体残疾30人、多重残疾57人；2017年共培训200人，其中：视力残疾54人、听力残疾46人、言语残疾31人、肢体残疾26人、多重残疾43人；2018年共培训150人，其中：视力残疾16人、听力残疾48人、言语残疾35人、肢体残疾21人、多重残疾30人。

宝鸡市眉县残疾人职业技术培训学校近年来主要以视力残疾、听力残疾、言语残疾、肢体残疾、智力残疾精神残疾、多重残疾为培训对象，根据当前就业创业形式，针对性地开展了就业技能培训、创业培训、电子商务、烹饪、计算机应用等各类初级培训。多形式、多种类地帮助残疾人，使其掌握一门技能，获得一个就业岗位，具有重要的社会意义和现实意义。每期培训班的开展，残疾人都充分体现了自强不息、自信自立、敢于拼搏的精神，同时通过各类培训使残疾人走出家门，参与各种社会活动，进一步提高动手动脑能力，也提高了残疾人的自身素质，使其更加热爱生活。

为提高培训实效，促进残疾人就业，宝鸡市眉县残疾人职业技术培训学校对参加培训的残疾人实行跟踪管理和就业扶持。建立了完整的培训人员档案，畅通了县、乡、村三级信息联络渠道。据统计，通过各项培训，2015年残疾人培训合格率达到90%，实现就业率60%，其中灵活就业54人其他形式就业64人；2016年残疾人培训合格率达到95%，实现就业率65%，其中灵活就业41人其他形式就业59人；2017年残疾人培训合格率达到95%，实现就业率63%，其中自主创业人数29人；2018年残疾人培训合格率达到

98%，实现就业率60%，其中灵活就业39人，其他形式就业61人。

9.6　宝鸡市眉县残疾人教育学校

眉县残疾人教育学校成立于2012年9月，建校以来学校秉承"为孩子明天着想，替家长社会分忧，让生命更加精彩"的办学理念，依照国家培智教育课程标准，主要开设了一般性课程和选修课程，重点是通过教学进行认知、自理、社交、精细动作、大运动等方面的康复，为学生今后更好地融入社会、适应生活奠定基础。学校积极争取社会捐助，争取到宝鸡市集善儿童助养项目办价值8万元的陶艺设备、16.9万元烘焙设备、3万元的种植箱，学校自购了2 000元的洗车设备，在学校开辟种植园，栽培了猕猴桃和葡萄，这些设备和场地为学校开设职业技术课创造了条件。

为了让智力残疾学生自食其力，减轻家庭和社会的负担，贯彻国家的《残疾人教育二期提升计划》，学校从2018年开始设立了职高班，将年龄超过16岁的智力残疾学生编入职高班。职高班学生除了开设一般性课程，着重加大了劳技课的课时量，学生每周上10节烘焙课，由老师组织学生和两名烘焙师傅共同指导学生制作蛋糕、桃酥、面包等食品，通过训练，部分学生掌握了部分环节制作工艺。每周下午组织部分学生和烘焙师傅一起去街道进行义卖，培养学生沟通和推销能力。学校除了在职高班开设烘焙课以外，还把全校学生分成8个小组，有舞蹈组、美工组、经典诵读组等三个艺术类组，有烹饪、劳技、种植、洗车、陶艺等五个职业技能组，特训课全体学生每天下午两节，每周8节课。烹饪课主要教学生洗菜、切菜、炒菜、做饭等技能，劳技课教学生卫生打扫、家居整理，种植组学生学习葡萄、猕猴桃的田间管理和作务技术，洗车组的学生练习汽车清洗的流程和操作要点，陶艺组的学生练习拉坯、捏制造型、模具制作、上色、上釉的操作，为学生今后生存发展奠定基础。眉县残疾人教育学校注重融合教育，与眉县实验小学、眉县第三小学结对，不定期开展普通学生与残疾学生的融合活动。今年"六一儿童节"与眉县第三小学开展融合活动，"国庆节"与眉县实验小学开展了学生融合活动，与实验小学的学生组成特奥足球运动队，经常在一起开展训练。11月7日，在宝鸡市集善儿童项目办的组织下，学校18名学生参加了"宝鸡石鼓徒步融合活动"。

9.7　宝鸡市岐山县残疾人教育学校

岐山县残疾人教育学校始建于2014年，是一所以残障儿童残疾人教育、康复训练为主的全免费、寄宿制公办学校，隶属岐山县教育体育局。学校位于岐山县凤鸣镇孝子陵村，交通便利，距离岐蔡线不到一百米，校园占地面积约16 688平方米，绿化面积为2 401平方米，建筑面积约8 397平方米，区域划分科学合理。岐山县残疾人教育学校现有教师28人，其中女教师13人，占比46.5%；在校学生77人，其中女生33人，占比42.9%；

送教上门学生45人，其中女生19人，占比42.2%；共设有11个教学班，以九年义务教育为主体，辐射学前教育和职高教育，适龄残疾儿童少年入学率100%。

岐山县教体局出台了《岐山县残疾人教育二期提升计划实施方案（2018—2020年）》，对残疾人教育发展做了全面部署。以上举措，推动了残疾人教育学校的发展，保障了适龄残疾儿童受教育的权益。岐山县残疾人教育学校以落实省市县残疾人教育二期提升计划、创建省级残疾人教育示范学校为目标，制定了《岐山县残疾人教育学校发展三年规划（2018—2020年）》，学校秉持"让生活走进课堂、让学生走进社会"的办学理念，以"懂自爱知感恩，能自理会生活，有技能可自立"作为学生培养目标，以专业的教育康复服务残疾学生，推动岐山残疾人教育的发展。自2015年秋季开始，落实了6 000元/生的年教育经费标准，除此而外，每年还会根据县财政实际，抽拨出一定数量的专项资金支持残疾人教育发展。自2018年起，落实了10%福彩公益金用于发展残疾人教育事业的发展。自2016年1月起，按照基本工资50%的标准落实了残疾人教育教师津贴，特教教师养老、医保，女职工产假等社会保障方面的合法权益也得到有效保障。学校硬件建设达到省颁办学标准，开设有卫生保健室、心理咨询室、感统训练室、家政训练室、计算机室等12个部室。近年来，烘焙坊、模拟超市的投入使用进一步提升了学校的办学条件和硬件设施，部室使用常态化。学校图书室藏书8 000余册，能充分满足师生借阅需要。学校开展书香校园建设活动，阅读风气良好，师生年均借阅量不少于30册。学校实现校园网络全覆盖，接入速率达到100MB；校园视频监控全覆盖，共有监控探头60个。学校建有计算机教室一个，信息技术上课人机比1∶1；学校建有校园网站和微信公众号、班级家长微信群，用于学校宣传和家校联系。学校拥有电子白板10台，基本满足教学需要；教师每人配有一台计算机，45岁以下教师均达到教育技术能力规定标准。学校所有教师均具有教师资格证，学历达标率100%，学校聘有具备康复技师资质的健康副校长一名，三级心理咨询师一名，后勤服务人员配备到位。

全县持证义务教育适龄残疾儿童基本全部得到安置。特校就读学生除享有"两免一补"、营养午餐等政策外，还享有200元/年的交通补助。学校26名（其中女童12名）建档立卡学生全部享有贫困生补助。素质教育全面推进，学校全面贯彻党的教育方针，按教育部颁布的培智学校课程标准，开设有生活语文、生活数学、唱游与律动、生活适应、劳动技能、运动与保健、绘画与手工、信息技术、康复训练、艺术休闲等九门课程。针对残障儿童实际，采用"5+X"模式开展教育教学。"5"即标准教学、特色社团活动、个别化训练、生活技能锻炼、班级重点强化；"X"即党建引领、教师发展、感恩教育、爱心帮扶、实操体验等。艺体教学成绩显著，赵佳雪同学的绘画作品在陕西省特殊儿童书画作品比赛中获三等奖；学生排演的节目多次参加县上各类文艺汇演。学生音诗画作品《残疾儿童的梦想》在宝鸡市残疾人文艺汇演中获一等奖，并于2018年春节在宝鸡市社区春晚上演出，在社会上引起了强烈反响。学校重视德育和文明行为习惯养成教育，爱国主义教育、感恩教育、传统文化教育常态化开展，学生之间团结友爱，互帮互助的风气浓厚。马嘉奇同学被县机关工委评为"弘扬好家风优秀少年"。学校聘有法制副校长，法制教育常态化开展。教师培训经费在日常公用经费中占比超过5%。学校采用"教学研三结合"的主题校本研修模式助推教师成长，围绕一个主题边学习边实践边研究，教师专业成长进步快。全校有30余人次的教学论文、教学设计获省市县教育部门奖项，三个省级课题研究项目已经圆满结题，两个县级课题圆满结题，一个国家级课题、一个县级课题正在结题阶段。2020年，学校体音美教研组被评为"宝鸡市优秀教研组"，6名教师在《西部残疾人教育》上发表作品。吕小龙老师被评为"陕西省师德模范"，张宏忠老师获评"岐山县最美代理爸爸"，李俊科老师被评为宝鸡市"最美送教教师"，陈建强、杨海平、康正利老师被评为岐山县"最美送教教师"。作为宝鸡市特教联盟二级校，既接受宝鸡市残疾人教育资源中心督导，同时还担负着指导扶风、麟游两县残疾人教育资源中心业务的责任。先后赴麟游县实地考察、指导办学，赴扶风特教交流教学工作。校级联盟活动的开展，很大程度上提升了残疾人教育教学的实施深度。学校采用开放式办学策略，邀请学生家长、普校教师、社会贤达以及各行各业的志愿者走进特校，走进课堂，走近特殊儿童，了解特教教师工作的专业性和价值。此项举措赢得了社会各界对特殊儿童群体的关注，对残疾人教育的认可和尊重，也增强了教师的职业成就感和职业荣誉感。

9.8 榆林市榆阳区残疾人职业教育

榆阳区共有持证残疾人12 923人，占全区总人口的2.24%，男性7 905人，女性5 018人，其中视力残疾1 213人，听力残疾771人，言语残疾98人，肢体残疾6 908人，智力残疾1 701人，精神残疾1 110人，多重残疾1 122人；重度残疾人3 322人，中度残疾人5 055人，轻度残疾人4 546人。2020年全区适龄残疾儿童114名，其中普通学校随班就读16人，残疾人教育学校就读20人，就近学校送教上门服务9人。2011年9月，榆阳区投资4 000万元成立了一所九年一贯制残疾人教育学校，学校位于榆林城区金沙路东、红山路北，校园占地面积14 060㎡，建筑面积8 480㎡，绿化面积4 921㎡；现有13个教学班，在校学生195人；教职工32人，其中专任教师30人，高级教师5人，一级教师9人，省市区各类骨干共计14人。

榆林市榆阳区将残疾人教育作为基础教育的重要组成部分，纳入基础教育发展的总体规划，纳入学校行政管理和教学、教研的行列，做到了与基础教育所有工作一样，统一规划、统一部署、统一实施、统一督导。区残联利用助残日、儿童节等节日对《义务教育法》《残疾人保障法》《残疾人教育条例》等法规条例，进行广泛宣传，让人人平等的观念深入人心，让广大干部群众认识到残疾人教育是基础教育的重要组成部分，积极引导全社会都来关心、支持、重视残疾人教育。学校设置标准化教室16间；实验、仪器、准备室4个；银行、超市、餐厅、医院等1∶1情景模拟教室8个；学生阅览室、图书室、微机室、电子备课室、语音测试（矫正）室、康复室、律动室、启喑室等各1个，内部配有专用听力检测仪、启智博士仪、"蒙台梭利"相关设施等以及感统等教具。有学生公寓楼一幢，建筑面积3 161平方米，内设标准宿舍72间，可供300名学生寄宿。富有人性化设计的师生餐厅606平方米，能容纳寄宿师生同时就餐。建有面积1 108平方米的硅PU软质体育场、650平方米英利奥悬浮式运动地板铺设的排（羽毛）球场和400平方米的人工草坪健身场。同时，坚持社会、学校、家庭教育相结合原则，定期和学生家长通报孩子的成长状况，探讨教育孩子的方法，从全方位强化残疾儿童"学会做事，学会做人，学会生存"的能力。依托榆阳区残疾人康复中心（高新医院）资源优势和医疗团队，采取"医教结合"工作模式，按照"挖掘潜能、增长技能、完善人格、适应社会"要求，将专业康复手段和专业教育手段相结合，对脑瘫、孤独症、听力障碍、智力低下等残疾儿童进行康复教育训练，包括运动疗法、作业疗法、语言训练、理疗针灸、按摩、感观训练等康复训练项目，累计教育培养残疾儿童320余人。

9.9 神木市残疾人教育学校

神木市残疾人教育学校创办于2008年9月，省级示范残疾人教育学校。学校占地10 000多平方米，建筑面积7 000多平方米，设有测听室、益智室、康复训练室、多感官训练室、手工室、感统训练室、律动室、心理咨询室、自然实验室、模拟情景室、计算机室等功能部室，办学条件处于领先水平。学校以学生阳光发展和生存教育为办学理念，针对学生的个性特点，构建生存教育课程体系，打造阳光活动平台，大力开展学生适应教育，使学生拥有阳光，适应社会，学会生存。学校根据学生的年龄结构及智力水平分别设置了康复、康教、义务教育、生活适应四个教学段。康复段针对智障儿童进行早期干预与康复训练促进儿童运动能力、感知能力、认知能力、语言交往能力、社会生活能力、生活自理能力、以及个性的形成和发展。康教段是康复到义务教育的过渡，偏重智障儿童知识启蒙。义务教育段以传授文化知识为重点，同时开设生活化的课程，培养学生的生活自理能力和适应社会能力。生活适应段主要针对大龄智障学生的特点和需要，以培养学生的社会适应能力和职业适应能力为核心，为融入主流社会打好良好基础。

神木市残疾人教育学校共有在编教师32名，辅导员4名，其中：男教师12人，女教师24人；残疾人教育专业20人，艺体类5人，法律专业1人，语数外专业10人。学校教师招聘一贯按照专业化需求原则（本科为基准，研究生优先免试），招聘采用特事特办的方法，通过政府引才计划，实现教师招聘。学校办学以来先后引进研究生、211院校等重点大学的本科研究生毕业生作为优秀师资。严格落实中央、省、市等相关政策，做到有文件有落实，保证教师合法权益，提高教师待遇。学校已经落实了提高50%残疾人教育津贴，目前正在积极落实教师退休享受残疾人教育津贴政策、残疾人教育体系独立化等政策。

9.10 榆林市府谷县残疾人教育学校

府谷县残疾人教育学校一共设立6个班，2020年招生数7人、在校生数39人、毕业生数9人、校舍建筑面积2 563平方米。府谷县残疾人教育学校办学理念：承认差异，缩小差距，和谐特效，阳光人生。府谷县残疾人教育学校按照九年制义务教育开展残疾人教育，教职工人数26人，专任教师数25人，生师比156%；本科学历21人、专科学历5人；副高职称4人、中级职称15人、员级3人、未定职级4人。

9.11 榆林市定边县残疾人教育学校

定边县残疾人教育学校严格按照"残疾人教育学校送教为主，各学区为辅"的模式，坚持"多举措，控辍保学；同发展，精细扶助"的原则，开展特殊儿童"送教上门"工作。定边县残疾人教育学校目前共有送教教师19人，送教行程6.5万余公里，送教服务3 500余人次；工作取得了全县20个乡镇学校的支持，为残疾儿童入学开辟了绿色通道。通过师生结对这种行之有效的帮扶措施，县域残疾儿童入学率从原来不足90%，已提高到了现在的95%以上；使全县61名中重度残障儿童享受到了公平的教育权益，这相当于解决了全县五分之一的适龄残障儿童少年入学难的问题；同时向这些孩子提供每人每学期400元的营养餐，三类残疾儿童每年200元的交通补贴，困难学生补助（小学250元/学期，初中312.5元/学期），免费的书包文具、校服、作业本，这些措施有效地缓解了残障家庭的生活压力；定边县残疾人教育老师辛勤的努力，引起了社会各界对残疾儿童的重视和关爱。目前已有8家个人企业、6家公立机构、1家社会慈善团体、1所学校分别给予残疾儿童帮助，累计捐助价值20余万元的物资。这些成果让学生不再孤单，让家长不再忧愁。2018年定边县残疾人教育学校被定边县县委、县政府授予"特殊贡献奖"，一人被评为"精准扶贫"先进个人。

定边县采用"以特校为主，各校为辅"的送教上门形式，以"走一路教一路，谈一路扶一路，结一对帮一对"的工作方法，改变了家长、社会对残障儿童教育的偏见，宣传了党的扶贫工作政策，促进了家长的脱贫信心，增强了学生顽强生活的信念。定边县现有6～15岁持证残疾儿童332人，其中随班就读174人，本县特校就读49人，送教上门62人，外县区特校就读15人，康复机构安置32人。定边县特校成立于2015年7月，占地面积2 293平方米，建筑面积4 071平方米，现有教职工23人。学校于2016年9月开始招生，现有学生145人（就读学生中有超出15岁的情况）。

9.12 榆林市绥德县残疾人教育学校

绥德县残疾人教育学校自2015年由县编委批准更名后，教育对象不再是单纯的听障教育，育人职能已扩展为对南六县不能到普通中小学就读的各类适龄残疾儿童实施六年义务教育，同时还担负着对全县普通中小学的弱智儿童随班就读工作进行业务指导和师资培训的任务。作为全县残疾人教育工作的专业学校，教育对象是一个个身心有残疾的学生，他们或存在着听力缺陷，或存在着智力缺陷；身体有缺陷的学生，同时还伴随着不同程度的心理缺陷。他们在家往往被视为全家人的累赘与包袱，认为是这些孩子不能使整个家庭过上幸福与安康的好日子；在社会上这些残疾儿童常常被视为废人，被人所鄙视。虽然他们从出生就遭到这些不幸，但他们仍然是一个个活生生的人，残疾人教育群体的发展需要决定着学校的办学理念与办学目标，"让每一个生命绽放光彩"就成为绥德县残疾人教育学校的办学理念。

9.13 渭南市残疾人教育学校

渭南市残疾人教育学校在市区两级党委、政府和教育行政部门的指导与关怀下，渭南市残疾人教育学校于2013年筹建，2014年9月正式招生，投入使用。学校秉承"让每一朵花都在阳光下绽放"的办学理念，本着务实、仁爱的工作作风，以"自理、自立、自强"为校训，以"有爱无碍、教育康复、融合共同、和谐发展"为目标，科学管理，注重落实，外树形象，内促发展，使这所年轻的学校成长为陕西残疾人教育行业冉冉升起的新星。近年来，学校先后被评为全国重点特色实验学校、陕西省残疾人教育先进学校、陕西省中小学德育工作先进单位、陕西省心理健康教育基地、陕西省防震减灾示范校、渭南市文明校园、渭南市五一巾帼标兵岗、临渭区师德先进单位、临渭区教育教学先进单位、临渭区脱贫攻坚先进集体、临渭区学生资助先进集体，并在全国青少年航空航天模型锦标赛、陕西省残疾人教育学生综合素质展示、黄河金三角打击乐音乐节等活动中多次获奖。

渭南市残疾人教育学校在按照国家残疾人教育课程设置相关要求开齐一般性课程的基础上，还开发了适合本校学生的"573+X"特色课程体系。从儿童发展的五大领域出发，依据主体化、游戏化、实物化、操作化、形象化、情景化、形象化和体验化的七个原则，开设了康复理疗、社会适应、艺术修养三大板块十五门课程。在"康复理疗"领域逐步开发了语训、感统、律动、运动与保健、康复训练五门课程。在"社会适应"板块，开设了情景医院、餐厅、超市、邮局、银行、家政、交通七门课程，让孩子学会医院就医、饭店点餐、超市购物、收发快递、办理银行业务、学做家务、遵守交规等一系列社会常识。在"艺术修养"板块开设了舞蹈、打击乐、美工制作三门课程。这些特色课程的开设，提高了孩子们的生活技能，开阔了学生的视野，培养了学生的兴趣，对特殊儿童各方面功能的康复起到极大的推动作用。

渭南市残疾人教育学校先后有两名同学被评为陕西省美德少年。2017年学校学生表演的集体舞《老鼓》在"陕西省特教学校学生综合素质展示"中荣获二等奖。学校航模小组获得"2018全国青少年航空航天模型锦标赛"线操纵项目团体第二名,多名成员在"陕西省航空体育大会暨2018陕西省青少年航空航天模型比赛"中获奖。学校"爱之音"打击乐团获"黄河金三角第五届打击乐音乐节"金奖。截至2020年底,参与送教的教师200余人,送教6 000余节次,受益学生150余人。

9.14 渭南市临渭区残疾人教育

渭南市临渭区残疾人学校创办于2008年9月,是省级示范残疾人教育学校。学校占地10 000多平方米,建筑面积7 000多平方米,设有测听室、益智室、康复训练室、多感官训练室、手工室、感统训练室、律动室、心理咨询室、自然实验室、模拟情景室、计算机室等功能部室,办学条件处于领先水平。学校以学生阳光发展和生存教育为办学理念,针对学生的个性特点,构建生存教育课程体系,打造阳光活动平台,大力开展学生适应教育,使学生拥有阳光,适应社会,学会生存。学校根据学生的年龄结构及智力水平分别设置了康复、康教、义务教育、生活适应四个教学段。康复段针对智障儿童进行早期干预与康复训练,促进儿童运动能力、感知能力、认知能力、语言交往能力、社会生活能力、生活自理能力,以及个性的形成和发展。康教段是康复到义务教育的过渡,偏重智障儿童知识启蒙。义务教育段以传授文化知识为重点,同时开设生活化的课程,培养学生的生活自理能力和适应社会能力。生活适应段主要针对大龄智障学生的特点和需要,以培养学生的社会适应能力和职业适应能力为核心,为融入主流社会打好良好基础。

9.15 渭南市澄城县阳光学校

澄城县阳光学校始建于2009年,地处澄城县县城东端,隶属县教育局直接管理。学校目前已发展成为集学前教育、九年义务教育、职业教育为一体的十五年制残疾人教育学校。学校占地4 600平方米,建筑面积3 560平方米,绿化面积600平方米。学校现有教师46人,专任教师达标率为百分之百。全校现设有6个教学班,共有学生113人,其中,在校生57人,送教生56人。学校于2013年探索开展残疾人职业教育,以手工制作为起点,逐步开设美容美发、烹饪、理疗、面点制作、汽车美容等职业教育课程,为学生迈入社会打下了良好的基础。随着学生生源情况的改变,职业课程逐步向培智大龄轻度残疾学生开设,职业教师均为本校教师短期培训上岗,掌握了初步的职业技能和特殊学生教授方法,并在实践中得到一定的提升,特别是手工制作、面点制作在各类活动中受到各级领导的好评。职教课程能结合学生的实际,开展适合培智学生的基础性技能培训,培养学生成为服务家庭、适应社会的合格劳动者。在实践教学中,学校坚持德育为先,促进学生全面发展,培养学生技能,让学生掌握谋生的本领。学校建设了相关部室,并开展常态化教学。今年学校对美发和烹饪教室进行了改造,为职业教育提供了良好的硬件条件。在职业教育中,教师能够根据学生情况适时调整教学目标,从聋生职业教育逐步向培智职业教育转型,教师充分发挥了主观能动性,能吃苦善创新。教师在教学实践中有耐心,善于挖掘学生的优势智能,分层次分目标培养学生的各项能力。在不断的探索中,教师也提高了自身的专业能力。

9.16 商洛市洛南县苍松职业培训学校

洛南县苍松职业培训学校创办于1997年7月,是在原洛南县电脑学会培训中心的基础上创建的具有独立法人资格的民办培训学校。多年来学校先后从事县级行政领导计算机技能培训、企业员工技能培训、企业设备维修、企业管理人才培训、残疾人就业创业技能培训、企业产品网络推广宣传、企业信息咨询、企业财务及管理软件开发,是洛南县唯一一所成立20余年非盈利性的民办职业学校。

苍松职业培训学校现拥有办公室和培训场所1 420平方米,5D动感立体教学设备一套,教学及服务用电脑260台,供学员学习维修的电脑零部件20台,供学员采集图片用的数码相机5台、摄像机3台、扫描仪9台、体育和娱乐设备200余件,供教学使用的投影仪2套,同时拥有供学员实践操作的实习基地。学校现存书刊6 000余册,录像带、光盘1 500余盒以及一整套教学办公设备和一辆办公用车,固定资产总值217万元。现有管理和教学人员21人,全部具有大学以上学历,从事企业服务工作多年,有丰富的服务管理经验。洛南县苍松学校在不断满足就业培训需要的同时,积极探索新的培训模式,努力将培训人群的覆盖面扩展至各类人群。从2012年5月起,洛南县电脑学会及其附设机构苍松职业培训学校为了促进洛南县残疾人创业就业培训工作,提高残疾人就业水平,改善残疾人生活状况,主动与县残联取得联系,在县残联的大力支持和帮助下,苍松学校被县残联确立为洛南县残疾人创业就业培训基地。残联可以充分利用苍松学校的培训优势,全面开展残疾人培训工作。近年来,学校已累计培训残疾人1 980余人,其中成功创业或就业人数达到1 050余人,就业创业率达到72%。学校的模式是:每年开设一届残疾人创业就业培训,每届5~8期,每期60人,学制1~3个月,常年循环培训,培训费用全免。残疾人可以选择培训的专业有:创业培训、计算机技能培训、康复理疗培训、平面广告设计培训、特色小吃餐饮培训和电子商务培训等,培训结束后统一安置就业或帮助其自主创业。

洛南县苍松职业培训学校整合了洛南县安心美食城、洛南县换平康复理疗中心等4家机构作为洛南县苍松职业培训学校的实习基地,真正使学员能够学以致用。特别是洛南县苍松职业培训学校于2015年3月召开了"洛南县首届残疾人就业、创业培训启动仪式",让更多的残疾人享受到了"智能脱贫"政策的"红利"。从2019年起,洛南县苍松职业培训学校为了适应残疾人就业技能培训需要,又增设了残疾人保健按摩专业、照明电工专业、果树修，栽培专业、中药材种植专业、养殖专业、盲人按摩专业和手工钩织专业。全年共计划培训残疾人312人，合格人数力求达到92%。

9.17 商洛市洛南县华阳鑫宇职业技术培训学校

洛南县华阳鑫宇职业技术培训学校，是经洛南县人力资源和社会保障局审批（洛人社发〔2013〕545号）、洛南县民政局审核注册的民办职业培训学校，成立于2013年9月。学校坐落在地理位置优越，交通便利的洛南县粮食局，院内环境优美，教学氛围浓厚，经过改造装修，教学生活场地500多平方米、教室9间、办公室4间、多媒体教学设备三套；现有固定资产30多万元，教学保障车一辆，注册资金100万元，拥有工作人员8名，专职创业培训（SYB）教师2人，聘用创业培训（SYB）教师4人，其他专业聘用教师11人。学校管理严格，培训规范，是就业创业职业技能培训的基地。学校成立以来，坚持以"自立、自强、创业、创新"为办学宗旨，始终坚持"无业者有业，有业者乐业"的办学理念。学校以就业为导向，以职业能力为核心，以素质教育为特色，以培训技能实用型人才为目标，做到"招收一人，培训一人；招收一人，就业一人"，培养大量具备创业就业综合能力和全面素质的应用型人才。

洛南县华阳鑫宇职业技术培训学校先后完成创业培训87期2 165人，就业培训75期3 758人，被征地农民技能培训6期397人，残疾人技能培训18期1 020人，其他短期培训、考前辅导、计算机模块培训等共200多人。

学校开设创业就业培训：SYB创业培训的内容，"创办你的企业"共分10步，由两大部分构成，SYB创业意识培训（1~2步）和SYB创业计划培训（3~10步）。室内照明装置安装：电工基础知识、电工基本操作、室外线路施工、室内线路施工的基本要求、室内照明线路装置安装与检修。餐饮类（小吃制作、农家乐烹饪）：主要对原料基础知识加工、刀工、配菜、勺工以及热、冷菜制作烹饪基本技能进行实践操作。丝网花制作：丝网花制作方法及插花概念及技巧。家政服务（母婴护理、养老护理）：学习母婴护理和养老护理理论知识和实践操作技能。残疾人培训课程：养殖业、种植业、盲人按摩、电子商务。

2019年11月在洛南县城关镇尖角村举办的残疾人培训中，学员张军洛通过培训成功创业，成立张军洛养鸡场，走上致富之路；在洛南县城关镇樊湾社区举办的残疾人培训中，学员张宏通过培训学习了一技之长，已外出至江苏省昆山市鼎鑫有限公司务工；2020年9月在洛南县城关镇樊湾社区举办的残疾人培训中，学员曹金民通过培训成功创业，置办修鞋摊位。

9.18　商洛市洛南县残疾人教育学校

洛南县残疾人教育学校位于四皓街道办事处柳林社区三组,占地7.4亩,建筑面积2 380平方米,建设规模为9个教学班,可满足80余名智力残疾儿童入学就读。洛南县残疾人教育学校于2017年9月1日正式开学,现有教学班4个,教职工11人,在校学生30人。洛南县残疾人教育学校以"让孩子幸福、让家长满意、让社会放心"为办学理念,以"补偿缺陷,掌握技能,学会生活,适应社会"为办学目标,按照康复、康教、义务教育、生活适应四个教学段的教学模式组织教学。康复段针对智障儿童进行早期干预与康复训练促进儿童运动能力,感知能力,认知能力,语言交往能力,社会生活能力,生活自理能力,以及个性的形成和发展。康教段是康复到义务教育的过渡,偏重智障儿童知识启蒙。义务教育段以传授文化知识为重点,同时开设生活化的课程,培养学生的生活自理能力和适应社会能力。生活适应段主要针对大龄智障学生的特点和需要,以培养学生的社会适应能力和职业适应能力为核心,为融入主流社会打好良好基础。洛南县残疾人教育学校设施设备基本齐全,根据智障孩子的需要,学校现设有感觉统合教室、音乐律动教室、运动康复教室、多感官综合训练教室、个训室等多个专用功能教室。

第10章 陕西省部分地市县区残疾人现状统计

10.1 陕西省残疾人职业学校基本情况统计

陕西省残疾人职业学校基本情况统计表见表10-1。

表10-1 陕西省残疾人职业学校基本情况统计表*

序号	学校名称	办学层次	办学类型	校园面积	平方米	建筑面积	经费投入	班级数	招生人数	在校生数	毕业生数	教职工数	专任教师数	行政人员数	教辅人员数	工勤人员数	正高级	副高级	中级	助理级	未定职级	生师比	图书馆藏书	电子图书	阅览室座位数
1	西安美院残疾人教育学院	高等	本科																						
2	陕西省城市经济学校	中等	特教学校	28	18 666.7	38 126	3 727.54	26	176	222	160	98	61	16	13	8	0	24	20	15	2				
3	陕西省自强中等专业学校	中等	特教学校	197.76	129 840	47 465.38	4 458.41	30	188	497	198	90	78	12	3	3	0	24	40	14	0	7	13.18	10	240
4	商洛市残疾人教育学校	中等	特教学校	20	13 333.3	15 925	652	4	17	629	26	59	54	5	1	4	0	6	22	21	5		2.8		30
5	洛南县残疾人教育学校	中等	特教学校	7.4	4 933.3	2 380	63	4	30	166	212	11	20	1		6	0	2	2	7		2.7	0.5		20
6	山阳县残疾人教育学校	中等	特教学校	4.3	2 866.7	1 820	42.6	4		71	28											3	0.192	0.0024	30

* 表中空缺数据表示该数据在调研过程中未掌握，统计数据仅作为学界参考。

续表

序号	学校名称	办学层次	办学类型	校园面积 平方米		建筑面积	经费投入	班级数	招生人数	在校生数	毕业生数	教职工数	专任教师数	行政人员数	教辅人员数	工勤人员数	正高级	副高级	中级	助理级	未定职级	生师比	图书馆藏书	电子图书	阅览室座位数
7	定边县残疾人教育学校	初等		3.44	2 293.3	4 182.46	131.471 9	14	23	145	32	29	22	4	3		0	3	9	8		2			15
8	府谷县残疾人教育学校	初等		6	4 000	2 563.17	58	6	7	39	9	26	25			1	0	4	15	8	3	4	1.6	0.6	
9	神木市残疾人教育学校	初等	特教学校有职教班	18.3	12 200	9 547	238.32	14	23	109	17	51	36			15	0		14	18		4	3	1.1	0.005	20
10	绥德县残疾人教育学校	初等	特教学校	3.9	2 600	2 254		8	4	35	4	16	15			1	0	2			2	4	2	0.09	0.000 5	14
11	榆林市残疾人教育学校	初等	特教学校	21.09	14 060	8 480	195	13	195	195	8	30	30				0	5	10	15			6.5	0.8	0	24
12	眉县残疾人职业技术培训学校			16	10 666.7	6 015						29					0									
13	眉县残疾人教育学校	初等	特教学校	8.3	5 533.3	3 700	88.8	7	9	215	17	31	17	4	2	2	0	4	7	4	2	4	3	0.38		16
14	宝鸡市残疾人教育学校	初等	特教学校	20	13 333.3	13 000		11	10	120	17	58	43			15	0	2	6	35						
15	陈仓区残疾人教育学校	初等	特教学校	17.3	11 522	6 097		9	6	104	13	31	23	2	4	2	1	10	12				3			
16	宝鸡英才职业高级中学					6 666.7				123		33		2	2		0									
17	凤翔县残疾人教育学校	初等				1 942.1	60	5	20	100	9	20	19			1	0	3	8	9		4	3			
18	岐山县残疾人教育学校	初等	特教学校	25	16 666.7	14 958.5	90.525	9	4	77	10	29	28			1	0	1	17	11			6.7	0.1	0	
19	汉阴县阳光学校	初等	特教学校	4.15	2 766.7	1 090	70	3	12	250	5	11					0	1	4	6					0	0

续表

序号	学校名称	办学层次	办学类型	校园面积	平方米	建筑面积	经费投入	班级数	招生数	在校生人数	毕业生数	教职工数	专任教师数	行政人员数	教辅人员数	工勤人员数	正高级	副高级	中级	助理级	未定职级	生师比	图书馆藏书	电子图书	阅览室座位数
20	旬阳县阳光学校	初等	特教学校	10.9	7266.7	3019	42.2	5	9	66	9	27	27	3		24		0		13			2.5	10	0	0
21	安康市阳光学校	初等	特教学校有职教班	12.2	8132.52	11698		15	20	183	12	54	42			1		0	7	19	16		4.3	3	5	10
22	白河县阳光学校	初等	特教学校	5.46	3640	2750	24.8	3	40	40	2	15	8					0		1	2	4		0.3	0	12
23	富县聋儿语言培训中心	中等	特教学校	0.4	266.7	940	10	5	39	39	3	6	3	1		2		0		1	2			2	0.2	20
24	黄陵县残疾人学校	初等	特教学校	11.5	7666.7	3290	15	4	54	117	6	12	3	1	1	2		0					8	1	0	10
25	延安市残疾人教育学校	初等	特教学校	6.06	4040	5250	2374.8	21	16	160	0	62	62	9		2	2	0	12	8	14	28	10	0.83	0	20
26	洛川县残疾人教育学校	中等	特教学校	10	6666.7	14872	102.3	10	152	112	5	42	42	13		2		0	5	27	8	2	3.6	0.4	0	20
27	宜川县儿童育智学校	初等	特教学校	0.5	333.3	300	19.8	3	33	33	5	13	12		3			0		13		17	3	3.5	0	
28	彬州市残疾人教育学校	中等	特教学校	13	8666.7	4938	35.75	11	15	457	5	38	25	11		5		0	4	14	8	3	3	0.278	0	8
29	泾阳县残疾人学校	初等	特教学校	9.6	6400	4129	845	5	4	51	5	29	23		2	2	1	0	2	13	8	1	2.2	0.19	0.022	
30	铜川市残疾人教育育智学校	初等	特教学校	12.7	8466.7	5586				62		23	16		3			0						0.19		
31	西安市第二聋哑学校	初等中等	特教学校残疾人学校	16	10666.7	10604.85	2550	21	14	231	22	82	67	20	2	2	2	0	6	31	19	10	3	1.37	3	50
32	西安市启智学校	初等	特教学校有职教班	17.92	11945.6	11944	2400	19	27	211	37	82	56		6			0	11	20	17	8	3.9	0.8	1.2	

续表

序号	学校名称	办学层次	办学类型	校园面积 平方米	建筑面积	经费投入	班级数	招生数	在校人数	毕业生数	教职工数	专任教师数	行政人员数	教辅人员数	工勤人员数	正高级	副高级	中级	助理级	员级	未定级	生师比	图书馆藏书	电子图书	阅览室座位数
33	武功县残疾人教育学校	初等	特教学校	8	5 333.3	1 220		13	16	178	8	49	33	5	8	13	0		3	3				0.4		20
34	大荔县残疾人教育学校	初等	特教学校	33 300	33 300	2 198.5		2	107	107		13	11	2		1	0	3	5	2		1	0.103	0.39	0	60
35	富平县残疾人教育学校		特教学校	27.7	18 466.7	2 607.6	96.6	12	169	169	20	33	32	1		1	0	2	12	15			5	0.59		
36	合阳县残疾人教育学校	初等		9.05	6 030	2 300	25.4	5	8	86	8	23	22				0	5	12	6	3					
37	渭南市华州区残疾人教育学校	初等	特教学校	15	10 000	2 813	10	9	108	108	20	26	22	1		3	0	1	9	8		4	5	0.12		12
38	渭南市临渭区曙光残疾人教育学校	初等	特教学校	2.5	1 666.7	1 500.55	57.6	9	5	96	12	12	8	1		3	0							0.195	0.0005	
39	渭南市残疾人教育学校	初等	特教学校	8	5 333.3	4 919	145.4	20	18	241	35	42	42	9		2	0	2	12	25	3		6	2.3	0.2	8
40	澄城县阳光学校	初等	特教学校有职教班	14.39	9 593.3	2 729	60	8	7	224	6	46	31		4		0	3	11	12		5	2.5	0.6	0.01	6

10.2 咸阳市残疾人现状信息表

咸阳市残疾人现状信息表见表10-2。

表10-2 咸阳市残疾人现状信息表**

<table>
<tr><th colspan="2">项 目</th><th colspan="6">内 容</th></tr>
<tr><td colspan="2">年份/年</td><td>2015</td><td>2016</td><td>2017</td><td>2018</td><td>2019</td><td>2020</td></tr>
<tr><td colspan="2">本行政区域人口数/万人</td><td>496.98</td><td>498.66</td><td>437.6</td><td>436.61</td><td>435.62</td><td>395.98</td></tr>
<tr><td rowspan="3">残疾人数</td><td>总计/人</td><td>63 622</td><td>71 452</td><td>82 907</td><td>93 608</td><td>107 555</td><td>124 096</td></tr>
<tr><td>占总人口比例/（%）</td><td>1.28</td><td>1.43</td><td>1.89</td><td>2.14</td><td>2.47</td><td>3.13</td></tr>
<tr><td>学龄儿童/人</td><td>522</td><td>745</td><td>1 041</td><td>1 288</td><td>1 528</td><td>1 732</td></tr>
<tr><td rowspan="7">残疾类别</td><td>视力残疾/人</td><td>8 087</td><td>8 984</td><td>10 348</td><td>11 572</td><td>13 060</td><td>14 458</td></tr>
<tr><td>听力残疾/人</td><td>5 471</td><td>6 004</td><td>6 939</td><td>7 857</td><td>9 016</td><td>10 056</td></tr>
<tr><td>言语残疾/人</td><td>762</td><td>839</td><td>909</td><td>969</td><td>1 053</td><td>1 147</td></tr>
<tr><td>肢体残疾/人</td><td>37 496</td><td>41 823</td><td>47 787</td><td>53 151</td><td>60 833</td><td>70 020</td></tr>
<tr><td>智力残疾/人</td><td>5 119</td><td>5 784</td><td>6 786</td><td>7 673</td><td>8 962</td><td>10 473</td></tr>
<tr><td>精神残疾/人</td><td>4 673</td><td>5 687</td><td>7 349</td><td>8 997</td><td>10 432</td><td>12 344</td></tr>
<tr><td>多重残疾/人</td><td>2 014</td><td>2 331</td><td>2 789</td><td>3 389</td><td>4 199</td><td>5 430</td></tr>
<tr><td rowspan="3">残疾等级</td><td>重度/人</td><td>18 271</td><td>21 317</td><td>25 602</td><td>30 421</td><td>36 523</td><td>43 429</td></tr>
<tr><td>中度/人</td><td>27 375</td><td>30 673</td><td>35 150</td><td>39 123</td><td>44 057</td><td>49 824</td></tr>
<tr><td>轻度/人</td><td>17 976</td><td>19 462</td><td>22 150</td><td>24 064</td><td>26 975</td><td>30 641</td></tr>
<tr><td rowspan="11">受教育情况</td><td>提供学前资助数/人</td><td>/</td><td>/</td><td>14</td><td>9</td><td>/</td><td>/</td></tr>
<tr><td>残疾人教育普通高中班（部）数/个</td><td>/</td><td>/</td><td>/</td><td>/</td><td>/</td><td>/</td></tr>
<tr><td>特教高中班（部）在校生/人</td><td>/</td><td>/</td><td>/</td><td>/</td><td>/</td><td>/</td></tr>
<tr><td>残疾人中等职业学校（班）数/个</td><td>/</td><td>/</td><td>/</td><td>/</td><td>/</td><td>/</td></tr>
<tr><td>残疾人中等职业学校（班）在校生数/人</td><td>9</td><td>/</td><td>/</td><td>/</td><td>/</td><td>/</td></tr>
<tr><td>残疾人中等职业学校（班）毕业生数/人</td><td>/</td><td>/</td><td>/</td><td>/</td><td>/</td><td>/</td></tr>
<tr><td>获得职业资格证书人数/人</td><td>/</td><td>/</td><td>/</td><td>9</td><td>/</td><td>/</td></tr>
<tr><td>被普通高等院校录取人数/人</td><td>18</td><td>30</td><td>14</td><td>15</td><td>14</td><td>-</td></tr>
<tr><td>被高等残疾人教育学院录取人数/人</td><td>/</td><td>/</td><td>/</td><td>1</td><td>/</td><td>-</td></tr>
<tr><td>接受扫盲教育青壮年文盲人数/人</td><td>0</td><td>36</td><td>50</td><td>50</td><td>0</td><td>40</td></tr>
</table>

** "/"表示调研组调研时未掌握该部分数据，其他数据仅作为学术参考。

10.3 宝鸡市残疾人现状信息表

宝鸡市残疾人现状信息表见表10-3。

表10-3 宝鸡市残疾人现状信息表

项 目		内 容					
	年份/年	2015	2016	2017	2018	2019	2020
	本行政区域人口数/万人	376.33	377.5	378.1	377.1	376.1	332.19
残疾人数	总计/人	56 950	69 088	79 374	87 568	99 787	121 665
	占辖区总人口比例/%	1.5	1.8	2.0	2.3	2.6	3.7
	学龄儿童/人	1 075	1 348	1 519	1 644	1 789	1 941
残疾类别	视力残疾/人	6 948	8 415	9 642	10 650	11 967	13 858
	听力残疾/人	5 972	6 832	7 702	8 471	9 494	1 1134
	言语残疾/人	719	771	832	889	1 009	1 345
	肢体残疾/人	33 254	39 004	44 531	48 922	56 030	68 892
	智力残疾/人	2 739	3 817	4 385	4 857	5 568	7 230
	精神残疾/人	5 352	7 525	9 019	10 078	11 059	12 811
	多重残疾/人	1 966	2 723	3 264	3 699	4 658	6 394
残疾等级	重度/人	4 371	5 294	6 158	6 871	8 695	11 811
		10 131	13 453	16 834	19 451	22 673	28 121
	中度/人	22 151	27 483	31 744	35 009	39 329	47 376
	轻度/人	20 297	22 855	24 638	26 234	29 091	34 357
受教育情况	残疾人教育普通高中班（部）数/人	/	/	/	/	/	/
	残疾人教育普通高中班（部）在校生/人	/	/	/	/	/	/
	残疾人中等职业学校（班）数/人	/	/	/	/	/	/
	残疾人中等职业学校（班）在校生数/人	/	/	/	/	/	/
	残疾人中等职业学校（班）毕业生数/人	/	/	/	/	/	/
	获得职业资格证书人数/人	/	/	/	/	/	/
	被普通高等院校录取人数/人	45	33	29	16	23	13
	被高等残疾人教育学院录取人数/人	/	/	/	/	/	/
	接受扫盲教育青壮年文盲人数/人	/	/	/	/	/	/

10.4 榆林市定边县残疾人现状信息表

榆林市定边县残疾人现状信息表见表10-4。

表10-4 榆林市定边县残疾人现状信息表

项 目		内 容					
年份/年		2015	2016	2017	2018	2019	2020
本行政区域人口数/万人		34.70	35.21	35.57	35.66	35.93	36.01
残疾人数	总计/人	9 390	9 625	9 738	10 536	10 968	11 177
	占辖区总人口比例/（%）	2.7	2.73	2.74	2.95	3.05	3.1
	学龄儿童/人	324	349	367	389	399	403
残疾类别	视力残疾/人	1 182	1 225	1 288	1 343	1 395	1 413
	听力残疾/人	741	769	791	803	827	857
	言语残疾/人	109	107	104	100	99	98
	肢体残疾/人	5 662	5 669	5 514	6 040	6 272	6 342
	智力残疾/人	773	796	824	869	893	922
	精神残疾/人	597	667	756	826	888	926
	多重残疾/人	326	392	461	555	594	619
残疾等级	重度/人	3 266	3 351	3 469	3 504	3 598	3 690
	中度/人	5 061	5 182	5 293	5 404	5 589	5 698
	轻度/人	1 304	1 503	1 616	1 680	1 714	1 789
受教育情况	提供学前教育资助残疾儿童人数/人	80	133	193	202	58	30
	残疾人教育普通高中班（部）数/个	/	/	/	/	/	/
	残疾人教育普通高中班（部）在校生/人	/	/	30	45	58	/
	残疾人中等职业学校（班）数/个	/	/	/	/	/	/
	残疾人中等职业学校（班）在校生数/人	2	1	1	3	1	2
	残疾人中等职业学校（班）毕业生数/人	3	2	4	4	2	2
	获得职业资格证书人数/人	/	/	/	/	/	/
	被普通高等院校录取人数/人	7	5	6	13	9	7
	被高等残疾人教育学院录取人数/人	1	/	/	1	/	/
	接受扫盲教育青壮年文盲人数/人	/	/	/	/	/	/

10.5 榆林市府谷县残疾人现状信息表

榆林市府谷县残疾人现状信息表见表10-5。

表10-5 府谷县残疾人现状信息表

项目		内容					
年份/年		2015	2016	2017	2018	2019	2020
本行政区域人口数/万人		26.31	23	23	24.82	23	25.54
残疾人数	总计/人	11 048	11 278	11 643	9 208	6 246	6 962
	占辖区总人口比例/%	4.8%	4.9%	5.1%	4%	2.7%	3%
	学龄儿童/人	25	26	27	21	14	16
残疾类别	视力残疾/人	2 415	2 354	2 405	2 156	462	511
	听力残疾/人	1 345	1 322	1 475	1 136	1 280	1 388
	言语残疾/人	986	968	977	675	52	61
	肢体残疾/人	3 685	3 945	4 126	3 294	3 020	3 309
	智力残疾/人	865	954	942	735	582	723
	精神残疾/人	776	788	773	636	514	605
	多重残疾/人	976	956	945	576	336	365
残疾等级	重度/人	2 506	2 645	2 604	2 453	1 506	1 755
	中度/人	4 684	4 475	4 421	3 258	2 224	2 483
	轻度/人	3 858	4 156	4 618	3 497	2 516	2 724

10.6 榆林市府谷县残疾人现状信息表

榆林市府谷县残疾人现状信息表见表10-6。

表10-6 神木市残疾人现状信息表

项　目		内　容					
年份/年		2015	2016	2017	2018	2019	2020
本行政区域人口数/万人		/	/	/	/	/	/
残疾人数	总计/人	/	/	/	/	11 794	13 209
	占辖区总人口比例/%	/	/	/	/	/	/
	学龄儿童/人	/	/	/	/	/	/
残疾类别	视力残疾/人	/	/	/	/	1 112	1 313
	听力残疾/人	/	/	/	/	854	977
	言语残疾/人	/	/	/	/	80	92
	肢体残疾/人	/	/	/	/	6 486	7 120
	智力残疾/人	/	/	/	/	1 064	1 172
	精神残疾/人	/	/	/	/	978	1 143
	多重残疾/人	/	/	/	/	1 120	1 392
残疾等级	重度/人	/	/	/	/	4 263	4 807
	中度/人	/	/	/	/	3 894	4 371
	轻度/人	/	/	/	/	3 637	4 031
受教育情况	提供学前教育资助残疾儿童人数/人	/	/	/	/	/	/
	残疾人教育普通高中班（部）数/个	/	/	/	/	/	/
	残疾人教育普通高中班（部）在校生/人	/	/	/	/	/	/
	残疾人中等职业学校（班）数/个	/	/	/	/	/	/
	残疾人中等职业学校（班）在校生数/人	/	/	/	/	/	/
	残疾人中等职业学校（班）毕业生数/人	/	/	/	/	/	/
	获得职业资格证书人数/人	/	/	/	/	/	/
	被普通高等院校录取人数/人	/	/	/	/	/	/
	被高等残疾人教育学院录取人数/人	/	/	/	/	/	/
	接受扫盲教育青壮年文盲人数/人	/	/	/	/	/	/

10.7　榆林市绥德县残疾人现状信息表

榆林市绥德县残疾人现状信息表见表10-7。

表10-7　榆林市绥德县残疾人现状信息表

项目		内容					
年份/年		2015	2016	2017	2018	2019	2020
本行政区域人口数/万人		35.77	35.95	35.93	35.41	35.26	
残疾人数	总计/人	11 879	12 677	13 575	13 223	14 045	14 600
	占辖区总人口比例/%	3.32	3.52	3.78	3.73	3.98	
	学龄儿童/人	200	246	285	370	382	405
残疾类别	视力残疾/人	1 148	1 257	1 362	1 392	1 483	1 546
	听力残疾/人	1 367	1 451	1 525	1 355	1 365	1 406
	言语残疾/人	70	78	84	78	69	72
	肢体残疾/人	6 396	6 727	7 103	6 643	6 901	7 202
	智力残疾/人	615	673	761	852	862	925
	精神残疾/人	1 125	1 278	1 451	1 556	1 626	1 707
	多重残疾/人	1 158	1 213	1 289	1 347	1 739	1 742
残疾等级	重度/人	3 651	3 779	3 977	3 931	3 719	3 764
	中度/人	5 924	6 342	6 793	6 584	6 929	7 201
	轻度/人	2 304	2 556	2 805	2 708	3 397	3 635
受教育情况	提供学前教育资助残疾儿童人数/人	/	/	/	/	/	/
	残疾人教育普通高中班（部）数/个	/	/	/	/	/	/
	残疾人教育普通高中班（部）在校生/人	/	/	/	/	/	/
	残疾人中等职业学校（班）数/个	/	/	/	/	/	/
	残疾人中等职业学校（班）在校生数/人	/	/	/	/	/	/
	残疾人中等职业学校（班）毕业生数/人	/	/	/	/	/	/
	获得职业资格证书人数/人	/	/	/	/	/	/
	被普通高等院校录取人数/人	6	5	5	9	9	7
	被高等残疾人教育学院录取人数/人	/	/	/	/	/	/
	接受扫盲教育青壮年文盲人数/人	/	/	/	/	/	/

10.8 榆林市榆阳区残疾人现状信息表

榆林市榆阳区残疾人现状信息表见表10-8。

表10-8 榆林市榆阳区残疾人现状信息表

项 目		内 容					
	年份/年	2015	2016	2017	2018	2019	2020
	本行政区域人口数/万人	57.00	58.48	57.96	57.55	57.51	57.51
残疾人数	总计/人	9 295	9 902	10 772	11 344	12 384	12 923
	占辖区总人口比例/%	1.63	1.69	1.85	1.97	2.15	2.24
	学龄儿童/人	/	/	/	/	176	165
残疾类别	视力残疾/人	913	970	1 039	1 087	1 169	1 213
	听力残疾/人	531	573	614	647	721	771
	言语残疾/人	70	74	80	84	93	98
	肢体残疾/人	5 252	5 531	5 869	6 161	6 632	6 908
	智力残疾/人	1 095	1 203	1 397	1 461	1 624	1 701
	精神残疾/人	619	700	853	934	1 048	1 110
	多重残疾/人	815	851	920	970	1 097	1 122
残疾等级	重度/人	2 366	2 525	2 765	2 911	3 207	3 322
	中度/人	3 583	3 838	4 219	4 450	4 846	5 055
	轻度/人	3 346	3 539	3 788	3 983	4 331	4 546
受教育情况	提供学前教育资助残疾儿童人数/人	30	30	30	30	65	30
	残疾人教育普通高中班（部）数/个	/	/	/	/	/	/
	残疾人教育普通高中班（部）在校生/人	/	/	/	/	特殊6人、普通39人	特殊4人、普通47人
	残疾人中等职业学校（班）数/个	/	/	/	/	/	/
	残疾人中等职业学校（班）在校生数/人	/	/	/	/	特殊6人、普通39人	特殊4人、普通47人
	残疾人中等职业学校（班）毕业生数/人	/	/	/	/	/	/
	获得职业资格证书人数/人	/	/	/	/	/	/
	被普通高等院校录取人数/人	/	/	/	/	/	/
	被高等残疾人教育学院录取人数/人	/	/	/	/	/	/
	接受扫盲教育青壮年文盲人数/人	/	/	/	/	/	/

10.9 渭南市残疾人现状信息表

渭南市残疾人现状信息表见表10-9。

表10-9 渭南市残疾人现状信息表

项 目		内 容					
	年份/年	2015	2016	2017	2018	2019	2020
	本行政区域人口数/万人	/	/	/	/	/	560
残疾人数	总计/人	/	/	/	/	/	226 829
	占辖区总人口比例/%	/	/	/	/	/	4.05
	学龄儿童/人	/	/	/	/	/	1 479
残疾类别	视力残疾/人	/	/	/	/	/	24 425
	听力残疾/人	/	/	/	/	/	22 256
	言语残疾/人	/	/	/	/	/	2 521
	肢体残疾/人	/	/	/	/	/	141 505
	智力残疾/人	/	/	/	/	/	12 548
	精神残疾/人	/	/	/	/	/	14 697
	多重残疾/人	/	/	/	/	/	8 877
残疾等级	重度/人	/	/	/	/	/	63 132
	中度/人	/	/	/	/	/	90 938
	轻度/人	/	/	/	/	/	72 759
受教育情况	提供学前教育资助残疾儿童人数/人	/	/	/	/	/	/
	残疾人教育普通高中班（部）数/个	/	/	/	/	/	/
	残疾人教育普通高中班（部）在校生/人	/	/	/	/	/	/
	残疾人中等职业学校（班）数/个	/	/	/	/	/	/
	残疾人中等职业学校（班）在校生数/人	/	/	/	/	/	/
	残疾人中等职业学校（班）毕业生数/人	/	/	/	/	/	/
	获得职业资格证书人数/人	/	/	/	/	/	/
	被普通高等院校录取人数/人	28	10	15	24	24	26
	被高等残疾人教育学院录取人数/人	/	/	/	/	/	/
	接受扫盲教育青壮年文盲人数/人	/	/	/	/	/	/

10.10 延安市残疾人现状信息表

延安市残疾人现状信息表见表10-10。

表10-10 延安市残疾人现状信息表

项目		内容					
	年份/年	2015	2016	2017	2018	2019	2020
	本行政区域人口数/万人	223.13	225.28	226.31	225.94	225.57	225.57
残疾人数	总计/人	66 317	71 877	75 245	77 719	82 815	86 523
	占辖区总人口比例/%	29.7	31.9	33.2	34.3	36.7	38.3
	学龄儿童/人	1 727	1 988	2 158	2 331	2 613	2 603
残疾类别	视力残疾/人	6 790	7 509	7 959	8 210	8 763	9 115
	听力残疾/人	4 889	5 508	5 989	6 315	6 887	7 318
	言语残疾/人	834	883	922	943	978	959
	肢体残疾/人	41 478	44 168	45 614	46 496	48 983	50 495
	智力残疾/人	5 372	5 820	6 068	6 345	6 774	7 045
	精神残疾/人	3 573	4 325	4 858	5 518	6 254	7 005
	多重残疾/人	3 370	3 664	3 835	3 892	4 176	4 586
残疾等级	重度/人	23 881	25 845	26 830	27 476	29 286	30 740
	中度/人	24 601	27 428	29 247	30 652	32 946	34 433
	轻度/人	17 824	18 604	19 168	19 591	20 583	21 350
受教育情况	提供学前教育资助残疾儿童人数/人	/	/	/	/	/	/
	残疾人教育普通高中班（部）数/个	/	/	/	/	/	/
	残疾人教育普通高中班（部）在校生/人	/	/	/	/	/	/
	残疾人中等职业学校（班）数/个	/	/	/	/	/	/
	残疾人中等职业学校（班）在校生数/人	/	/	/	/	/	/
	残疾人中等职业学校（班）毕业生数/人	/	/	/	/	/	/
	获得职业资格证书人数/人	/	/	/	/	/	/
	被普通高等院校录取人数/人	43	46	56	34	48	29
	被高等残疾人教育学院录取人数/人	/	/	/	/	/	/
	接受扫盲教育青壮年文盲人数/人	/	/	/	/	/	/

附　录

附录1　专业人才培养方案模板

计算机平面设计专业
人才培养方案（肢体残疾）

主　编：×××
参　编：×××
主　审：×××

发布日期：20××年××月××日　　　　实施日期：20××年××月××日

目　录

一、专业名称及代码

二、入学要求

三、修业年限

四、职业面向

五、培养目标与培养规格

六、课程设置及要求

七、教学进程总体安排

八、学时安排

九、实施保障

十、毕业要求

计算机平面设计专业人才培养方案

一、专业名称及代码

计算机平面设计 [专业代码：710210]。

二、入学要求

本专业招收具有初中以上文化程度或同等学力的适合本专业学习的残疾人和健全人。

三、修业年限

全日制中等职业教育，学制三年，毕业后获得中专学历。

四、职业面向

本专业主要面向计算机平面设计领域的中小型企事业单位，培养在生产、服务第一线能从事办公自动化、计算机图形图像处理、平面广告设计与制作、版式设计、书籍装桢、商业插画、网页设计、数字影像处理、商业人像美工等工作，具有良好的职业素质和较强的实践能力的高素质劳动者和技能型人才（见附表1-1）。

附表1-1　计算机平面设计专业

序号	所属专业大类	对应行业	主要职业类别	主要就业岗位（或技术领域）	职业资格（名称、等级、颁证单位）
1	数字图文信息技术	平面设计	平面设计师	平面设计助理	图形图像处理（OSTA Photoshop模块和OSTA CorelDRAW模块），人力资源和社会保障部职业技能鉴定中心颁发，Adobe中国认证设计师（平面设计类）（ACCE），Adobe中国颁发
2		电子出版	电子出版师	平面设计排版	图形图像处理（OSTA Photoshop模块和OSTA CorelDRAW模块），人力资源和社会保障部职业技能鉴定中心颁发，Adobe中国认证设计师（平面设计类）（ACCE），Adobe中国颁发
3		商业插画	商业插画师	插画绘制	图形图像处理（OSTA Photoshop模块和OSTA CorelDRAW模块），人力资源和社会保障部职业技能鉴定中心颁发，Adobe中国认证设计师（平面设计类）（ACCE），Adobe中国颁发
4		网页设计	网页设计师	网页设计	图形图像处理（OSTA Photoshop模块和OSTA CorelDRAW模块），人力资源和社会保障部职业技能鉴定中心颁发，Adobe中国认证设计师（网页设计类）（ACCE），Adobe中国颁发

五、培养目标与培养规格

（一）培养目标

本专业培养德、智、体、美、劳全面发展，具有诚信、敬业的良好职业素质；掌握素描、色彩、装饰图案的绘制技能技巧；掌握计算机软、硬件维护；熟练使用办公自动化软件和常用设计软件（Photoshop、Coreldraw、Illustrator）；能独立完成设计创意方案，胜任计算机平面设计领域各项工作的中等技能型人才。

本专业主要面向平面设计类企业，从事企业形象策划与推广的VI视觉传达设计、产品外包装、广告招贴、书籍装帧、网页美工、数字图像处理、商业环境展示设计等工作，以及与计算机平面设计相关的其他工作。

（二）培养规格

本专业所培养的人才应具有以下素质、知识和能力。

1.专业素质

- 文化素质：具有一定的法律、法规知识；具有扎实的专业基本理论、基本知识；具有一定的文化素养。
- 身心素质：具有强烈的事业心及责任感；具有正直而不偏激的做事态度；具有自信而不自傲的自我意识；具有开朗、乐观、进取的健康心态。
- 职业素质：有高度的责任感，有严谨、认真、细致的工作作风；具有团队精神和合作意识，具有协调工作的能力和组织管理能力；具有良好的职业道德、法律意识、评判性思维能力。

2.专业知识

- 掌握本专业所必需的文化基础知识和专业基础知识。
- 掌握计算机软、硬件相关理论知识。
- 掌握计算机平面设计软件中Photoshop、CorelDRAW、Illustrator的应用知识。
- 掌握招贴、字体、包装、品牌及各种版面设计的基础知识和行业规范，并能灵活应用所学软件进行实现。
- 掌握计算机辅助设计在本专业的应用知识。
- 了解印刷材料、印刷设备与印刷工艺的基础知识。

3.专业能力

- 具有一定的阅读理解能力，能够将客户的要求转换成设计；具有一定的文字书写和语言表达能力，能将设计的创意观点清楚地表达给客户。
- 具有一定的数学计算能力，能够对设计中涉及的数字进行准确计算。
- 具有一定计算机软、硬件维护能力，能对计算机运行中出现的故障进行排除和维修。
- 具备简单的设计能力，能够根据设计主题进行各种平面媒体及广告的合理化设计。

- 能熟练运用Photoshop、CorelDRAW、Illustrator平面设计软件，能绘制图形、具有对数码照片进行精致处理和创意效果的处理能力，能够制作户内外广告、企业画册等。
- 熟悉印刷与广告设计的材料及工艺，能够将其有效地融入设计。
- 取得1~2个职业技能等级证书。

六、课程设置及要求

（一）必修课

1.公共基础课程

（1）心理健康职业生涯规划（36课时，2学分）。通过本课程的学习，学生在了解自己的基础上，掌握一定的职业生涯规划基础知识和常用方法，树立正确的职业理想和职业观、择业观、创业观以及成才观，选准适合自己的发展方向，明确具体的发展目标，及时抓住机遇扬长避短地发展自己。并最终形成职业生涯规划的能力，增强提高职业素质和职业能力的自觉性，做好适应社会、融入社会和就业创业的准备。

（2）职业道德与法律（38课时，2学分）。通过本课程教学，帮助残疾学生提高认知水平和理解能力，培养其自觉主动探究问题的意识和能力；同时帮助学生了解文明礼仪的基本要求、职业道德的作用和基本规范，陶冶道德情操，增强职业道德意识，养成良好的职业道德行为习惯；培养学生提出问题、分析问题和解决问题的能力，发展学生的创新意识和应用能力；指导学生掌握与日常生活和职业活动密切相关的法律常识，树立法治观念，增强法律意识，成为懂法、守法、用法的公民。

（3）中国特色社会主义（38课时，2学分）。通过本课程的学习，学生能够正确认识中华民族近代以来从站起来到富起来再到强起来的发展进程；明确中国特色社会主义制度的显著优势，坚决拥护中国共产党的领导，坚定中国特色社会主义道路自信、理论自信、制度自信、文化自信；认清自己在实现中国特色社会主义新时代发展目标中的历史机遇与使命担当，以热爱祖国为立身之本、成才之基，在新时代新征程中健康成长、成才报国。

（4）哲学与人生（38课时，2学分）。哲学与人生是中等职业技术学校学生必修的一门德育课。本课程以习近平新时代中国特色社会主义思想为指导，全面落实立德树人的根本任务，对学生进行马克思主义哲学基本观点和方法及如何做人的教育。课程任务是帮助学生学习运用辩证唯物主义和历史唯物主义的观点和方法，正确看待自然、社会的发展，正确认识和处理人生发展中的基本问题，树立和追求崇高理想，逐步形成正确的世界观、人生观和价值观，正确选择适合自己的人生发展道路。课程目标是使学生了解马克思主义哲学中与人生发展关系密切的基础知识，提高学生用马克思主义哲学的基本观点、方法分析和解决人生发展重要问题的能力，引导学生进行正确的价值判断和行为选择，形成积极向上的人生态度，为人生的健康发展奠定思想基础。

（5）语文（148课时，8学分）。语文课程是中职肢残生必修的一门公共基础课程，要全面贯彻落实党的教育方针，落实立德树人的根本任务。本课程通过阅读与欣赏、表达与交流、写作和语文综合实践等学习活动，使肢残学生接受优秀文化的熏陶，掌握必需的语文基础知识和基本的语文学习方法，掌握日常生活和职业岗位需要的现代文阅读能力、写作能力、口语交际能力，具有初步的文学作品欣赏能力和浅易文言文阅读能力，养成自学和运用语文的良好习惯。提高肢残学生思想品德修养和审美情趣，促进其职业生涯的发展。

（6）数学（110课时，6学分）。通过本课程的学习，能够提高学生的运算能力，拓展学生的数学思维，为他们学好专业课程奠定良好的基础；进一步提高学生应用数学知识分析、解决日常生活和工作中相关问题的能力。

（7）历史（36课时，2学分）。中国历史是中等职业技术学校开设的一门人文社会科学选修课。本课程以马克思主义的历史唯物观为指导，是认识和阐释中国历史发展进程及其规律的一门学科，具有提高国民素质的教育功能。通过历史教学，使学生掌握重要的历史事件、历史人物、历史现象，理解重要的历史概念，了解中国历史发展的基本线索，及不同历史时期社会发展的基本特征，认识历史发展的基本规律。本课程从历史的角度，帮助学生认识人与人、人与社会、人与自然的关系，从历史的发展中汲取智慧，提高人文素质，对学生形成正确的世界观、人生观和价值观，具有重要的作用，从而在德、智、体、美、劳等方面全面发展。

（8）英语（112课时，6学分）。通过本课程的教学，使肢残学生掌握一定的英语基础知识和基本技能，帮助学生进一步学习英语基础知识，培养听、说、读、写等语言技能，形成在日常生活和职业场景中的英语应用能力；激发和培养学生学习英语的兴趣，提高学生学习的自信心，帮助学生掌握学习策略，养成良好的学习习惯，提高自主学习能力；引导学生了解、认识中西方文化差异，培养正确的情感、态度和价值观；培养学生的文化意识，提高学生的思想品德修养和文化素养；为学生的职业生涯、继续学习和终身发展奠定基础。

（9）信息技术（108课时，6学分）。通过本课程的教学，使学生进一步了解、掌握计算机应用基础知识，提高学生计算机基本操作、办公应用、网络应用、多媒体技术应用等方面的技能；使学生初步具有利用计算机解决学习、工作、生活中常见问题的能力。

（10）音乐（36课时，2学分）。本课程以欣赏、演唱为主要教学内容，通过体验、模仿、探究、合作、综合等特殊音乐教学法与手段，使学生学习音乐基础知识，掌握基本演唱技能，培养学生爱好音乐的情趣，发展音乐感受与鉴赏能力、表现能力和创造能力，提高音乐文化素养，丰富情感体验，陶冶高尚情操。

（11）体育与健康（186课时，10学分）。通过本课程的教学，满足肢体残疾中职学生参与运动的生理和心理需要；使学生掌握一门以上的体育技能，不断提高相应的运动能力，形成个体对某体育项目的爱好或专长，有能力参加相应级别的残疾人项目体育比赛；了解与体育有关的心理卫生知识，具有良好的情绪和自控能力，通过体育锻炼培养坚强的意志；在参与集体性的体育活动中，学会与人和谐相处，培养良好的人际关系和合作精神；能主动关心与帮助同伴，共同完成体育锻炼过程，培养"竞争、团结、友谊与合作"的精神，提高社会责任感和协调能力。

（12）劳动教育（19课时，1学分）。本课程将结合实习实训强化劳动教育，明确劳动教育时间，弘扬劳动精神、劳模精神，教育引导学生崇尚劳动、尊重劳动，使学生树立正确的劳动观点和劳动态度，热爱劳动和劳动人民，养成爱劳动的好习惯。

2.专业基础课程

（1）素描（72课时，4学分）。通过本课程的教学，使学生尽快掌握素描造型的一般规律和法则，引导学生正确认识素描造型中的形态和表现之间的关系，掌握基本的素描造型能力，并提高学生的艺术感知能力和鉴赏能力，为以后的专业学习打下坚实的基础。

（2）构成基础（76课时，4学分）。通过本课程的教学，使学生了解"三大构成"的基础理论知识；学会巧妙应用平面构成中的"点、线、面"，合理运用色彩构成中的"明度、纯度、色相"，以及熟练运用立体构成中的"面材、线材、体材"，培养学生的审美能力、创造能力和动手能力，为以后专业学习打下良好的基础。

（3）PhotoShop（228课时，12学分）。通过本课程的教学，使学生熟悉Photoshop软件的界面、菜单、主要工具，能绘制简单的图形，以及掌握图像处理基础知识，能处理较精致的照片，并具有海报的设计与制作能力。要求学生参加OSTA图形图像处理Photoshop模块考试。

（4）Coreldraw（152课时，8学分）。通过本课程的教学，使学生熟悉CorelDraw软件的界面、菜单、主要工具，掌握该软件在商标设计、标志制作、模型绘制、插图描画、排版及分色输出等等诸多领域的应用。要求学生参加OSTA图形图像处理CorelDraw模块考试。

（5）CAD（114课时，6学分）。通过本课程理论与实践教学的紧密结合，讲解AUTO CAD的功能，使学生掌握它的主要功能，包括二维图形编辑技巧、尺寸标注、三维绘图和实体造型等知识，学生能够熟练运用所学的知识设计制作建筑室内设计施工图，并能把所学应用到实际工作中。

（6）Illustrator（114课时，6学分）。通过本课程的教学，使学生熟悉Illustrator软件的界面、菜单、主要工具，具备使用其制作基础平面设计工作的能力，并结合其他平面设计软件制作不同设计作品。

（7）排版工艺（152课时，8学分）。通过本课程的教学，使学生掌握利用计算机及各种辅助设备，完成从文稿、图表的录入、编辑、修改、组版，直至得到各种不同用途、不同质量的输出结果，能够完成排版工作。

3.专业技能课程

（1）计算机操作实训（76课时，4学分）。通过此实训课程的教学，使学生熟练运用Office办公系列软件进行电子化办公，使学生具备办公室事务处理工作的基本职业能力，并为其后续专业课程的学习做基础能力铺垫。

（2）图文快印实训（38课时，2学分）。通过此实训的操作教学，使学生了解印刷工艺、制版等相关知识；了解图文快印的工艺流程与操作技术、印后加工材料等，为以后的工艺实训奠定基础能力。

（3）淘宝美工（114课时，6学分）。通过本课程的教学，使学生系统学习淘宝网店美工设计之"道""器""术"三个层面的知识体系；掌握商品拍照技巧，美图、光影图形图像处理的图文设计能力，详情页的设计思路及网店的装修设计能力，能够美化/优化网店、处理商品图片、设计banner广告图、拍摄新产品的各种展示照片等；熟练掌握各种美工设计软件的使用方法，以培养学生的设计思维和能力为主，为学生日后成为专业人才奠定坚实基础。

（4）UI设计（152课时，8学分）。UI设计是如今互联网所需的网页美工所必需的能力，通过本课程的教学，使学生能够掌握网页的排版以及内容版面的排版，字体设计及搭配，颜色的协调；导航条的设计，以及按钮的设计等，培养学生能够自主进行PC端、移动端、Ipad等移动互联网设备的一整套网页UI设计，助力学生成为互联网网页美工。

（5）平面广告设计与制作（144课时，8学分）。通过本课程的教学，使学生掌握从事广告设计与制作等相关职业所必需的专业基础理论和基本职业技能，熟练运用Photoshop、CorelDraw、Illustrator软件制作标志、折页广告、海报等。

（6）书籍装帧设计与制作（144课时，8学分）。通过本课程的教学，使学生掌握基础书籍排版及装帧设计所需的制作能力，了解基础书籍装帧到印前系统的工作制作流程；能独立完成各类书籍报纸的装帧及排版工作。

（7）包装设计（144课时，8学分）。通过本课程的教学，使学生能从艺术设计的角度出发，根据商品的特点，结合市场学、消费心理学，以及包装材料和生产方式，独立进行包装结构和容器造型、包装装潢的统一设计，并掌握系列化、礼品化商品的包装设计创意方法和表现技法，为其将来参加设计工作打下良好的基础。

（二）选修课

1.限定选修课程

（1）健康教育（38课时，2学分）。本课程根据学生生理、心理发展特点和身心发展规律，有针对性地实施生理卫生与身体保健教育。通过普遍开展健康教育活动，使学生对健康知识有更深刻的理解和掌握，从而提高全体学生的身体素质、心理素质，充分开发他们的潜能，培养学生乐观、向上的心理品质，促进学生人格的健全发展。融合道德、心理健康、法律等相关内容，旨在促进初中学生道德品质、健康心理的进一步发展，形成乐观向上的生活态度，逐步树立正确的世界观、人生观、价值观。

（2）中国优秀传统文化（36课时，2学分）。通过本课程的教学，使学生认识到中华优秀传统文化是中华民族的精神命脉，了解中国道德传承、各种文化思想、精神观念形态的发展历程，从中华优秀传统文化中不断汲取营养，坚定文化自信，培育和践行社会主义核心价值观，运用继承发展、扬弃创新的思想方法，帮助学生坚定社会主义理想信念。

（3）职业素养提升（36课时，2学分）。本课程旨在通过职业人文基础知识的教学，加强学生的人文素质教育，使学生具备良好的职业人文素养和职业通用能力。教育学生树立终身学习理念，提高学习能力，学会交流沟通和团队协作，提高学生的实践能力、创造能力、就业能力和创业能力，弥补学生社会能力及方法能力培养的缺失和不完善，提高职业教育学生"零距离"就业能力。

2.任意选修课程

摄影（38课时，2学分）。摄影是艺术系的一门基础课程，通过本课程的教学，使学生掌握摄影基础理论和实践技能；掌握传统单反相机和数码相机的使用方法，以及对照片的后期处理技能。讲练结合，以技术为基础，着重于摄影艺术水平的提高。课程目的是引导学生了解摄影的基本知识，摄影所需要的各种摄影器材，通过理论联系实践的方法，去掌握并创作拍摄全过程和后期操作技能。同时使学生灵活掌握摄影中常用的拍摄方法、技巧，使学生树立良好的创作和拍摄的工作作风。

七、教学进度总体安排

教学进度总体安排见附表1-2。

附表1-2 教学进程表

学年			一		二		三		合计		
学期			1	2	3	4	5	6	周数		
总周数			25	27	25	27	25	27	156		
假期			5	7	5	7	5	7	36		
学期周数			20	20	20	20	20	20	120		
类别	序号	技能训练项目名称	周学时数/教学周数						学分	学时	备注
素质教育	1	入学教育	30/1						1	30	
素质教育	2	毕业教育						30/1	1	30	
专业实践教学	1	毕业实习/毕业作业						30/20	5	600	
合计			30	0	0	0	30	600	7	660	
实践教学周数			1	0	0	0	1	20			22周

八、学时安排

学时安排见附表1-3。

附表1-3 学时安排

类别		序号	课程名称	学分	一		二		三		合计		
					1	2	3	4	5	6			
学期					1	2	3	4	5	6	6		
理论教学周数					19	20	20	20	19	20	118		
考试周数					1	1	1	1	1	0	5		
上课周数					18	19	19	19	18	20	113		
				学分	周学时及课时分配						合计	理论	实践
必修课	公共基础课程	1	心理健康与职业生涯●	2	2						36	24	12
		2	职业道德与法治●	2		2					38	26	12
		3	中国特色社会主义●	2			2				38	28	10
		4	哲学与人生●	2				2			38	30	8
		5	语文★	8	4	4					148	116	32
		6	数学★	6	4	2					110	100	10
		7	历史●	2					2		36	28	8
		8	英语★	6	2	4					112	100	12
		9	信息技术★	6	6						108	36	72
		10	音乐●	2	2						36	24	12
		11	体育与健康★	10	2	2	2	2	2		186	66	120
		12	劳动教育★	1	1						19	9	10
	专业基础课程	1	素描★	4	4					顶岗实习	72	30	42
		2	构成基础★	4		4					76	30	46
		3	Photoshop★▲	12		6	6				228	78	150
		4	Coreldraw★▲	8			8				152	50	102
		5	CAD★	6		6					114	40	74
		6	Illustrator★	6			6				114	40	74
		7	排版工艺（ID）★	8				8			152	50	102
	专业技能课程	1	计算机操作实训★	4			4				76	26	50
		2	图文快印实训★	2				2			38	12	26
		3	淘宝美工★	6					6		114	44	70
		4	UI设计★	8				8			152	50	102
		5	平面广告设计与制作★	8					8		144	48	96
		6	书籍装帧设计与制作★	8					8		144	48	96
		7	包装设计★	8					8		144	48	96
选修课	限定选修	1	健康教育●	2		2					38	26	12
		2	中国优秀传统文化●	2	2						36	28	8
		3	职业素养提升●	2					2		36	28	8
	任意选修	1	摄影●	2				2			38	12	26
合计				153	28	31	30	30	30	30	3 445	1 295	2 150
学期课程门数/考试课门数					9/7	9/8	7/5	7/5	6/4				
备注				★—考试课 ●—考查课 ▲—考证									

九、实施保障

（一）师资队伍

1. 专任教师

任职条件：

● 计算机平面设计、工艺美术、计算机应用等相关计算机及设计类专业，全日制本科以上学历；

● 2年以上计算机平面设计及相关专业学习或培训经历；

● 熟练掌握平面设计相关知识和软件操作技能，能够承担计算机平面设计专业一体化教学工作；

● 听障班授课老师，应具备一定的手语表达能力。

本校专职教师配置见附表1-4。

附表1-4　专职教师配置情况表

姓　名	性别	学历	职　称	承担教学任务
杨*	男	本科	高级讲师	教学、研究、办公软件应用、平面广告设计与制作
戚*	女	本科	高级讲师	教学、研究、Photoshop、平面广告设计与制作
谷*	女	本科	高级讲师	教学、研究、Photoshop、Illustrator
任*	男	本科	讲师	教学、研究、多媒体应用技术
黄*	女	本科	高级讲师	教学、研究、CorelDraw
薛*	女	硕士	助讲	教学、研究、CorelDraw
邢*	女	硕士	高级讲师	教学、研究、计算机基础（办公自动化应用）
刘*	女	硕士	高级讲师	教学、研究、计算机基础（办公自动化应用）
元*	男	本科	网络工程师	实践教学、计算机系统维护
罗*	男	本科	高级平面设计师	实践教学、平面广告设计与制作、摄影
任*	女	研究生	艺术设计	实践教学、CAD、包装设计
田*	女	研究生	助讲	实践教学、构成基础
李*	女	本科	助讲	实践教学、素描

2. 兼职教师

任职条件：

● 计算机平面设计、工艺美术、计算机应用等相关计算机及设计类专业，全日制本科以上学历；

● 两年以上计算机平面设计及相关专业学习或培训经历；

● 熟练掌握平面设计相关知识和软件操作技能，能够承担计算机平面设计专业一体化教学工作。

本校兼职教师配置见附表1-5。

附表1-5 兼职教师配置情况表

姓 名	性别	学历	职 务	任职单位	承担教学任务
徐*	女	硕士	助教	*	《素描》《水粉》
杨*	男	本科	讲师	西安*计算机学校	淘宝美工
闫*	男	本科	讲师	西安*培训学校	UI设计、AI软件应用
徐*	男	本科	讲师	陕西省*技工学校	排版工艺

（二）教学设施

1.校内实训条件

（1）实训场所：基础美术教室、录播及视频编辑实训室、计算机组装实训室、多媒体计算机教室、摄影摄像实训室、数字图文实训室。

（2）功能：基础绘画练习、视频编辑、计算机平面设计软件练习、系统安装及硬件维护、摄影摄像练习、排版印刷。

基础课美术教室主要设备装备标准见附表1-6（以一个标准班40人配置）。

附表1-6 美术教室主要设备

序号	设备名称	用 途	单位	基本配置	适用范围（职业鉴定项目）
1	画架	置放画板	只	人均一只	适用于素描、色彩等基础技能教学的实训
2	静物台	陈列静物组合	台	四台	
3	各种静物教具	写生静物	套	四套	
4	石膏像教具	素描石膏专用道具	套	四套	
5	多媒体设备	辅助教学	套	台式机1套；含投影机、投影机吊架、钢制讲台、银幕、VGA控制	

录播及视频编辑实训室主要设备装备标准见附表1-7（以一个标准班40人配置）。

附表1-7 录播及视频编辑实训室设备

序号	设备名称	用 途	数量单位	适用范围
1	精品录播设备	录课	1台	用于精品课程录制；视频采集、编辑合成教学。
2	非编工作站	影视编辑	1台	
3	资源平台服务器	编辑	1台	
4	录课计时系统	计时器	1个	

多媒体计算机教室（8间）主要设备装备标准见附表1-8（以一个标准班40人配置）。

附表1-8　多媒体计算机教室设备

序号	设备名称	用途	数量单位	适用范围（职业鉴定项目）
1	台式计算机	计算机软件类课程实训	286台	计算机平面设计实训课程教学
2	投影仪	教学演示	5台	

摄影摄像实训室主要设备装备标准见附表1-9（以一个标准班40人配置）。

附表1-9　摄影摄像实训室设备

序号	设备名称	用途	数量单位	适用范围
1	数字摄录一体机	拍摄、摄像	1	
2	镜头	附件	7	
3	摄像机文件传输器	附件	1	
4	摄像机充电电池	输出打印	1	
5	摄像监听耳机	附件	1	
6	三脚架	附件	3	用于素材的拍摄收集以及设计制图过程的拍摄
7	摄像录音麦克风	附件	1	
8	录像独脚架	附件	1	
9	数码相机	拍摄	41	
10	闪光灯	附件	2	
11	喷墨打印机	输出打印	2	
12	数码摄像机套装	拍摄	1	

数字图文实训室主要设备装备标准见附表1-10（以一个标准班20人配置）。

附表10-10　数字图文实训室设备

序号	设备名称	用途	数量单位	适用范围
1	彩色数码印刷系统	彩色印刷	1台	
2	单色数码印刷系统	黑白印刷	1台	
3	色彩管理套件	调色	1套	
4	胶装机	胶印	1台	
5	切纸机	切割、裁剪	1台	用于平面设计、广告设计方向课程实践环节教学
6	覆膜机	纸张覆膜	1台	
7	冷裱机	写真冷裱	1台	
8	装订机	装订	4台	
9	压槽机	精装	1台	

续表

序号	设备名称	用途	数量单位	适用范围
10	书壳机	精装	1台	用于平面设计、广告设计方向课程实践环节教学
11	气动压痕机	平装	1台	
12	气动压平机	平装、精装	1台	
13	铁丝骑马订	骑马装订	1台	
14	写真机	大幅喷绘	1台	

2.顶岗实习

校外主要实训基地情况见附表1-11。

附表1-11 校外主要实训基地情况表

序号	名称	设立时间	可容纳学生数	实习内容
1	西安*信息科技有限公司	2018年	20	家装设计
2	西安*电子科技有限公司	2018年	20	芯片级电脑手机维修
3	陕西*印务有限公司	2017年	20	操作员（排版、调色、制作）
4	重庆*网络有限公司陕西分公司	2017年	20	互联网
5	西安*广告文化传播有限公司	2016年	20	电子商务
6	陕西*动画制作有限公司	2015年	20	平面设计、照片处理
7	咸阳市*设计工作室	2014年	5	打字复印部

（三）教学资源

公共基础课程选用国家规划教材书目，结合特殊教育性质，选用适合的基础课教材。专业（技能）课程优先选用中职学校课程改革校本专业教材，建立校园数字教学资源库，开放交互式网络资源共享课堂，并鼓励企业案例资源共建，及时更新行业动态和最新技术支持，形成校企资源交互共享。

（四）教学方法

本专业以"就业导向，能力本位"为指导思想，培养"高素质劳动者和技能型人才"。构建理论教学、实践教学和综合素质养成的整体教学体系。经过改革与创新，要把传统的以理论教学为主的培养体系，整合改造为理论教学、实践教学和综合素质养成三大教学体系，通过渗透与融合实现对人才的全面打造。

深化"理论实践一体化"教学模式，强调职业关键能力培养。根据学习情境、教学单元的不同，以学生为中心，利用多媒体、网络等现代教学手段，灵活使用项目教学法、引导教学法、示范教学法等典型的行动导向教学法。重视激发学生兴趣，注重学生职业专业能力和职业关键能力培养。

校内实训：由专任教师、兼职教师、实训指导教师共同完成，通过真实项目案例组织实训教学，可以有效地解决理论与实践相脱节的难题，实现课程内容教学与岗位任务的无缝对接。教学地点一般在校内实训基地。

校外顶岗实习：以校外指导教师为主、校内指导教师为辅，通过在生产、经营、管理一线顶岗实践，完成企业实际项目的组织教学。教学地点一般在合作企业。

（五）学习评价

学习评价包括：形成性评价、阶段性评价、综合性评价。

1.形成性评价

在学习课程实施过程中，观察学生基础知识的认知情况以及学习态度和积极性，结合课程标准的学习目标要求，检查学生完成作品的规范性。

2.阶段性评价

强调阶段评价和过程评价相结合，根据实验或者实训环节要求，注重考核学生操作步骤和过程的正确性，以及软件掌握的熟练程度，加强实践性教学环节的考核，注重平时成绩记录。

3.综合性评价

在学习作品分析结束后，以目标水平为主，阶段成绩为辅，结合课外作业、学习态度以及本人课程学习中工艺技能提高程度进行综合评价。

4.考核方法

根据每门课程作业完成情况及课堂表现，形成性评价分为："熟练""基本熟练""不熟练"三个档次；阶段性评价分为"优""良""中""及格""不及格"五个档次；综合性评价分为：以平时阶段性作品的优异程度为主，占本门课的40%，考试作品的优异程度为辅，占本门课的60%。根据不同学习领域中涉及能力的显性与隐性之分，可以对分值比例进行调整。

考评要点：平时作业与考试作品考核为主。

考评方式：校内专任教师评价。

（六）质量管理

1.教学管理制度

为了使教学工作顺利进行，结合学校有关规定，教研室制定了相关管理制度。

（1）教学工作常规检查，即每学期开学第二周按照教务科的要求检查本学期上课教师的教案、授课进度表等。不定期抽查，即教学督导每学期不定期听课，抽查教案、作业，期末对考试、考查情况进行检查。

（2）建立听课制度。各教研室主任每学期听课不得少于3次，主要以其分管教研室课程的授课教师的课程为主。教研室教师听课：初级职称每学期不得少于12节课，中级职称不得少于8节课，高级职称不得少于4节课。

（3）制定教学联系会制度。由教务科组建学生教学信息组，负责教师教学信息的收集、整理。每学期召开两次教学联系会,学生向教务科反馈有关信息,并做记录。

(4)制定教师考核制度。教师考核于每学期期末进行,考核对象为在职在编、聘任到教师岗位上从事教学工作的专任教师;考核内容包括思想政治表现考核、教学工作考核和其他工作考核等,考核结果分为优秀、合格、基本合格和不合格四个等级。

(5)严肃考试管理制度。规范命题制卷,严肃考试纪律,严格考场管理。规范阅卷环节,坚持考前教育与考场严格管理相结合,建立巡考检查责任制,填写试卷分析表,充分发挥试卷成绩分析在反馈教学效果方面的重要作用,针对性地改进教学,以不断提高教学质量。

2.顶岗实习管理制度

计算机平面设计专业制订了学生顶岗实习管理制度,主要包括校内实训管理制度、实验室使用规定、校外实训管理制度。

3.教学质量保障体系

计算机平面设计专业教学质量监控以"专业标准""课程标准"等教学方面的质量标准为依据,教学主管人员定期和不定期组织教师座谈会、学生座谈会,及时了解教学、管理中存在的问题,听取教师和学生意见、建议,并形成书面记录,有关意见和建议要及时进行反馈或做出处理。定期举办平面设计大赛,检验教学成果。同时要求学生能够考取相关职业资格证书。

4.校企合作运行机制

计算机平面设计专业可深入企事业单位、电脑广告公司等有关计算机平面设计岗位,学生能够亲自动手操作和实践,系统掌握并接触本专业的主要业务环节,全面巩固专业知识。通过岗位实习训练学生的平面设计操作能力、网页美术设计操作能力、网站设计应用能力、三维室内设计操作能力,以提高学生的应用能力,为就业打下坚实的基础。

计算机平面设计专业凭借专业特色和社会服务能力较强的特点,与合作企业建立了深入的"双赢"关系,以保障校企合作机制的良好运行。

(1)组建由专业教师和行业企业负责人及有关专家参加的专业建设指导委员会,负责制订(修订)专业教学人才培养方案和教学内容,充分发挥校企两方面优势,共同实施人才培养计划。

(2)校企双方人员相互兼职,即企业负责人及有关领导兼任专业教师,专业教师兼任企业有关部门顾问。

(3)聘请企业有关专家和富有丰富实践经验的员工为专业特聘教师或实习指导教师。

十、毕业要求

学生通过2年半的在校学习和半年的顶岗实习,修完教学进度计划表中规定的学时及学分,并考核合格,达到培养目标和培养规格的要求,即准予毕业。

附录2　课程标准模板

"图形图像处理Photoshop"课程标准

课程名称：图形图像处理Photoshop　　　课程类别：专业基础课
考核类别：考试　　　　　　　　　　　　适用对象：中专特教、中专普教
适用专业：计算机平面设计专业
总学时、学分：200学时　7学分　　　　 其中实验学时 126 学时

一、前言

1.课程性质

"图形图像处理"是中等职业学校计算机平面设计专业的核心课程，是从事计算机平面设计相关工作必须掌握的一门基础课，Photoshop是一个重要的图形图像处理软件。本课程主要介绍了Photoshop的基本操作、选区与图像的绘制、色彩的调整、图层与路径、文字特效的制作、滤镜的使用、通道与蒙版等方面知识，通过该课程的学习掌握Photoshop的基本功能，具有Photoshop的综合运用能力、掌握基本图形图像处理方法，具有初步的平面设计能力，为学生进一步学习CorelDraw软件、平面广告设计与制作等课程打下坚实的基础。要求学生达到图形图像处理（Photoshop平台）图像制作员级等职业资格鉴定的相关要求。

2.设计思路

本课程通过了解企业与社会需求，"以服务为宗旨，以就业为导向，走工学结合之路"，引导课程设置、教学内容和教学方法的改革，突出实践能力培养的实践性、开放性和职业性，加强实验、实训、实习三个环节。通过对广告设计、包装设计、招贴海报、网页设计等专门化方向所涵盖的工作岗位进行工作任务与职业能力分析，以专业设计与制作的工作任务为引领，培养适应生产、建设、管理和服务第一线需要的高技能应用型专门人才。本课程教学过程中，改变学科本位的概念，注重学生实践能力培养，在实践中传授必要的专业知识。

本课程以基础内容学习、分领域综合模拟实践（可作为拓展实训）相结合的模式进行教学。课程教学内容安排的基本原则是"内容服务专业"。教学活动的设计思路是课程的内容设置必须具有较强的针对性，课程进度要安排合理。按照行动导向原则，突出应用性、实践性的原则，设计项目内容多采用真实案例，强化岗位实用知识和技能。

建议本课程课时为基础部分教学200课时；可另加拓展实训分领域综合模拟实践80课时。

二、课程目标

通过本课程的学习，使学生学会运用Photoshop对图形图像进行设计、编辑修改和处理的方法，并能灵活运用进行设计创作；将千变万化的色彩、绚丽多姿的世界搬上计算机屏幕，制作出精美的数字化图像。使学生充分认识Photoshop在广告设计、包装设计、招贴海报、网页设计等传播媒体领域中的广泛应用，提高学生对本课程的学习兴趣，充分调动其学习积极性，激发学生创新意识和创新欲望，培养审美情趣。

学生可参加OSTA图形图像处理（Photoshop平台）图像制作员级考试。

职业能力目标：

- 熟练地运用Photoshop制作效果图，并能在实际工作中得到应用。
- 培养学生搜集资料、阅读资料和利用资料的能力。
- 培养学生的自学能力。
- 培养学生具有创新意识和创新精神。

三、课程内容和要求

（一）基础部分教学内容见附表2-1（建议200课时）

附表2-1 基础部分教学内容

序号	工作任务	课程内容及要求	活动设计	参考课时
1	Photoshop基础知识	主要课程内容 1.初识Photoshop （1）介绍Photoshop的运行环境； （2）了解Photoshop应用领域； （3）初步掌握基础知识的界面窗口及各组成部分的功能。 2.Photoshop的使用环境 （1）颜色设置； （2）预设管理器的使用； （3）优化程序运行的设置。 3.Photoshop的常规操作 （1）打开图像文件； （2）创建新的图像文件； （3）图像大小的改变； （4）控制图像的显示； （5）文件的保存。 4.实验一 Photoshop的基本操作	活动1 创建新的图像文件 创建一个1 024×768像素名为"1"，背景透明的图像文件。 活动2 更改图像文件并保存 应用所学知识将素材图片大小更改为800×400像素，并使用不同保存格式对新图片进行保存。 活动3 更改图像在文档窗口的显示大小 用不同方法更改素材图片在文档窗口中显示大小	8

续表

序号	工作任务	课程内容及要求	活动设计	参考课时
2	对象的选取	主要课程内容 1.规则选框工具的使用 （1）规则选框工具简介； （2）规则选框工具的参数设置。 2.套索工具的使用 （1）套索工具简介； （2）套索工具的参数设置。 3.按颜色进行选取 （1）魔棒工具简介； （2）快速选择工具简介。 4.【色彩范围】命令的使用 5.快速蒙版的使用 6.【调整边缘】命令的使用 7.选区的编辑 （1）选区菜单命令和选区的修改； （2）选区的保存和载入。 8.实验二 （1）窗外的风景； （2）制作连体字。	活动1　绘制图形 按图所示使用选框工具绘制形状选区，利用选区的加减来组合需要的图形选区，并填充颜色。 活动2　旅行社宣传广告 本实例中，使用【磁性套索工具】获得飞机对象，然后将选取的对象复制到素材图片中。用【变换工具】调整对象的大小和位置，同时使用【色相/饱和度】和【高斯模糊】滤镜创建飞机飞过的阴影效果。 活动3　花与杯 本实例中，使用【魔棒工具】和【快速选择工具】工具来选取图像中的花朵，将选区反相后获得除花朵外的背景选区。通过将背景选区设置为黑白背景，获得本活动需要的效果。 活动4　图像的颗粒化效果 本实例中，使用【颜色范围】命令创建色彩范围，本命令创建包含相似色的选区，通过填充背景色来增强颗粒化效果。 活动5　落在杯子上的蝴蝶 本实例中，在快速蒙版模式下使用【画笔工具】来绘制选区。在标准编辑模式下获得包含蝴蝶的选区，使用对象复制的方式将蝴蝶对象复制到包含杯子的图片中。 活动6　动物星球 本实例中，使用【快速选择工具】选取初始对象，然后使用【调整边缘】命令获取对象，将取出对象复制到素材图片中，同时使用【高斯模糊】滤镜来创建阴影效果	20
3	图像的绘制	1.前景色和背景色 （1）使用【工具箱】设置前景色和背景色； （2）【颜色】调板的使用； （3）【色板】调板的使用； （4）【吸管工具】的使用。 2.画笔工具 （1）【画笔工具】简介； （2）【画笔工具】调板。 （3）设置画笔。 3.铅笔工具 4.【油漆桶工具】的使用 5.【渐变工具】的使用 （1）【渐变工具】简介； （2）渐变色的编辑。 6.实验三 （1）可爱的小熊； （2）制作飞溅的水珠效果。	活动1　制作明信片 本实例中，选择画笔工具，选择画【笔笔尖形状】选项，设置画笔属性，绘制明信片四周半圆形边框，并选择枫叶形、三叶草形状画笔，在图片中绘画，同时利用素材文件定义【定义画笔预设】命令设置蝴蝶形画笔，设置间距及其它动态参数，绘制翩翩飞舞的蝴蝶效果。 活动2　绘制海面水天一色效果 本实例中，在淡蓝色背景下，利用铅笔工具随意绘制团白线，使用【高斯模糊】滤镜工具建立云彩效果，同时在深蓝色水面使用铅笔工具勾画极细白色波浪线形成海浪效果，最终形成水天一色效果。 活动3　卡通线稿的上色 本实例中，使用【油漆桶工具】的颜色填充功能为图形的各个部分填充颜色，同时使用【油漆桶工具】的图案填充功能制作图像的背景。 活动4　水晶球中的蝴蝶 本实例中，通过在选区中使用【渐变工具】来获得水晶球效果，同时使用【画笔工具】来创建围绕蝴蝶的星群效果	16

续表

序号	工作任务	课程内容及要求	活动设计	参考课时
4	图像的编辑和修饰	1.画布的调整 （1）画布大小的调整； （2）画布的旋转。 2.图像大小的调整 （1）图像大小的调整； （2）图像的裁剪。 3.对象的变换 （1）【变换】类命令简介； （2）【自由变换】命令简介。 4.【历史记录画笔工具】和【历史记录艺术画笔工具】的使用 （1）【历史记录】调板简介； （2）【历史记录画笔工具】简介； （3）【历史记录艺术画笔工具】简介。 5.图像擦除工具 （1）【橡皮擦工具】简介； （2）【背景橡皮擦工具】简介； （3）【魔术橡皮擦工具】简介。 6.图章工具 （1）【仿制图章工具】简介； （2）【图案图章工具】简介； （3）功能强大的【仿制源】调板。 7.图像润饰工具 （1）修补工具； （2）模糊、锐化和涂抹效果； （3）【减淡工具】、【加深工具】和【涂抹工具】。 8.实验四 （1）人物脸部的修饰； （2）照相机广告	活动1　照片的留白边框 　　本实例中，使用【画布大小】命令来扩展画布，获得照片白色边框，并做【斜面和浮雕】图层样式处理，获得立体效果。 活动2　倾斜图像的矫正 　　拍摄数码照片时，有时拍摄的照片发生了倾斜，可以在Photoshop中使用【度量工具】和【裁剪工具】来对这样的照片进行校正，本次活动的制作过程中，使用【度量工具】绘制度量线，然后以度量线为依据进行画布旋转操作，最后使用【裁剪工具】裁剪掉多余的部分，获得需要的图像效果。 活动3　变换图形 　　本实例中，利用单列选框工具建立1像素宽度选区，使用滤镜-扭曲【极坐标】命令建立曲线并复制8次，利用【变换】类命令改变曲线的中心点进行图形变换，组成线条变化图案。 活动4　黑白照片中的局部色彩 　　本实例中，使用【去色】命令获得黑白照片效果，在【历史记录】调板中创建快照，使用【历史记录画笔工具】恢复图像的彩色效果。 活动5　空中城堡 　　本实例中，将"城堡"图片拖放到"天空"文件图像窗口的右上角，使用【魔术橡皮擦工具】来擦除大面积的图像背景，使用【橡皮擦工具】来擦除素材中的背景，并对保留部分的边界进行修改。复制云朵，使用不同不透明度设置的【橡皮擦工具】来擦拭云朵，获得不同的透明效果。 活动6　幻境 　　本实例中，使用【仿制图章工具】将素材中图像复制到作品中，通过选项栏中【不透明度】和【模式】的设置来获得需要的图像效果。结合【仿制源】调板，在复制图像时直接获得图像的缩放和旋转效果。 活动7　修饰人物肤色 　　本实例中，通过观察图像人物确定修饰区域，使用【修复画笔工具】【污点修复工具】对人物脸部瑕疵、眼角皱纹等进行修饰，通过【滤镜工具】润色调整人物的肤色光感，最终达到修饰人物、美化人物的效果	20

续表

序号	工作任务	课程内容及要求	活动设计	参考课时
5	图像的色彩	1.图像颜色模式的转换 （1）转换为灰度颜色模式； （2）转换为位图模式； （3）转换为双色调模式； （4）其他颜色模式的转换。 2.图像色彩的调整 （1）【色相/饱和度】命令； （2）【替换颜色】命令； （3）【匹配颜色】命令； （4）【通道混合器】命令； （5）【渐变映射】命令； （6）【照片滤镜】命令； （7）【阴影/高光】命令； （8）【曝光度】命令； （9）【黑白】命令。 3.图像色调的调整 （1）色阶调整 （2）曲线调整 （3）使用【色彩平衡】命令； （4）使用【亮度/对比度】命令。 4、实验五 （1）青山绿水夜归人； （2）夕阳西下	活动1　灰度图像润色为RGB彩色图像 　　本实例中，将灰度图像转换为RGB模式图像，通过不同的选择工具选取蓝天、植物等选区，通过【色相/饱和度】命令着色，并调整饱和度和色阶，最终将灰度图像润色为RGB彩色图像。 活动2　雨之吻 　　在图像中放置素材图片，并使用【自由变换】命令调整素材图片的大小，形成错落的版面布局。利用色彩调整命令对素材图片的色彩进行调整，创造需要的颜色效果。最后使用【横排文字工具】为图像添加文字。 活动3　暮色 　　本实例中，照片拍摄的是暮色下的江面，整个照片的色调偏冷，没有夕阳下浓烈的暖色效果，本次活动通过【色阶】命令、【色彩平衡】命令、【变化】命令、【曲线】命令以及【亮度/对比度】命令调整照片的色调，最终获得一种夕阳下浓烈的色彩效果。	20
6	矢量绘图	1.形状工具 （1）创建形状图层； （2）创建路径； （3）创建填充像素（栅格化图形）； （4）几何选项； （5）自定义形状。 2.钢笔工具 （1）路径的构成； （2）钢笔工具； （3）自由钢笔工具； （4）路径编辑工具。 3.路径调板 （1）路径调板； （2）路径与选区； （3）描绘路径； （4）剪贴路经。 4.文字工具的应用（文字的变形） （1）文字的变形； （2）沿路径排列的文字； （3）封套文字； （4）字形的编辑。 5.实验六 （1）制作苹果标志； （2）制作水底游鱼	活动1　美丽的花园 　　本例制作中，通过【画笔工具】绘制小草，综合使用Photoshop的形状工具绘制树、花、蝴蝶、太阳等各种造型，最终绘制出一幅美丽的花园美景。 活动2　绘制星形 　　本实例中，使用钢笔工具绘制三角形图像，通过复制、【自由变换】命令编辑三角形，形成立体星形图案。 活动3　功夫小子 　　本实例中，使用路径工具勾勒人物外形，将路径转换为选区后填充颜色，使用路径工具勾勒脚步祥云的形状，利用图层样式效果来制作阴影效果获得立体感卡通图片。 活动4　制作龙年邮票 　　本实例中，使用路径来实现形状的绘制、填充及描边操作。本实例在制作过程中，需要绘制一条矩形路径，然后通过【画笔工具】的属性调整得到点状画笔，再使用路径的描边功能，形成邮票的锯齿，然后导入相关图像再输入文字并设置相关内容的属性。 活动5　文字变形效果应用实例 　　——房地产项目Logo 　　Logo的主体文字通过文字工具来创建，并使用【字符】调板设置字符样式。将字符转换为形状后使用路径工具对文字进行变形处理。绘制圆形路径，创建沿这个圆形路径的文字，以此来获得logo中需要的圆形绕文字效果。创建文字字形后，使用【样式】调板为文字添加样式效果，同时使用路径工具创建修饰性图形。 活动6　封套文字 　　——制作文本绕图效果 　　本实例中，利用绘图工具绘制图形，利用封套文字的方法，把文字放入绘制好的特定形状中	20

续表

序号	工作任务	课程内容及要求	活动设计	参考课时
7	文字的编辑与处理	主要课程内容 1.Photoshop中的文字 2.文字格式的设置 【字符】调板和【段落】调板的使用。 3.实验七 讲座宣传海报	活动1　文字应用基础 ——文字的变形效果 本实例在制作过程中首先输入文字,设置字体、字号以及颜色,再分别使用【上弧】变形样式、【凸起】变形样式、【挤压】变形样式,制作出不同的文字图案 活动2　文字应用实例 ——作品展宣传海报 本实例在制作过程中,首先制作海报背景,这里使用【反相】命令和【色调分离】命令来对背景图像进行处理,获得具有视觉冲击力的图像效果。使用文字工具添加海报所需的标题和说明文字。同时利用【直排文字蒙版工具】创建修饰性文字	16
8	图层的应用	主要课程内容 1.图层基本操作 （1）【图层】调板简介； （2）图层的基本操作。 2.图层的混合模式 图层的混合选项 3.图层样式 （1）图层样式的创建； （2）使用预设图层样式。 4.图层蒙版 （1）图层蒙版简介； （2）图层蒙版的基本操作； （3）图层的剪贴蒙版。 5.智能对象 （1）创建智能对象； （2）编辑智能对象； （3）转换智能对象为普通图层。 6.实验八 制作纪念照	活动1　图层操作应用实例 ——房地产建筑外观效果图 制作建筑效果图,一般先使用三维制作软件建模并渲染输出,然后使用Photoshop为其添加效果。本实例在制作过程中,将不同的场景点缀物放置于不同的图层中,对相同类型点缀物所在的图层进行分组,方便图层的管理。使用【自由变换】命令调整对象的大小、方向和位置,以适合场景的需要。 活动2　图层的混合模式实例 ——合成鸡蛋眼睛图像效果 运用图层混合模式将两幅图像合成。 活动3　图层的混合应用实例 ——风景图片 利用图层混合模式制作一个风景图片。在制作中进行图层操作及【油漆桶工具】的使用,加深理解图层混合模式在创建图像效果时所起的作用。 活动4　图层样式应用实例 ——晶莹的文字 使用图层样式效果来创建文字特效的方法。本实例在制作过程中,为了体现背景啤酒的清醇,为文字创建透明效果,在文字周围添加晶莹的水珠进行点缀。在创建文字特效时,使用了阴影、内阴影、内发光、外发光、斜面和浮雕以及光泽效果,这些特效的累加获得了晶莹的透明文字效果。水珠的创建同样使用图层样式效果来实现。 活动5　图层蒙版应用实例 ——合成图像 用图层蒙版将人物与飞机进行合成。 活动6　剪贴蒙版实例 ——制作图案浮雕字效果 创建剪切蒙版组合图案与文字,并设置立体效果,制作图案浮雕字。 活动7　智能图层实例 ——心心相印 制作一颗心,通过创建智能对象,对单个对象进行多重复制,并当复制的对象其中之一被编辑时,所有的复制对象都可以随之更新的方法制作同类心	20

续表

序号	工作任务	课程内容及要求	活动设计	参考课时
9	特效滤镜	主要课程内容 1.滤镜基础 2.实用滤镜工具 （1）【液化】滤镜的使用； （2）【消失点】滤镜的使用。 3.实验九 （1）水墨画荷花图； （2）火焰字	活动1 滤镜基础 ——制作木纹 在纹理涂绘的基础上进行切变、杂色、动态模糊等滤镜处理，制作出木纹效果。 活动2 滤镜基础 ——玻璃砖效果 使用云彩滤镜制作基本图形，用相应的艺术效果和扭曲滤镜进行处理，制作出玻璃砖效果。 活动3 【液化】滤镜的使用 ——火焰效果的制作 通过液化工具的推、拉、旋转、反射、折叠和膨胀图像中的区域来实现图像的变形。 活动4 【消失点】滤镜的使用 ——家装效果图 利用【消失点】滤镜进行图片编辑、修饰	16
10	网页动画	主要课程内容 1.切片 （1）创建切片； （2）切片标志； （3）编辑切片； （4）设定HTML输出选项。 2.动画 （1）创建动画； （2）设置过渡； （3）预览动画； （4）设置动画帧； （5）保存动画。 3.优化输出动画。 4.实验十 制作环绕渐隐渐现拖尾效果	活动1 切片 ——设置网络图像 在图片中添加切片，对图像的切片区域进行优化设置，并在网络中进行连接和显示切片设置。 活动2 制作动画 ——卡通鬼脸 绘制三张脸谱，通过在动画调板中添加帧创建动画，并输出	10
11	蒙版与通道	主要课程内容 1.蒙版 （1）创建快速蒙版； （2）编辑快速蒙版； （3）退出快速蒙版； （4）图层蒙版基本应用。 2.通道 （1）通道面板； （2）通道的基本操作。 3.实验十一 可爱的动物	活动1 快速蒙版应用 ——骑独轮车的小女孩 运用快速蒙版技术从图片中提取出骑独轮车的小女孩。 活动2 图层蒙版基本应用 ——艳丽的花朵 通过使用图层蒙版，制作黑白图片中的彩色效果。 活动3 通道调色 ——霞光效果 本活动利用通道对颜色进行修改，在【通道】中选择【红】通道，使用【色阶】将通道加亮，为该图片添加霞光效果	10
12	实验十二	通过对案例的制作，进一步巩固本课程所学知识，并实现设计与制作的转化。	活动1 葡萄酒广告 通过基本编辑、图像特效及效果装饰将素材进行合成并制作果汁流入酒杯效果	8
13	实验十三	通过对案例的制作，进一步巩固本课程所学知识，综合运用所学内容完成设计制作。	活动1 合成图像制作生物实验室 通过基本编辑将各部分素材调整至合适位，使用图层蒙版合成图像，并添加原子标志和文字	8
		机 动		8
		总课时		200

说明：
● 实验部分参照实验指导书。
● 每单元活动可根据授课具体情况在所提供活动中选取部分或全部，也可抽取部分活动作为课后自主练习。

（二）分领域模拟实践项目见附表2-2（拓展部分，建议80课时）

附表2-2　分领域模拟实践项目

序号	工作任务	课程内容及要求	活动设计	参考课时
1	标志设计	标志设计是企业所独有的一整套识别标志，是最外在、最直观的企业形象。标志设计有其自身的特点和规律，有一定的设计原则和表现手法可以遵循。标志设计力求简洁、清新、易识别，同时要突出企业或产品的形象及类别	活动1　公共设施标志设计——禁止吸烟标志 1.公共设施标志的设计必须简洁明了，让人觉得一目了然。 2.制作中着重使用选区的建立与变换、路径的制作与编辑、路径与选区的转换等技能。 3.输入文字时，注意文字的颜色、字体类型及大小与整个图像的协调性	8
2	数码影像艺术设计	针对图片素材，培养掌握图像后期合成、处理技术的专业技能；在图片基础上能够进行创新处理，以达到某一主题思想的创作。	活动1　梦幻儿童 1.对钢笔工具的熟练运用，此工具看似简单，在实际应用过程中非常注重基本功，在抠图中的位置非常重要。 2.对添加图层样式的掌控，如何将隐形眼镜的透明度和色彩度合理的搭配，在于图层样式参数的设置	8
3	广告与招贴	学习真正掌握Photoshop的标准不仅仅是"会用各种技术"，而是要明白在什么样的情况下选择那种技术能够起到事半功倍的作用，在制作一张广告作品时，应该清楚地知道什么是手绘完成的，什么是素材完成的，如何利用文字、色彩、图形、版面排列来引导视觉	活动1　街头篮球海报设计 1.利用工具栏上的钢笔工具和自由变换命令，制作放射状的背景，来突出视觉中心。 2.通过对文字的处理，使其具有一定视觉空间感，并通过更改图层透明度来融合背景，达到色彩的统一。 3.任何一件平面设计作品，都是将文字、色彩、图形经版面编排，形成一个完整的画面	8
4	包装设计	能够利用色彩来拉伸空间感，学会如何利用辅助元素来引导视觉中心，掌握如何载入画笔与绘制，并对文字图层进行编辑与转换，掌握Photoshop的核心技能—通道的应用技巧	活动1　CD包装设计 1.利用辅助线，绘制同心圆。 2.选区大小的调整与描边。 3.笔刷的载入与绘制，利用图层透明关系来调整画面色彩协调性。 4.应用滤镜将文字进行环形排列	8
5	界面效果设计	掌握各类界面效果设计的基本技能。它包括界面设计的基本原则、构成部分及设计技巧	活动1　播放器界面设计 1.播放器界面的制作设计必须新颖美观、简明实用，操作方便。 2.利用椭圆选框工具、变换选区命令及图层样式的应用等，创建播放器界面别致的外形。 3.使用横排文字工具及渐变工具、自定义形状工具等来制作播放器的屏幕。 4.使用椭圆选框工具、矩形选框工具、多边形套索工具、自定义形状工具、移动工具、图层样式等制作播放器的功能按钮	8

续表

序号	工作任务	课程内容及要求	活动设计	参考课时
6	网页设计	熟练掌握网页设计的要点,能够根据不同的需求设计符合规范的网页,以及网页的颜色搭配	活动1 网站首页设计 1.在网页上用到的按钮千变万化,在本活动中运用了一种比较简单实现的方法,利用单行、单列工具能很快的将整体的导航条分割成多个,保证了整体风格的统一。 2.Photoshop制作网页时利用图像装饰网站空间的方法也各不相同,而最终的效果取决于设计师对艺术的理解与把握	8
7	动态效果设计	能够了解Photoshop对动画功能的支持,通过对实例的理解、掌握,能够明白Photoshop也能制作一些精美的动画效果以及简单的网页浏览效果	活动1 动态网页制作 1.本实例主要是针对切片工具进行说明,实现网页的翻转效果。 2.在制作过程中,着重注意的是翻转状态和需要链接的页面之间的对应关系	8
8	室内效果设计	掌握使用平面软件制作具有三维效果的室内效果图,学习完这些实例后,你将体会到使用Photoshop软件,制作室内效果的最简捷之处,掌握不同材质的运用和不同灯光的制作及其功效。同时,还可体会到图层蒙版用黑白图像来控制图像显示与隐藏的功效。	活动1 温馨卧室 1.运用一些拷贝、粘贴、选取等基本命令,并使用了自由变换和倾斜度调整命令。 2.通过光学原理来呈现物体空间感。 3.通过简单的色彩关系,来体现虚实关系	8
9	插画设计	能够掌握造型、线条、构图、色彩等在插画中的运用,掌握传统手绘以及计算机绘制的方法和技巧,了解各种类型插画的不同要求和表现形式。用循序渐进的练习培养学生的插画艺术设计能力,并激发学生的想象力和形象思维,为相关专业课打好坚实的基础	活动1 卡通美女 1.选择钢笔工具绘制不规则形状。 2.选择画笔工具制作高光效果。 3.在Photoshop中,绘制选区的方法有很多种,可以通过矩形选框、椭圆选框、钢笔、画笔、形状、填充、渐变等多种工具,完成人物和背景的制作,从中可以发现,只要灵活应用Photoshop的功能,即使只是运用简单的选区,也可以展示无限的创意	8
10	海报	自拟题目	主题积极向上,例如:电影宣传海报、公益活动海报等	8
		机 动		4
		总课时		80

四、实施建议

1.教学建议

(1)关注学生的情感,营造宽松、民主、和谐的教学氛围。尊重每个学生,积极鼓励他们在学习中的尝试,保护他们的自尊心和积极性;把Photoshop图形图像处理理论教学与情感教育有机地结合起来,创设各种合作学习的活动,促使学生互相学习、互相帮助,发展合作精神;特别关注性格内向、残疾程度较深或学习有困难的学生,尽可能多地为他们创造Photoshop图形图像处理应用与实践的机会;建立融洽的师生交流渠道,经常和学生一起反思学习过程和学习效果,互相鼓励和帮助,做到教学相长。

（2）倡导"目标驱动型"的教学途径，培养学生Photoshop图形图像处理综合应用能力。以学生"能做某事"的描述方式设定各级目标要求。教师应该避免单纯传授Photoshop图形图像处理知识的教学方法，尽量采用"目标驱动型"的教学途径，采用"教学做一体化"教学模式。教师应依据课程的总体目标并结合教学内容、企业实践，创造性地设计贴近学生实际的教学活动，吸引和组织他们积极参与。

（3）加强对学生学习策略的指导，为他们终身学习奠定基础。通过实训机房实际操作、参加学校举办形式多样的设计大赛，形成完善的培养学生创新性和应用性课程的教学体系。设计探究式的学习活动，促进学生实践能力和创新思维的发展；引导学生运用观察、发现、归纳和实践等方法，学习Photoshop图形图像处理知识，发展图形图像处理综合应用能力，创造条件让学生能够探究他们自己感兴趣的问题并自主解决问题，引导学生在学习过程中进行自我评价并根据需要调整自己的学习目标和学习策略。

（4）利用现代教育技术，拓宽学生学习和运用Photoshop图形图像处理的渠道。教师要充分利用现代教育技术，开发Photoshop图形图像处理教学资源，拓宽学生学习渠道，改进学生学习方式，提高教学效果。

（5）不断更新知识结构，适应现代社会发展对Photoshop图形图像处理课程的要求。

2.教学设备配置建议（见附表2-3）

附表2-3 教学设备

序号	设备名称	单位	数量	基本配置	适用职业鉴定项目
1	多媒体计算机	台	50	能够正常运行图形图像软件的配置	图形图像处理模块（Photoshop平台）图像制作员
2	高清数码照相机	台	1	能够正常拍摄高清照片	
3	多媒体投影仪	台	1	能够正常连接电脑显示内容	
4	计算机网络设施			能够正常连接内网和外网	

3.教学评价

（1）教学评价注重职业能力综合评价，以职业能力目标水平为主，阶段成绩为辅，结合课外作业、学习态度以及本人课程学习中技能的掌握、提高、领域岗位应用程度等进行综合性评价。

（2）教学评价体系中包括平时成绩评价、应用技能能力评价和综合运用能力评价。

1）平时成绩评价。在学习领域课程实施过程中，观察学生的工作方法和操作步骤，结合课程标准的学习目标要求，检查学生完成学习性工作任务的知识技能掌握情况。

2）应用技能能力评价。在学习领域课程实施过程中，了解学生的职业认知情况，检查学生通过各阶段的学习，使用Photoshop工具制作效果图的能力，针对学生在制作中出现的问题，进行点评，并提出专业建议。

3）综合运用能力评价。在学习领域中情景工作任务或案例分析结束后，根据专业标准、课程标准要求，结合职业成长规律，对学生完成整体学习性工作任务的综合（显性和隐性）表现进行评定；通过学生专业工作要求的实现程度，观察学生对个性化的解决方案和企业与社会要求的协调能力；通过分析学生的学习总结，检查学生在完成工作与学习任务后，对整体职业活动的认知程度。

（3）强调评价的全面性，注重设计过程、制作过程、方法步骤的规范性，加强实践性教学环节的考核，注重平时成绩记录。

（4）建议在教学中按课程教学目标进行综合评估。Photoshop教学评价可以由3部分构成：第一部分为平时成绩评价，即教师对学生的出勤情况的考核、学生对老师给出实例的完成情况的记载，占本门课总成绩的40%。第二部分为Photoshop应用技能测评，即学生在最后学期考核中的成绩，以机试为主，占本门课总成绩的50%。第三部分为学生自主创作综合运用能力测评，即教师不定期根据所学知识给出一定创作的主体和素材，让学生自由发挥并配上创作说明，由教师、学生一起进行总结、评价，占本门课总成绩的10%。

最终学生成绩=平时成绩+应用技能测评成绩+综合运用能力测评成绩

4.课程资源的开发和利用

（1）注重开发多媒体教学课件，创设生动形象的工作情景，充分利用图书馆、阅览室、音像设备、电子教室等常规的教学设施，尽可能为学生的自主学习创造条件，增强学生直观感受，激发学生学习兴趣，以利于学生在课外的自主学习和训练。

（2）在开发Photoshop图形图像处理课程资源时，要充分利用信息技术和互联网络。学校可以建立自己的Photoshop图形图像处理教学网站，开设网络课程，进一步增加学习的开放性和灵活性，使学生和教师之间、学生与学生之间形成一种友好的交互式的学习与交流方式，提高学习效率。

（3）搭建产学合作平台，充分利用本行业的企业资源，建立校外实习基地，满足企业实践需要，增强学生适应社会的能力。

（4）利用生活中的资源，组织学生欣赏、制作精美的艺术作品，加强学生艺术设计能力提高文化素养，拓宽眼界。

5.编写教材

（1）必须依据课程标准编写教材。

（2）教材应充分体现任务引领、实践导向的课程设计思想。

（3）教材应根据计算机平面设计专业与制作岗位职业能力的要求，加强对图形图像处理方面能力的训练。

（4）教材应以学生为本，理论知识以够用为原则突出实践能力培养，文字简明扼要，要图文并茂。要多介绍优秀的与本专业联系比较紧密的图形图像制作作品，并加以分析评述。

教材活动设计要有可操作性，既要结合专业，又要富有新意，以提高学生的学习兴趣。

五、其他说明

本课程标准适用于中等职业学校三年制计算机平面设计专业。

附录3 校企合作协议模板

校企合作协议书（模板）

甲方：××××××（学校）

乙方：××××××（企业）

为充分发挥职业技术教育为社会、行业和企业服务的功能，按照"资源共享，优势互补，责任同担，利益共享"的原则，加快打造具有国际水平的现代技工教育体系，培养更多具有良好专业知识、实际操作技能和职业态度的高素质、高技能的应用型人才，促进职业技术院校深化教育改革、提升教育培训质量，促进企业建立现代化的职工培训体系、加快产业升级，探索共建主体多元、办学开放、人才终身服务和诚信监督的新型公共人力资源服务体系，开展多层次、多形式的合作，建立稳定的校企合作关系，经双方友好协商，现就校企合作事项达成如下协议。

一、合作总则

（1）贯彻落实科学发展观，以培养高技能人才为目标，遵循"需求产生合作、供给创造需求、合作带来共赢、共赢促进发展"的校企合作机制，校企双方建立长期、紧密的合作关系。

（2）确立双方在职业技术教育和培训工作中发挥各自优势建立合作的意向。

二、合作方式及内容

经双方友好协商，合作方式及内容参照以下条款执行。未尽之处可另做补充。

（一）共建"生产实训"中心

生产实训中心是技工教育不可或缺的教学设施。校内、校外实习中心都是学生学习技能提升的条件保障。共建，就是彼此分工合作，从各自教育资源的优势出发，在不同的教育教学阶段，或侧重物质条件，或侧重师资队伍，或侧重教学内容，或侧重教学管理，或提供质量评价体系，等等，实现优势互补，为学生提供健全有效的实践教学场所。具体实施方式如下：

（1）生产实训中心所需场地及水电由甲方提供。

（2）生产实训中心所需设备由甲、乙双方协商，甲方出资购买，产权归甲方所有。

（3）乙方根据甲方培养行业专业需求人才的要求，每年投入 ____ 元教育资金，为人才培养共同努力，互利互惠。

（4）乙方全权管理运营生产实训中心，费用由乙方承担。

（二）双向委培、订单培养

双向委培包括校内定向委培和企业定向委培两种方式，前者以学校学生为生源，根据企业要求，定向培养，为企业提供人力资源储备；后者以企业招聘员工为生源，根据企业要求，完成企业员工基本技能、基本素质要求等前期培训，为企业员工培训缩短时间，节约成本。校企双方的"定向委培"不仅是"订单预购"性质，"委培"方必须是实施教育教学的重要组成部分，从教学计划的制订，到教育教学质量各环节的考核评估，必须贯穿于教育教学的始终。为了学校能更好地根据企业的要求培养出人才，企业可以提供助学奖学金，激励学生学习。

（三）顶岗实习、工学结合

学校根据企业用工要求，安排学生到企业顶岗实习，完成基础课和部分专业课后进行的教学环节，通过顶岗实习，使学生全面了解企业生产运作，在真实的工作环境下，体会理论与实践的有机结合，在感性认识和理性认识上产生一个飞跃。最关键是让学生了解企业文化，感受企业管理制度，明确自己职业生涯的目标，最终顺利地融入社会，实现个人价值。

（四）就业推荐、优先录用优秀毕业生

对于学校优秀毕业生，企业落实学生就业。落实学生就业是建立在合格标准基础上，按市场"双向选择"的要求彼此享有的权利和履行应尽的义务。校企双方基于投入的人力、物力、资金等现实利益取得相应回报。校方要把人力资源输出质量关，企业在充分提供就业岗位的前提下也要把好质量关。而学生本人在一定的条件下也有再选择的自由。

三、双方权利和义务

（一）甲方

（1）具备中华人民共和国规定的办学资质及真实合法有效的法律地位。

（2）负责开展招生宣传，将与乙方联合办学作为办学的优势与特色进行宣传，吸引学生报读双方联合办学专业。

（3）制定每次实习的时间、内容、人数和要求，提前与乙方联系，确认具体实习计划和安排计划表。

（4）委派专人来负责管理实习学生、协助乙方处理实习期突发性事件等行政事务，并参与实习指导工作，教育实习学生严格遵守乙方的各项管理制度。

（二）乙方

（1）详细真实地介绍本单位的基本情况和相应的资质书面材料，保证具备中华人民共和国国内真实合法的法律地位。

（2）乙方应协助甲方制定专业培养目标，班级实施教学计划和各种培训班实施计划，制定各专业岗前培训计划和顶岗实习计划。

（3）按照甲方教学计划，结合单位实际情况，安排学生实训内容，指导实习过程，培养学生实际操作能力和职业素质；提供实习设备、场地和原材料，供学生实习操作；指导学生按有关安全生产操作规程操作相关设备。

（4）根据学生实习期的内容和项目、课题给予适当的安排，并委派主管以上的专业技术人员进行教学指导，对实习学生的实习成绩进行全面的评价和考核，以保证学生能顺利的完成实习教学内容，为毕业后服务于企业奠定良好的基础。

四、合作期限

合作期限为____年，双方可根据合作意愿和实际情况续签合作协议。本次合作结束后，双方可共同商议开拓新的合作领域，建立新的合作意向。

五、其他

（1）本协议一式两份，甲乙双方各执一份。

（2）合作协议一经双方代表签字、盖章即生效。双方应遵守有关条款，未尽事宜，可由双方协商解决或签订补充协议。

（3）如有一方违约或损害对方利益和形象的行为，另一方有权终止协议。

甲方：（盖章）　　　　　　　　　　乙方：（盖章）

代表（或授权）人：　　　　　　　　代表（或授权）人：

　　　年　月　日　　　　　　　　　　　　年　月　日

附录4　课题组论文成果

陕西省残疾人职业教育发展现状及对策研究

摘　要：为了使残疾人职业教育与我国职业教育整体发展同步，满足残疾人对公平而有质量教育的迫切需求。期望全社会认识到发展残疾人职业教育的重大意义，在促进教育公平上迈出更大步伐。深入调研陕西省40所残疾人职业教育学校后，采用数据分析、采样分析和案例分析等方法对调研数据统计分析发现，陕西残疾人职业教育的办学水平偏低、专业设置单一、实践教学不足、师资力量匮乏、校企合作偏弱等问题依然存在。通过研究并结合残疾人职业教育的发展现状和办学实际，在扩大办学规模、提升办学层次、规划专业设置、加强师资队伍建设、开展特殊职教研究等方面提出建议和对策。

关键词：残疾人职业教育；发展现状；人才培养；实践教学；

基金项目：陕西省残疾人职业教育发展研究——陕西省残疾人职业教育实践研究（项目编号：STZ-7）

Study on the current situation and countermeasures of the development of vocational education in Shaanxi Province

Abstract: In order to synchronize the development of special vocational education with the overall development of Vocational Education in China and meet the urgent needs of the disabled for fair and quality education. It is expected that the whole society will realize the great significance of developing special vocational education and make greater strides in promoting educational equity. After the in-depth investigation of 40 special vocational education schools in Shaanxi Province, using data analysis, sampling analysis and case analysis to analyze the survey data, it is found that there are still some problems in Shaanxi special vocational education, such as low school running level, single specialty setting, insufficient practical teaching, lack of teachers, weak school enterprise cooperation and so on. Through the research and combined with the current situation of the development of special vocational education and the reality of running a school, this paper puts forward some suggestions and Countermeasures in the aspects of expanding the scale of running a school, improving the level of running a school, planning the specialty setting, strengthening the construction of the teaching staff, and carrying out the research on special vocational education.

Key words: Special vocational education; Development status; personnel training; Practice Teaching

前言

党中央、国务院高度重视职业教育。党的十九大报告明确提出：努力让每个孩子都能享有公平而有质量的教育。2021年政府工作报告中提出：办好特殊教育、继续教育，支持和规范民办教育发展。[1]残疾人职业教育迎来了前所未有的发展机遇，同时也伴随着各种各样的现实挑战。我们通过对陕西省9个地市、34个区县、40所特殊教育学校进行广泛深入调研；采用实地调研、调查问卷、腾讯会议、微信交流、电话咨询、电子信件等多种形式，汇集了大量的调研资料；运用数据分析、采样分析和案例分析等方法对调研数据进行整理分析，形成了《陕西省残疾人职业教育调研报告》和《陕西省残疾人职业教育实践研究案例》。这份报告和案例重点阐述了陕西省残疾人职业教育发展的现状，其主要内容为：学校基本情况、专业建设、师资队伍、实验实训室、校企合作等。

1 陕西省残疾人职业教育的发展现状

1.1 办学规模和办学层次方面

通过对40所残疾人职业教育学校办学情况的调研数据进行汇总。从办学层次来看，高等学校1所、中等学校5所、初等学校34所；以办学类型来看，本科学校1所、有职教班学校4所、残疾人学校1所、特教学校34所。采用数据分析法分析数据后发现，陕西省残疾人职业教育以初等职业教育为主，中等职业教育不足，高等教育匮乏。尤其是中高衔接的高等职业教育阶段明显缺失，见附表4-1。

附表4-1 陕西省残疾人职业教育办学层次和办学类型

办学层次	高等学校	中等学校		初等学校
数量	1	5		34
办学类型	本科	有职教班	残疾人学校	特教学校
数量	1	4	1	34

2017年，国务院修订通过了《残疾人教育条例》，教育部等七部门印发《第二期特殊教育提升计划（2017—2020年）》等政策文件，为残疾人职业教育指明了发展方向，提出了奋斗目标。其中，《条例》明确提出：在保障义务教育的基础上，向学前教育、职业教育、高等教育、终身教育延伸，实现对残疾人受教育全过程的支持。[2]《二期提升计划》重点指出：要稳步发展残疾人高等教育，支持各种职业教育培训机构加强残疾人职业技能培训。[3]随后，教育部等四部门联合印发《关于加快发展残疾人职业教育的若干意见》也指出：加快发展残疾人高等职业教育。[4]以上政策文件的出台充分说明开展残疾人职业教育领域的高等职业教育事业，已成为我国教育事业改革发展过程中建立高质量教育体系的重要组成部分。同时，也为残疾人职业教育改革发展提供了政策依据。

从陕西省残疾人职业教育学校调研的统计数据和分析结果来看，扩大办学规模和提升办学层次的问题急需解决[5]。结合陕西省残疾人职业教育发展实际及时出台支持、鼓励并扩大高等职业教育规模的政策。首先解决残疾人职业教育领域高等职业教育阶段明显缺失的现实问题。一是，鼓励校外培训机构开设高等职业教育专业试点，吸纳社会投资办学，可部分缓解办学经费不足问题；二是，支持办学综合实力强、社会声誉好的中等学校开办高等职业教育试点，提升办学层次，可先行先试形成经验后大力推广。通过社会和政府共同努力，形成一批高等职业教育教学试点，探索残疾人职业教育领域高等职业教育办学经验和实施路径。

1.2 开设专业和课程内容方面

通过对40所调研学校开设专业的调研数据进行整理，运用采样分析法、数据分析法对17所采样学校的开设专业分析后发现，17所学校开设专业数共计20个。其中，开设烹饪专业的学校有8所，占比13.33%；开设电子商务专业的学校有6所，占比10.00%；开设美容、美发、保健按摩、服装设计与工艺专业的学校各有5所，分别占比8.33%，开设平面设计、家政、计算机应用、工艺美术专业的学校各有4所，分别占比6.67%；开设理疗、面点制作、汽车美容、数据标注、服装制作、烘焙、老年人服务与管理、电子技术应用、电子电器应用与维护、中医康复保健专业的学校各有1所，分别占比1.667%。特别是工艺美术专业在初等、中等和高等学校都有开设，如附图4-1所示。大部分学校没有开设专业课或不具备开设专业课的条件。

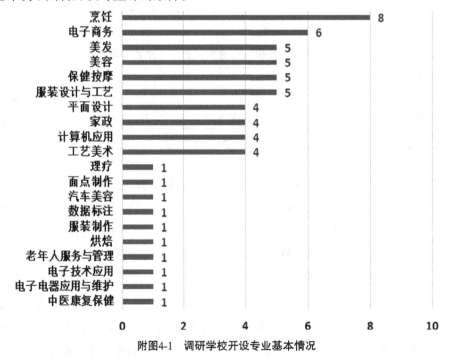

附图4-1 调研学校开设专业基本情况

陕西省残疾人职业教育除了在有限几个初等、中等学校中开设了2至3门生活适应类、劳动技能类、手工制作类等适应性课程外，专业开设很少或不具备开设专业条件。

这不仅使教学效果不理想，实现人才培养目标不达标，更说明专业设置不合理。残疾人职业教育学校的专业设置和课程开设是实现残疾人职业教育人才培养目标的重要路径和方式。专业设置和课程开设既要符合职业教育的培养目标，又要兼顾残疾学生身心发展的特殊性。需要科学规划、合理设置，应以保障残疾人职业教育专业课程可以在不同类型的残疾人中顺利有效地开展实施为根本。[6]专业设置应为学生搭建能力培养平台为出发点，做到适合当地经济发展水平和技术革新步伐。课程内容应能很好地调动学生学习积极性为切入点，做到理论与实践相结合。实现专业与产业对接、课程内容与岗位要求对接为培养目标，使专业设置和课程内容能为残疾人未来走上工作岗位奠定坚实基础，教学模式应更加有效地促进残疾人培养目标的实现。

陕西省残疾人职业教育的专业设置多年来受到社会、经济、文化等多种因素影响，专业设置是以代偿原理和残疾学生生理特点为依据。有视力障碍的学生，因看不见而手感和手部动作较占优势，从而设置以触摸为主的中医康复保健专业；有听力障碍的学生，因听不见而视力和肢体无工作障碍，从而设置以肢体动作为主的美容美发、工艺美术、服装设计与制作、计算机应用、计算机平面设计等专业；有肢体障碍的学生，因活动受限，从而设置以办公室文案工作为主的计算机平面设计、计算机应用、电子商务等专业。有智力障碍的学生，由于思维和想象力跟不上，记忆速度慢、语言迟缓，从而设置理论性不强，操作性和实践性较强的中餐烹饪与营养膳食专业。随着职教理论与办学思想的不断与时俱进，以上专业设置思维方式的局限与不足日益凸显。一是，把数量众多的残疾学生限制在有限的专业领域，造成专业面狭窄；二是，普通高校采取限制专业招生的政策接受残疾学生随班就读，限制自主选择；三是，不以学习兴趣和专业爱好为出发点设置专业，将对后期产生不良影响。需积极探索专业设置和课程开设的特殊性和针对性，实现多样化形式和多元化发展，既要考虑残疾人现实生活的实际和发挥的作用，又要兼顾残疾人未来人生的影响，尤其是成长阶段的不同要求，更要考虑社会和市场的发展需求。

2 残疾人职业教育实践教学基本情况

2.1 实训基地建设和实验室建设

17所特殊教育学校开设专业数共计20个，其相应的实验室、实训基地建设基本情况如下：保健按摩实训室21个，工艺美术实训室14个，计算机应用实训室10个，烹饪实训室8个，电子电气应用与维护实训室7个，电子技术实训室7个，家政实训室6个，电子商务实训室4个，服装设计与工艺实训室3个，美容美发实训室3个，老年人服务与管理实训室2个，模拟超市实训室2个，情景医院实训室1个。采用采样分析法、数据分析法进行分析后发现，由于大部分学校没有开设专业课，因此只有部分中等和高等层次学校建设了实验室或实训基地。陕西省残疾人职业教育学校的实践教学基地数量严重不足，如附图4-2所示。以上结果的形成有资金投入不足、重视程度不高、利用率较低等各方面问题。[7]为了充分利用实践教学资源，顺利开展实践教学，培养技能型人才。一是，提高思想认识，重视实践教学在人才培养中的作用；二是，加强实训室建设规划，统筹协调实训室资源，充分提高设备利用率；三是，制定吸引企业参与实训室建设和管理的相关制度，强化校企沟通交流，增强互信。

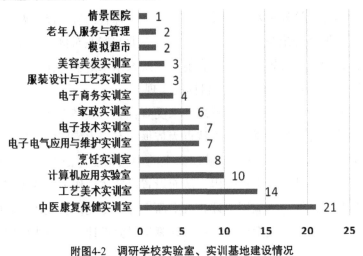

附图4-2　调研学校实验室、实训基地建设情况

2.2 实践教学师资队伍建设

对40所陕西省残疾人职业教育学校专业教师的调研数据统计分析，运用数据分析法分析后发现，陕西省残疾人职业教育学校在师资队伍建设目标上比较重视学历达标。因为政策描述清楚、执行操作容易，所以实施计划详细，可执行度高。经过多年建设和发展，残疾人职业教育师资队伍建设在教职工数量和专任教师数量上已初具规模，学历提升较快，大部分处于本科学历阶段；职称晋升较慢，大部分处于中级和助理级阶段，见附表4-2。

作为残疾人职业教育的教师不仅要掌握专业知识和特殊教育知识，还要有丰富的实践操作经验，而这类多元化高素质教师的数量远远不能满足实际需求。教师当中有相当一部分来自普通师范和普通高校，本科院校人才培养目标和特殊教育对教师岗位能力需求错位失衡，知识结构和岗位要求匹配度低，工作经验和专业技能不丰富，多元化高素质教师培养的瓶颈未能取得实效。[8]

附表4-2　调研学校教师学历和职称统计

学历	研究生学历	本科学历	专科学历	高中以下	—	—
人数	94	808	266	12	—	—
职称	正高级	副高级	中级	助理级	员级	未定职级
人数	1	159	409	318	33	78

陕西省招收残疾人的院校系中，师资队伍状况并不乐观。一是，从事残疾人职业教育的专任教师数量明显偏少。二是，从事残疾人职业教育的教师业务素质亟待提升。残

疾人职业教育应是"专业+特殊"的教育。一支数量庞大、素质过硬、结构优化、教学高超、科研过硬的师资队伍是残疾人职业教育事业发展的保障。从事残疾人职业教育的教师不仅要有宽厚的专业知识，还要有特殊教育领域精湛的专业技能。这几年新进教师增多，虽有较高学历，但由于残疾人职业教育的特殊性，新进教师既要掌握残疾人职业教育理论，还要熟练运用盲文、手语等沟通方式，才能担任残疾人职业教育的教学工作。为了使残疾人职业教育教师的职前培训达到胜任残疾人职业教育教学工作的要求。一是，省级教育行政部门可制定相关政策或制度，通过新进教师毕业后，先学特殊教育再到企业实践的方式，培养残疾人职业教育的师资队伍；二是，采用教师晋升职称的每个阶段都循环一次的方式，锻炼残疾人职业教育的师资队伍；三是，支持并鼓励在职教师参加各级各类培训和进修，提高技能水平，丰富实践经验，循序渐进地达到"双师"标准；四是，采取有效措施和借鉴成功经验，制定认证标准，实行残疾人职业教育教师资格认证制度；五是，把残疾人职业教育知识的学习、技能的培训、企业的锻炼作为业务进修的重要组成部分，支持并鼓励教师利用节假日、休息日进修学习，统计学习时长和学分，提高广大教师从事残疾人职业教育的教学能力。

3 残疾人职业教育校企合作模式基本情况

陕西省残疾人职业教育学校由于受办学规模、办学层次、开设专业、实践条件和师资力量等多重因素制约，只有"点上开花"，没有"面上结果"。开展校企合作的学校有10所。其中，与5家以上企业合作的学校1所，与4家企业合作的学校2所，与3家企业合作的学校1所，与2家企业合作的学校4所，与1家企业合作的学校2所。人才培养模式主要以校企合作订单班、现代学徒制、"2+1"人才培养模式等模式为典型，大部分实施"就地学习、当地就业"模式。其中，开展订单班人才培养的学校1所，开展现代学徒制人才培养的学校1所，开展"2+1"人才培养模式的学校1所，见附表4-3。运用案例分析法和数据分析法分析后发现，一是，残疾人职业教育学校基本上与当地企业单位合作。有些学校与企业只达成初步合作意向，没有取得实质性进展。二是，残疾人职业教育在校企合作方面整体偏弱，没有在广度上形成良好态势。三是，绝大多数学校和企业没有开展校企合作，只有极个别学校有过合作经历且都是短期培训。四是，没有形成一定的校企合作规模，没有建立稳固的校企合作机制，更没有显著提高就业质量。

附表4-3 调研学校开展校企合作和人才培养模式统计

校企合作	≥5家	4家	3家	2家	1家
学校数量	1	2	1	4	2
培养模式	订单班	现代学徒制	"2+1"模式	—	—
学校数量	1	1	1	—	—

为推进残疾人职业教育在校企合作方面开展合作，按照"先易后难、循序渐进"的原则逐步推进，先解决残疾人职业教育学校在就业方面的实际困难，改变学生毕业就

回家、回家就待业的现状。一是，强化市场调研，积极拓展就业渠道，鼓励学生自主择业；二是，宣传办学成就，引导企业积极参与学校人才培养，探索校企合作途径；三是，强化研讨交流，宣传学校就业工作，借鉴并推广成功经验。[9]

4　组建残疾人职业教育研究机构，加强特殊职教研究

职业教育的目标是培养高素质技能型应用型人才，残疾人职业教育也是如此。[10]成熟的经验和丰富的办学成果值得总结和推广，其内涵和外延值得研究和探索。一是，组建专门研究机构，重视和加强残疾人职业教育理论研究、教学改革、科学研究、专业建设、实践教学、教材建设、课程内容、思政教育、管理制度、校企合作、对外交流等方面的探索和建设；[11]二是，开展各级各类专题研究，在职教理论、中外对比、专项课题等方面开展各种活动；三是，加强省内外学术交流，总结办学经验，凝练建设成果。探索出一条政府主管、学校主导、行业指导、社会参与的多方合作的办学机制，逐步建立适合陕西省省情的残疾人高等职业教育体系和研究体系。在残疾人职业教育领域做出我们应有的贡献。

5　总结

国家"十四五"时期主要目标任务之一是：持续增进民生福祉，扎实推动共同富裕。建设高质量教育体系，深化教育改革，实施教育提质扩容工程。2021年，政府工作报告中提到的重点工作之一是：发展更加公平更高质量的教育。为了将残疾人职业教育办好，需要全社会多方合作、广泛参与、积极行动、扎实推进，采取切实有效的政策措施，使广大残疾人群幸福满意，让广大残疾学生成长发展，在促进教育公平、构建高质量教育体系上迈出更大步伐。

参考文献

[1]李克强.政府工作报告.http://www.gov.cn/guowuyuan/zfgzbg.htm.2021-03-05.

[2]国务院.残疾人教育条例.http://www.gov.cn/zhengce/content/2017-02/23/content_5170264.htm.

[3]教育部.教育部等七部门关于印发《第二期特殊教育提升计划（2017—2020年）》的通知.http://www.moe.gov.cn/srcsite/A06/s3331/201707/t20170720_309687.html.2018年7月18日.

[4]教育部.教育部等四部门关于加快发展残疾人职业教育的若干意见.http://www.moe.gov.cn/srcsite/A07/zcs_zhgg/201807/t20180718_343400.html.2018年4月23日.

[5]李尚卫,沈有禄.我国残疾人职业教育发展战略:回顾与展望[J].中国职业技术教育，2019（16）:37-43.

[6]杨华云.智力残疾人职业高中课程体系建设的实践研究[J].中国特殊教育，2011（11）:38-42.

[7]丁显洲，崔瑶.残疾人职业教育开放实训基地建设探索[J].新课程研究，2014（5）:18-20.

[8]周亚莉.残疾人职业教育师资队伍专业化建设的问题分析与对策研究[J].西北成人教育学报，2009（1）:27-29.

[9]刘小贞.高职校企合作生产性实训基地绩效评价体系研究[J].齐齐哈尔师范高等专科学校学报，2020（2）:102-104.

[10]郭文斌，王芬萍，张琨等.我国残疾人高等职业教育研究热点与发展趋势[J].海南师范大学学报（社会科学版），2019（2）:111-117.

[11]范莉莉，方仪.残疾人现代职业教育发展策略研究[J].教育理论与实践，2019（39）:22-24.

陕西省残疾人职业教育毕业生就业问题及对策研究

摘 要：残疾人是社会特殊群体，残疾人职业教育有助于提升残疾人的就业机会和生活水平，消除残疾障碍，平等融入社会。近年来，我国的残疾人教育事业取得了显著成就，在办学规模、师资力量和办学层次上都有较大进步。但是残疾人职业教育工作的整体水平与残疾人群体的实际需要相比还有很大差距，残疾人职业教育要解决毕业生就业问题，要充分利用职业教育资源，让残疾人职业教育"面向企业、面向工作、面向岗位"，实现学校与企业在资源信息共享上"双赢"。本文针对陕西省残疾人职业教育在就业方面存在的问题进行分析并提出对策。

关键词：残疾人；职业教育；就业问题

基金项目：陕西省残疾人职业教育发展研究——陕西省残疾人职业教育实践研究（项目编号：STZ-7）

Research on employment problems and Countermeasures of vocational education graduates for the disabled in Shaanxi Province

Abstract: disabled people are special groups in society. Vocational education for disabled people can help to improve the employment opportunities and living standards of disabled people, eliminate disability barriers and integrate into society equally. In recent years, the education for disabled people in China has made remarkable achievements, and has made great progress in the scale, faculty and level of running a school. But the overall level of vocational education for disabled people is still far from the actual needs of the disabled. To solve the employment problem, special vocational education should make full use of the resources of higher vocational education, and make special vocational education "face the enterprise, work and post", and realize the "win-win" of resource information sharing between schools and enterprises. This paper analyzes the problems of employment in Vocational Education for disabled people in Shaanxi Province and puts forward countermeasures.

引言

我国作为人口大国，其中残疾人总数约8 500万人。习近平总书记指出，"全面建成小康社会，残疾人一个也不能少""共同富裕路上，一个不能掉队"。加快发展残疾人职业教育，有利于更好满足残疾人受教育的权利，提升残疾人受教育的水平，促进教育公平，推进基本实现教育现代化；有利于帮助残疾人提高就业创业能力，促进残疾人就业和全面发展，更好融入社会，平等享有人生出彩的机会；有利于帮助贫困残疾人脱贫增收，阻断贫困代际传递，加快残疾人小康进程，确保全面小康路上不让一个人掉队。残疾人中具有劳动能力且通过专业培训后大多数能够胜任工作职务要求，因此，提高残疾人职业教育质量，促进残疾人毕业生就业问题就成为了残疾人职业教育亟待解决的问题。

1 陕西省残疾人就业现状

根据陕西省残疾人联合会关于《2019年陕西省残疾人事业统计公报》文件中的数据，陕西省目前约有残疾人290万人，2019年，全省共有残疾人中等职业学校（班）5个，在校生1258人，毕业生516人，毕业生中469人获得职业资格证书。有237名残疾人被普通高等院校录取。总的来看，接受职业教育的残疾人数量占比非常低，残疾人毕业生直接就业人数占残疾人毕业生人数大约为54%。

1.1 社会就业形势不容乐观

我国近年经济发展速度很快，随着科技技术的发展，先进的生产方式和自动化程度的提高代替了不少劳动力，企业就业岗位对技术和能力的需求不断提升，严重制约着残疾人的就业。由于残疾学生存在先天的缺陷，学习能力弱于其他同龄学生，致使残疾学生对于技术含量较高的职业技能，往往终生都不能掌握的。残疾人对技能知识的欠缺，致使就业竞争明显处于劣势。

1.2 就业岗位要求不断提高

经济全球化背景下市场竞争日益激烈，优胜劣汰，做大做优是很多企业的必然选择。企业用工将健全人、多面手和高精尖者作为首选，残疾人根本不具备和他们竞争的能力。再者很多残疾人自身素质和就业观念不能适应市场需求，他们普遍受教育程度较低，文化素质，职业技能根本不能适应竞争机制下的就业需求。由于身体原因，导致他们择业的片面性和择业能力的限制性，最终在竞争中失败。

1.3 对就业缺乏正确理解

大部分残疾人毕业生在心理上认为就业就是到机关工作，去工厂上班，而自主择业、自主创业、或从事个体经营谈不上就业，对就业存在不正确的认识。他们实际上对就业与否只有两个判断标准：收入与劳动时间。部分残疾人由于听力语言和身体方面的缺陷，他们生活的空间小，吸收外界信息少，对社会了解不够，在看待人生问题和选择就业方面往往脱离现实，依赖思想严重，缺乏主动择业意识。在他们看来安置残疾人就业是政府和社会应尽的职责和义务，被动等待政府来安排，缺乏主动性。

2 陕西省残疾人职业教育校企合作的发展对策

2.1 坚持立德树人为先

要想促进残疾人高质量就业，提高残疾人职业教育的质量是必要前提。只有残疾人自身具备优秀的职业素养，才可能实现高质量就业。学校对内要始终狠抓教育质量，通过一系列措施促进学生职业素养提高。学校通过举办各类竞赛、活动，提高学生职业知识能力，激发学生对专业的热爱。一是举办专业技能竞赛，定期组织学生参加职业技能鉴定，考取职业资格证书。二是在校期间学生的德育课、核心专业课要开足开实，真正做到立德树人。通过这些举措，能使学生从入校就逐渐树立良好的职业素养，为今后顺利走向工作岗位打好坚实基础。

2.2 加强顶岗实习管理力度

学生具备了优秀的职业素养，并不代表就业就会一帆风顺，来自各方面的阻碍还需进一步处理妥当，才能实现真正的高质量就业。因此，学生顶岗实习期间的转衔服务工作必须系统、周密。学校应作为主体，联合学生家庭和企业用人单位两方面力量，加强各方联系。

一是创新学制改革。陕西省少数残疾人职业学校已经采取"2+1"学制，即学生在校学习两年，进企业顶岗实习一年。在校第四个学期，由学校招生就业办公室牵头，举办残疾人招聘会，吸引大量企业来校招聘，为残疾学生找工作提供便利。为了使残疾学生家长放心，支持学生赴外省就业，学校招生就业办公室利用招聘会期间邀请学生家长来校开与企业的见面会。会上用人单位会详细为残疾学生家长介绍企业的工作环境、薪资待遇等问题，招生就业办公室会对学生外出实习的安全防范措施、实习管理工作流程做以介绍，打消家长的顾虑。取得残疾学生家长的认可和支持，是落实学生高质量就业的第一步。

二是加强校企沟通。学生进用人单位顶岗实习的一年是促进其从学生逐渐平稳过度为职业人的关键一年。该时期工作思路分为两步走。第一步：学生进入用人单位开展岗前集训；第二步：学生开始在学校的管理下进行顶岗实习。学生进入用人单位开展岗前集训，该阶段时长一般为半个月左右，岗前集训阶段学校拿出专项资金交给用人单位，让用人单位对学生进行必要的入职前培训，内容包括熟悉企业工作生活环境、了解企业各项规章制度、掌握工作岗位上的各种机器操作使用方法、熟悉企业各类服装的工艺流程和技术指标等，让学生快速熟悉融入新环境，同时明白自己的工作任务。学校应指派班主任与一名专业教师带队，全程负责翻译、讲解、以及专业技能辅导，做好学生与用人单位之间的沟通工作，并帮助解决学生在此期间遇到的各种困难，安抚学生情绪。除此之外，为了使用人单位与学生实现更好的沟通。当学生看到周围人都能使用手语沟通时，对陌生环境的恐惧感能够得到很好的消除。

三是保障薪资待遇。学生在学校的管理下进行顶岗实习，该阶段时长为一年，顶岗实习阶段将由企业拿出专项资金，用于对刚入职学生的工资进行补贴，以及生活条件的提升。工资补贴、生活环境提升是稳定残疾学生就业情绪，降低离职率的关键手段。由于服装生产企业普遍采用计件制，员工的个人工作效率直接与其工资水平挂钩。刚刚进入工作岗位的残疾学生工作效率当然不能与老员工相比，为防止工资差距对学生心理造成打击，企业在学生顶岗实习的前三个月采取工资补贴制。即根据学生的工作表现给与每人每月七百到一千五百元不等的补贴，使学生工资不低于三千元。待到学生逐渐熟能生巧后，再取消工资补贴。由于学生在校期间本身就具备扎实的专业基本功，再经过用人单位在薪资待遇上表现出的肯定，残疾学生很快能够安心工作，融入工作环境，成长为企业的合格员工，从而实现高质量就业。生活环境提升，包含免费为学生提供床上用品、生活用品、在节假日组织学生外出游玩等。生活环境的提升，有助于学生对企业产生良好印象，激发学生的工作热情。此外，顶岗实习阶段企业有专人负责管理残疾学生，对于学生出现的异常情况及时与学校沟通，共同妥善处理。该阶段班主任还将继续负责对学生的管理，包括每周通过微信等通信手段访问学生，了解学生近况，督促学生写好实习报告，引导学生建立正确的职业观等。实践证明，学校、家长、用人单位紧密合作，加大毕业前顶岗实习管理力度，做好转衔服务工作，是促进残疾学生就业稳定性的关键。

2.3 优化人才培养模式

残疾人职业学校想要持续向企业输送学生，解决毕业生就业问题就必须与企业逐步加强合作，共同优化人才培养模式。一是面对目前与企业合作面窄、力度小的实际问题，学校要继续加强毕业生的优秀职业素养培养，以此来吸引企业愿意与学校继续加深合作。二是根据学校的专业特色设定校企合作的订单班，进行定向培养，保证订单班学生毕业后能够全额进去企业就业。三是学校应加强与企业的交流，就如何深化职教改革、促进产教融合、培养企业需要的技能人才等问题共同研究，优化人才培养模式，在校内根据合作企业的工艺流程及技术要求开设相关内容的生产课程，编写实习指导用书，邀请企业技术人员来校给学生上课，加强学生专项技能的锻炼，提高学生操作的熟练程度，促使学生更快融入企业工作环境。并在此过程中探索产教融合的可能性，以及选用优秀残疾人管理残疾人员工的可能性，为残疾学生职业发展提供更多的上升机会，真正实现残疾人的高质量就业。

总的来说，陕西省残疾人职业教育毕业生就业依然面临着许多问题，要解决残疾人职业教育毕业生就业问题，需要政府加强对于残疾人职业教育的投资与保障、各特殊职业院校要丰富职业专业技术技能培训内容，学校以企业实际岗位需求作为依据加强与企业的合作，来对残疾人开展定向培训，为残疾人毕业生打通学习到就业的通道，让残疾人可以更为轻松的融入到我国社会当中。

参考文献

[1]陕西：积极探索精准康复"陕西路径"，来源：中国残疾人网，2018年12月23日。
[2]2020年陕西省残疾人事业统计公报[陕残联发〔2021〕8号]。
[3]2019年陕西省残疾人事业统计公报[陕残联发〔2020〕20号]。
[4]2018年陕西省残疾人事业统计公报[陕残联发〔2019〕15号]。
[5]2017年陕西省残疾人事业统计公报[陕残联发〔2018〕9号]。
[6]李克强.政府工作报告.http://www.gov.cn/guowuyuan/zfgzbg.htm.2021-03-05.
[7]国务院.残疾人教育条例.http://www.gov.cn/zhengce/content/2017-02-23/content_5170264.

htm .2017年2月23日.

[8]教育部:《教育部等七部门关于印发<第二期特殊教育提升计划（2017-2020年）>的通知》http://www.moe.gov.cn/srcsite/A06/s3331/201707/t20170720_309687.html .2018年7月18日.

[9]教育部:《教育部等四部门关于加快发展残疾人职业教育的若干意见》.http://www.moe.gov.cn/srcsite/A07/zcs_zhgg/201807/t20180718_343400.html.2018年4月23日.

[10]李尚卫,沈有禄.我国残疾人职业教育发展战略:回顾与展望[J].中国职业技术教育,2019（16）:37-43.

[11]杨华云.智力残疾人职业高中课程体系建设的实践研究[J].中国特殊教育,2011（11）:38-42.

[12]丁显洲,崔瑶.残疾人职业教育开放实训基地建设探索[J].新课程研究,2014（5）:18-20.

[13]周亚莉.残疾人职业教育师资队伍专业化建设的问题分析与对策研究[J].西北成人教育学报,2009（1）:27-29.

[14]刘小贞.高职校企合作生产性实训基地绩效评价体系研究[J].齐齐哈尔师范高等专科学校学报,2020（2）:102-104.

[15]郭文斌,王芬萍,张琨,等.我国残疾人高等职业教育研究热点与发展趋势[J].海南师范大学学报（社会科学版）,2019（2）:111-117.

[16]范莉莉,方仪.残疾人现代职业教育发展策略研究[J].教育理论与实践,2019（39）:22-24.

[17]朱霜.我国残疾人就业问题研究[D].北京:北京交通大学,2014.

[18]七部门关于印发《第二期特殊教育提升计划（2017—2020年）》的通知.中华人民共和国中央人民政府.

[19]周姊毓.残疾人高等职业教育校企合作存在的问题及发展途径：以黑龙江省为例[J].绥化学院学报,2019,39（4）:120-123.

[20]范莉莉,方仪.残疾人现代职业教育发展策略研究[J].教育理论与实践,2019,39（36）:22-24.

[21]教育部等四部门关于加快发展残疾人职业教育的若干意见[J].教育科学论坛,2018（增刊2）:4-6.

[22]陈瑞英.残疾人职业教育校企合作支持体系构建[J].实验室研究与探索,2020,39（7）:247-250.

[23]张蔚然,石伟平.如何发展残疾人职业教育：美国社区学院的经验与启示[J].中国职业技术教育,2019（22）:68-75, 92.

[24]李尚卫,沈有禄.我国残疾人职业教育发展战略:回顾与展望[J].中国职业技术教育,2019（16）:37-43.